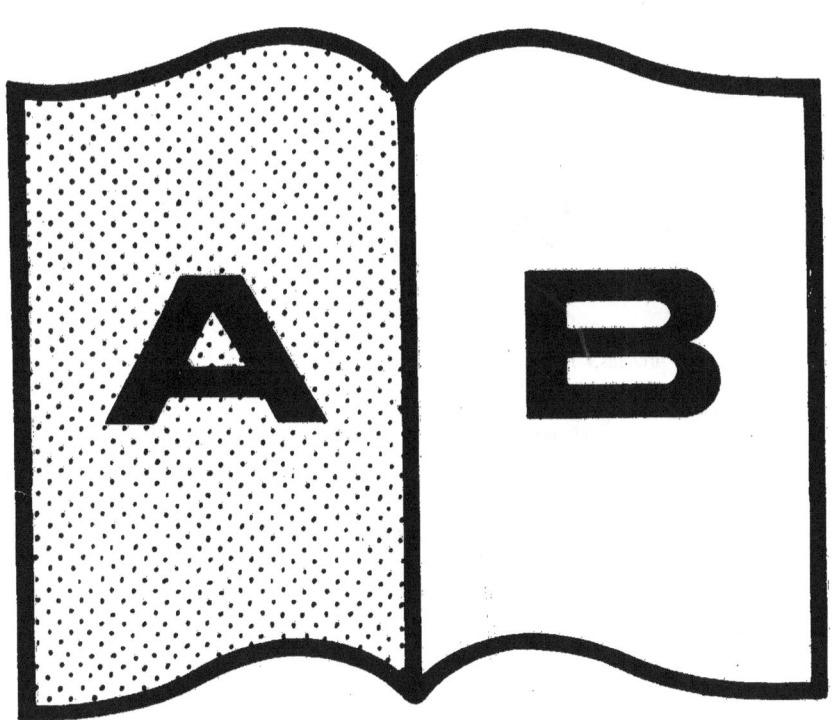

Contraste insuffisant

NF Z 43-120-14

BIBLIOTHÈQUE SCIENTIFIQUE-INDUSTRIELLE ET AGRICOLE
Des Arts et Métiers. VI

L'ART
DE
PEINDRE LA PAROLE

ÉTUDES SUR

L'IMPRIMERIE, LA LIBRAIRIE,
LES CARTES ET GLOBES, LA FONDERIE EN CARACTÈRES,
LA STÉRÉOTYPIE, LA POLITYPIE, LA LITHOGRAPHIE,
LA GRAVURE SUR BOIS, SUR CUIVRE,
SUR PIERRE, ETC.

PAR MM.

**GOBIN (H.) JEUNESSE (A.) KÆPPELIN (D.)
et PIERAGGI**

Rédacteurs des ANNALES DU GÉNIE CIVIL.

UN VOLUME GRAND IN-8, 164 PAGES DE CARACTÈRES COMPACTES
AVEC 31 FIGURES DANS LE TEXTE

6 francs

PARIS
LIBRAIRIE SCIENTIFIQUE, INDUSTRIELLE ET AGRICOLE
Eugène **LACROIX**, Imprimeur-Éditeur
Libraire de la Société des Ingénieurs civils de France, de celle des anciens Élèves
des Écoles nationales d'Arts et Métiers, de la Société des Conducteurs des Ponts et Chaussées
de MM. les Mécaniciens de la Marine, etc., etc.
54, RUE DES SAINTS-PÈRES, 54

1874
Tous droits réservés.

L'ART
DE
PEINDRE LA PAROLE

40395

Nous nous réservons le droit de traduire ou de faire traduire cet ouvrage en toutes langues. Nous poursuivrons, conformément à la loi et en vertu des traités internationaux toute contrefaçon ou traduction faite au mépris de nos droits.

Le dépôt légal de cet ouvrage a été fait en temps utile, et toutes les formalités prescrites par les traités sont remplies dans les divers États avec lesquels il existe des conventions littéraires.

Tout exemplaire du présent ouvrage qui ne porterait pas, comme ci-dessous, notre griffe, sera réputé contrefait, et les fabricants et les débitants de ces exemplaires seront poursuivis conformément à la loi.

TABLE DES MATIÈRES

Chap. I. Préliminaires. L'art de la typographie. Historique. 9
Chap. II. *La librairie* à l'Exposition de 1867. 18
Chap. III. *Le matériel* : Machines à composer. Presses à bras. Presses mécaniques. 38
Chap. IV. *La fonderie en caractères*. Clichage au papier. Clichés galvaniques. 53
Chap. V. *Lithographie, chromo-lithographie, autographie, gravure sur pierres, machines à imprimer* : Historique. Définition et explication du travail lithographique. Spécimens d'impressions lithographiques. Matériel d'impression lithographique mécanique. 77
Chap. VI. *Études sur la gravure* : Préliminaires. Coup d'œil rétrospectif. Chalcographie. Gravure au burin. Gravure à l'eau forte. Gravure à la manière noire. Gravure à l'aqua-tinte ou au lavis. Gravure en couleur. Gravure imitant le crayon. Gravure sur bois. Paniconographie. Gravure mécanique. 103
Chap. VII. Les cartes et les globes. 141

Paris. — Imprimerie et librairie de E. Lacroix, rue des Saints-Pères, 54.

BIBLIOTHÈQUE SCIENTIFIQUE-INDUSTRIELLE ET AGRICOLE
Des Arts et Métiers. VI

L'ART
DE
PEINDRE LA PAROLE

ÉTUDES SUR

L'IMPRIMERIE, LA LIBRAIRIE,
LES CARTES ET GLOBES, LA FONDERIE EN CARACTÈRES,
LA STÉRÉOTYPIE, LA POLITYPIE, LA LITHOGRAPHIE,
LA GRAVURE SUR BOIS, SUR CUIVRE,
SUR PIERRE, ETC.

PAR MM.

GOBIN (E.) JEUNESSE (A.) KÆPPELIN (D.)
et PIERAGGI

Rédacteurs des ANNALES DU GÉNIE CIVIL.

UN VOLUME GRAND IN-8, 164 PAGES DE CARACTÈRES COMPACTES
AVEC 31 FIGURES DANS LE TEXTE

6 francs

PARIS
LIBRAIRIE SCIENTIFIQUE, INDUSTRIELLE ET AGRICOLE
Eugène LACROIX, Imprimeur-Éditeur

Libraire de la Société des Ingénieurs civils de France, de celle des anciens Élèves
des Écoles nationales d'Arts et Métiers, de la Société des Conducteurs des Ponts et Chaussées,
de MM. les Mécaniciens de la Marine, etc., etc.

54, RUE DES SAINTS-PÈRES, 54

1874

Tous droits réservés

L'IMPRIMERIE ET LES LIVRES

Par M. Auguste JEUNESSE,
Secrétaire de la rédaction des *Annales du Génie civil*.

I

L'imprimerie est à l'esprit ce que l'agriculture est au corps. Si, comme l'a démontré Olivier de Serres, l'agriculture est la mère nourricière des nations, c'est par l'imprimerie, comme l'a dit Chénier, que l'esprit humain, rompant les fers qui l'avaient enlacé jusqu'alors, s'élança dans la carrière et sema sa route de prodiges. Cette pensée est tellement vraie que M. Ambroise Firmin Didot, dans son rapport sur la première Exposition universelle (1851), fait remarquer que c'est cet art seul, complément de la parole et l'instrument le plus puissant de la civilisation du monde, qui a rendu possible la pensée de ces grandes solennités internationales. « C'est par l'imprimerie, — dit le descendant de cette illustre famille de typographes, justement placée au rang des Alde et des Estienne, — c'est par l'imprimerie que les peuples se sont communiqué leurs pensées et leurs sentiments, et ont reçu une vie commune. Sans ce lien merveilleux, livrés à l'ignorance et aux préjugés qui entretiennent les guerres nationales, ils n'auraient *jamais* offert l'admirable spectacle d'une concorde universelle et d'une généreuse émulation. »

Dans une Exposition universelle bien organisée, l'agriculture et l'imprimerie devraient donc être placées au premier rang : les produits de l'industrie qui nourrit les nations, les chefs-d'œuvre de l'art « dont l'invention semble être plus divine qu'humaine, » comme l'avait proclamé Louis XII [1], auraient donc le droit d'occuper les places d'honneur..... Serait-ce là le motif qui a engagé la commission impériale à reléguer l'exposition agricole dans l'île de Billancourt, et à enfouir les produits de l'imprimerie dans deux couloirs étroits, que des murs, soigneusement exhaussés, cachent aux yeux des visiteurs?

Quoi qu'il en soit, à l'aide du plan publié par les *Études sur l'Exposition*, nous sommes parvenu à découvrir les deux arcs de cercle concédés à l'art typographique, dans le quart français, bien qu'un moment nous eussions été porté à croire que l'imprimerie de la France n'était représentée que par les livres de MM. Hachette et de M. Mame, éditeurs d'une haute intelligence, qui ont eu l'art de se faire octroyer une place à part, où, éloignés de leurs confrères, ils brillent de tout leur éclat et sont parfaitement en vue du public.

Avant d'examiner les produits exposés, nous devons, pour nous conformer au plan adopté pour les *Études sur l'Exposition*, jeter un regard rétrospectif sur les

---

[1] Le 9 avril 1513, « en considération du grand bien qui est advenu en son royaume, au moyen de l'art et science de l'imprimerie, *invention qui semble estre plus divine qu'humaine,* » Louis XII exempta le corps de l'imprimerie et de la librairie d'un impôt de 30,000 livres.

origines de l'imprimerie et sur les perfectionnements successifs qui y ont été apportés jusqu'à ce jour.

L'art de l'imprimerie a-t-il été connu des Chinois treize siècles avant l'ère chrétienne? Il serait téméraire de l'affirmer. Cependant le P. Duhalde cite le passage suivant, qu'un ancien auteur chinois dit avoir été écrit par un célèbre empereur qui vivait 1120 ans avant Jésus-Christ :

« Et de même que la pierre *me* (mot signifiant l'encre en chinois), qui noircit les *caractères gravés*, ne peut jamais devenir blanche, de même un cœur noirci par le vice ne saurait jamais reprendre son ancienne candeur. »

Ceci prouverait seulement qu'on gravait des caractères, mais, comme le fait observer l'article Typographie de l'*Encyclopédie moderne*, le P. Duhalde ne cite aucune autorité à l'appui de son assertion. Ce qui est certain, c'est que la xylographie ou gravure sur bois, qui ne fut pratiquée en Europe que vers la fin du quatorzième siècle, l'était en Chine dès le commencement du dixième (932 de Jésus-Christ), et M. Stanislas Julien y fait même remonter à l'an 593 la pratique de la gravure sur bois pour reproduire les types et dessins. Ce qui est certain encore (et ceci est de la plus haute importance), c'est qu'un docteur chinois, qui écrivait en 1056, dit textuellement : « Après avoir imprimé sur des planches de bois gravées les livres des lois et les ouvrages historiques, un ouvrier forgeron, nommé Pi-ching, inventa une autre manière d'imprimer, au moyen de planches *composées de types mobiles*. » L'auteur décrit ensuite le procédé de Pi-ching qui, avec une pâte de terre fine et glutineuse, formait des plaques minces sur lesquelles il gravait en relief les caractères les plus usités, et chaque caractère formait un type que l'on faisait cuire au four pour le durcir. Il enduisait ensuite une table en fer d'un mastic très-fusible, composé de résine, de cire et de chaux, dans lequel il enfonçait un châssis en fer divisé intérieurement par des filets perpendiculaires [1] ; puis il y rangeait les types et les serrait les uns au-dessous des autres, en sorte que le cadre rempli de ces types ainsi rassemblés formait une planche. Il approchait ensuite du feu cette planche pour faire fondre légèrement le mastic, et alors il appuyait fortement sur la surface une pièce de bois très-plane [2] pour niveler exactement les types dans le mastic. Par ce moyen, les types devenaient parfaitement égaux, et présentaient une surface assez semblable à celle d'une meule de moulin, sur laquelle *on imprimait autant d'exemplaires qu'on voulait*.

Nous ne poursuivrons pas cette citation, traduite par M. Stanislas Julien, du Mémoire du docteur Ichin-Koao ; les détails qui précèdent suffisent pour prouver que l'impression par des planches composées de types mobiles était connue en Chine vers le milieu du onzième siècle. Ajoutons seulement que « lorsque l'impression d'une planche était achevée, on la chauffait de nouveau pour en faire fondre le mastic, et avec la main on faisait tomber les caractères, qui se détachaient d'eux-mêmes et *conservaient leur netteté*, » ce qui permettait de les employer de nouveau, absolument comme dans nos imprimeries on *distribue* les lettres de la composition qui a servi, pour les employer de nouveau dans une autre feuille.

L'imprimerie aurait donc *pu* être connue depuis longtemps en Europe s'il avait existé des relations avec la Chine, mais dans tous les cas elle aurait *dû* l'être dès l'année 1310, époque à laquelle parut un ouvrage écrit en persan par Rachid-ed-Din, où le procédé employé par les Chinois est clairement exposé ; mais il est juste d'ajouter avec M. Didot, qu'à cette époque on ne s'occu-

---

1. On sait que le chinois est écrit du haut en bas.
2. Opération qu'aussi un morceau de bois, le *taquoir*, remplace dans nos imprimeries.

pait guère en Europe de lire les livres persans, ce qui permet d'affirmer que c'est bien d'une invention, et non d'une contrefaçon que le quinzième siècle a été doté par l'imprimerie, que Luther a nommée à bon droit la seconde délivrance de l'homme.

Les Égyptiens, les Grecs et les Romains n'ont pas connu l'imprimerie proprement dite, mais, comme l'ont fait remarquer plusieurs auteurs, si ces peuples n'ont pas atteint le but, il faut convenir qu'une bien faible distance les en séparait. Ils pratiquaient l'art de graver en relief des lettres dans le sens inverse, et ils les imprimaient à chaud ou à froid sur les briques, sur le pain, même sur le front des esclaves fugitifs, en sorte que ces lettres se reproduisaient dans leur sens véritable. A ce sujet, qu'il nous soit permis de rappeler, ne fût-ce qu'au point de vue anecdotique, ce que Plutarque nous rapporte d'Agésilas :

« Ce roi de Sparte, voyant ses soldats découragés, écrivit secrètement dans le creux de sa main, et *au rebours*, le mot *victoire*, puis prenant au devin le foie de la victime, il y appliqua sa main ainsi inscrite en dessous, et, la tenant appuyée le temps nécessaire, il parut plongé dans ses méditations et inquiétudes, jusqu'à ce que les traits des lettres *eussent pris* et *fussent typographiés* sur le foie. Alors le montrant à ceux qui allaient livrer bataille, il leur dit que, par cette inscription, les dieux présageaient la victoire, qu'ils remportèrent en effet. »

Voilà donc, dit M. Didot dans l'*Encyclopédie*, — et nous citons M. Didot, parce qu'il a restitué le véritable sens à ce passage de Plutarque, — voilà donc le procédé de l'impression *humide* trouvé par les Grecs et par Agésilas!

Pour les Romains, nous n'avons que quelques indices vagues sur l'emploi des types mobiles. Il a été dit qu'on a retrouvé dans les ruines d'Herculanum des billets d'invitation imprimés avec des signes ou des caractères mobiles, mais cette assertion a été contredite. Ce qui est plus certain, c'est que les potiers se servaient de lettres mobiles pour les inscriptions dont ils ornaient les vases, et ce qui le prouve, c'est la découverte toute récente d'une de ces inscriptions renfermant une lettre retournée, comme le serait par exemple le T dans le mot OPIIMUS. Quintilien et saint Jérôme nous apprennent aussi qu'on se servait de lettres mobiles pour apprendre à lire aux enfants, et enfin Pline l'ancien parle avec beaucoup d'emphase d'un procédé de multiplication de Varron, — procédé qu'il qualifie de bienfait à rendre jaloux même les dieux, — et qui permettait à cet écrivain de reproduire dans son livre les images de sept cents personnages illustres. Mais les termes dont se sert Pline sont fort obscurs, et aucun commentateur n'a pu dégager le sens vrai des nombreuses variantes que présentent les différents textes.

Au moyen âge, nous voyons reprendre l'usage des patrons découpés, dont se servent encore aujourd'hui les peintres pour les affiches sur les murailles : c'est ainsi que les empereurs d'Orient et ceux d'Occident apposaient le plus ordinairement, sur des actes, leurs seings et leurs monogrammes, et c'est par le même procédé qu'on dessinait souvent et qu'on coloriait les initiales et les autres ornements des manuscrits.

Les premières cartes à jouer (1328) furent confectionnées à l'aide de patrons découpés, et en Hollande on employa ce procédé pour imprimer des images de saints. Bientôt à ces images on ajouta un texte, et du patron à découper on passa à la gravure sur bois, la xylographie (1420), qui servait à imprimer des livres (*la Grammaire*, de Donat, *le Catholicon*), mais qui n'étaient imprimés que d'un seul côté, ce qui forçait de coller l'un sur l'autre les côtés blancs des deux feuillets, qui, réunis, semblent n'en faire qu'un.

Encore un pas, et l'imprimerie était inventée.

Mais ce pas, qui donc l'a franchi ? Est-ce Gutenberg, de Mayence ? Est-ce Laurent Coster, de Harlem? Est-ce Pierre Schœffer ou Faust? Sept villes se sont disputé l'honneur d'avoir donné le jour à Homère, qui n'a peut-être jamais existé, et qui, dans tous les cas, n'a pas été l'auteur et de l'*Odyssée* et de l'*Iliade*, poëmes qui trahissent des origines différentes; dix-sept villes se disputent, encore de nos jours[1], l'honneur d'avoir été le berceau de l'imprimerie. Avons-nous le droit de nous étonner de ces incertitudes? N'est-ce pas Améric Vespuce qui a donné son nom à l'hémisphère découvert par Christophe Colomb? N'est-ce pas Daguerre qui a été récompensé, et dont le nom a été immortalisé pour la découverte de Nicéphore Niepce? Connaissons-nous le nom du véritable inventeur des navires cuirassés, de la poudre, de la machine à vapeur, du télégraphe électrique, de l'hélice, de l'aniline, et de cent autres inventions modernes? N'est-il pas vrai qu'il y a certaines époques où, pour nous servir d'une expression vulgaire, mais juste, *les germes d'une invention sont dans l'air*, et où ces germes doivent nécessairement, fatalement et simultanément éclore dans des localités différentes?

Ainsi nous avons vu que l'imprimerie était *certainement* connue en Chine dès le milieu du onzième siècle, parce que l'avancement des sciences et des arts nécessitait à cette époque ce moyen de vulgarisation dans le Céleste-Empire. Au milieu du quinzième siècle, la même nécessité se manifestait en Europe. Le moyen âge allait disparaître pour faire place à une civilisation nouvelle; l'empire d'Orient tombait en ruines, et les Grecs du Bas Empire, refoulés par l'islamisme, allaient raviver le foyer de lumières que la barbarie avait presque complétement éteint.

Il nous importe donc peu de savoir si Gutenberg a été le véritable inventeur de l'imprimerie en Europe ou s'il s'est borné à copier, en les perfectionnant, les procédés xylographiques, qu'il avait pu apprendre par Jean Faust, ou par lui-même, dans l'atelier de Coster, à Harlem. Ce qui nous intéresse, c'est que l'Europe allait être dotée du moyen de propager les connaissances acquises et de faire naître ainsi par milliers des connaissances nouvelles.

Il n'entre pas dans notre cadre de retracer les développements rapides que prit l'imprimerie, et nous renvoyons nos lecteurs au savant travail publié par M. Didot, dans l'*Encyclopédie*, et à l'*Histoire de l'Imprimerie*, par M. Paul Dupont. Ces deux auteurs ont condensé tout ce qui avait été écrit par cent auteurs avant eux, sur les origines de l'art typographique. Nous nous bornerons seulement à constater que dans l'espace de vingt années (de 1466 à 1486) il fut établi quatre-vingt six imprimeries, qu'avant 1501 le nombre des éditions diverses s'élevait au delà de treize mille, et qu'on évalue à plus de *quatre millions* le nombre des livres imprimés qui étaient déjà répandus en Europe[2]. Comme on le voit, le temps était déjà loin où l'on vendait un livre par acte authentique, comme une propriété mobilière, et où on le léguait par testament et même sous conditions[3].

1. Un mot à propos des prétentions de Strasbourg. Quelqu'un proclamait devant l'Institut de cette ville que Strasbourg était le berceau de l'imprimerie. Le savant Schaab l'interrompit en disant :
— Oui, mais c'est un berceau sans enfant.

2. Godard et Merlin, imprimeurs associés, employaient en 1538, à Paris, treize ou quatorze presses, deux cent cinquante compositeurs et pressiers, et il leur fallait par semaine 200 rames de papier.

3. Citons à ce sujet un fait curieux. On voit dans un contrat de 1393 que « Alazacie de « Blévis, dame de Romolles, femme du magnifique Boniface de Castellane, baron d'Alle- « magno, faisant son dernier testament, laisse à une jeune damoiselle, sa fille, certaine « quantité de livres où était écrit tout le corps de droit, formé et peint en belles lettres de « main, sur parchemin, l'enchargeant que, en cas qu'elle vînt à se marier, *elle eût à pren-*

IMPRIMERIE TYPOGRAPHIQUE.

Abordons maintenant ce que nous nommerons le côté technique de l'art typographique, et faisons remarquer que si des progrès immenses ont été réalisés sous le rapport de l'impression proprement dite, cet art est resté à peu près stationnaire sous le rapport de la composition, depuis l'invention de l'imprimerie. (Nous ne parlons pas de la fonderie qui fera l'objet d'une étude séparée.) Ce que l'on faisait à Mayence et à Strasbourg vers 1467, on le fait aujourd'hui de la même manière, à quatre siècles de distance. L'expérience a fait modifier les casses (boîtes dans lesquelles sont placées les lettres); les impositions (manière de placer les pages) sont devenues plus régulières et plus faciles; les moyens de serrage ont été améliorés; en un mot, il y a eu de nombreux perfectionnements de détail, mais aucun changement fondamental n'a été apporté à la manière de composer, et l'application des procédés de la mécanique à la composition est regardée — du moins en France — comme une de ces utopies dont un esprit sérieux n'a pas à s'occuper!

Nous indiquerons plus loin, et dans leur ordre chronologique, les quelques améliorations qui ont été réalisées, et nous reviendrons sur la composition mécanique; mais en attendant nous reproduirons la traduction d'un petit poëme latin de Claude-Louis Thiboust, composé par lui en 1754, poëme dans lequel l'imprimerie est décrite telle qu'elle était à cette époque. Cet opuscule était devenu fort rare lorsque M. Didot l'a réimprimé dans l'*Encyclopédie*, en faisant remarquer que les préceptes qu'il contient sont encore, pour la plupart, en usage de nos jours.

LE COMPOSITEUR [1].

..... Voyons présentement (après avoir parlé du fondeur) quel est l'office de ce compositeur, qui se tient toujours debout. J'aperçois devant lui des *casses* où toutes les lettres sont rangées par ordre dans des *cassetins*. Il imitera par leur moyen les plus rares chefs-d'œuvre de l'écriture. J'admire sa savante activité, qui tire de chaque cassetin la lettre propre à rendre ce qu'il lit sur sa *copie*. Rangées une à une sur son *composteur*, une *espace* en sépare chaque mot. Il donne à toutes ses *lignes* une égale longueur; car sans cette attention la *page* ne pourrait être *liée* et bien arrêtée dans la *galée*.

Attendez que la *planche* soit entièrement *composée*. Vous le verrez, fidèle à son art, la transporter d'abord sur un *marbre* bien uni, disposer tout avec ordre, et avec un grand soin, afin qu'à l'impression tout marque bien sur le papier. Pour cela il place ses *bois*, prend des *coins* dont il *serre la forme* à coups redoublés. Il la soulève ensuite pour s'assurer si rien ne remue, et s'il ne se détache point de lettres. L'essai fait, il la lève. Alors on fait une première *épreuve*. Un habile *correcteur* en marque les fautes à la marge avec la plume, et le compositeur les corrige ensuite sur sa forme, au moyen d'une *pointe* avec laquelle il enlève les lettres.

L'IMPRIMEUR.

L'imprimeur vient ensuite enlever cette forme de dessus le marbre, et l'ajuste à sa presse. C'est ici que l'on voit la force et le jeu merveilleux de la *platine*, suspendue par quatre *colonnes* d'airain. Examinez ces jumelles et tout ce qui compose la presse, les deux *tympans*, les *frisquettes*, les *cordes* ou

« dre d'un homme de robe longue, docteur, jurisconsulte, et qu'à ces fins elle lui laissât ce
« beau et riche trésor, ces exquis et précieux volumes, *en diminution de son dot*. » (*Histoire de Provence*.)

Mentionnons encore deux autres faits.

Louis XI voulut emprunter un manuscrit arabe à la Faculté de médecine de Paris. Il ne put l'obtenir qu'après avoir, par un acte en règle, donné en gage sa vaisselle d'argent, et en outre la caution d'un de ses gentilshommes, qui se porta garant pour cent louis d'or.

Après une longue guerre, Alphonse de Naples *fit la paix* avec Médicis, parce que celui-ci *lui avait prêté un livre*.

1. Nous nous abstenons de reproduire la partie qui concerne le fondeur.

Celle qui se rapporte à l'impression a subi de grandes modifications depuis l'introduction des presses mécaniques.

naches, la *vis de l'arbre*, la *manivelle*, le *rouleau*[1]. Pendant que l'imprimeur est occupé à tailler avec des ciseaux le *carton* de sa frisquette, son compagnon prend *deux balles* garnies de leurs laines, que recouvre un cuir cru; il les *empreint* d'encre toutes deux, les *remue l'une sur l'autre*, pour que l'encre qu'il a prise se *distribue* également; puis il en *touche* la forme par trois ou quatre coups appuyés avec force. La forme, immobile, n'en est point ébranlée, et conserve toute son encre, qui n'étant pas fluide, ne perd rien de ce qu'elle a reçu. On étend aussitôt sur le tympan une *feuille* de papier *moite*, où deux *pointes* qui la percent la tiennent fixe et arrêtée; on abaisse alors ce tympan, bien garni de ses *blanchets*; le pressier le conduit sous la platine, tire à deux fois le barreau; à l'instant sort une feuille, copie fidèle de tous les caractères dont la forme est composée.

D'habiles écrivains rassemblés ne feraient pas en plusieurs jours ce qu'exécute la presse en moins d'une heure; car, sans changer de manœuvre, et par une opération répétée, vous voyez trois mille feuilles, toutes semblables, sortir de dessous la presse.

Quand le nombre des feuilles que l'on doit tirer est complet, on lève la forme, et l'on ajuste à sa place celle qui en fait le *revers*, et pour que les pages se répondent et soient de *registre*, le papier que l'on veut imprimer en *retiration*, ou de l'autre côté, est encore arrêté et fixé en faisant rentrer les poincons dans les mêmes trous qu'elles avaient fa. d'abord. L'on recommence après cela la même manœuvre.

Si l'on est curieux de savoir à quoi sert ce baquet dans lequel est couchée cette forme toute noircie d'encre, c'est une *lessive* que l'on prépare. L'eau qui bouillonne dans cette chaudière va être versée sur cette forme; à l'aide de la *brosse* dont on la frottera, tous les caractères reprendront leur propreté. Retirée ensuite de l'eau, l'on *desserrera* les coins; le compositeur lèvera les lettres par pincées qu'il *distribuera* chacune dans son *cassetin*. Quand il aura rempli les casses vides, il se remettra à son labeur. Toujours en mouvement, il n'est jamais assis.

Ce *bassin*, que vous voyez rempli d'une eau si nette et si limpide, sert à l'imprimeur pour *tremper* son papier, par plusieurs feuilles à la fois. Suffisamment humectées, il les *ouvre* et les *étend* les unes sur les autres jusqu'à une certaine hauteur.

Ce *poids* qui est là, suspendu par une corde, se descend sur cet *ais*, dont on couvre le papier qui a été trempé. En pesant fortement dessus, et en peu de temps, l'eau s'y imbibe partout, et le rend également mollet; car mis à sec il ne prendrait point l'impression.

Voilà quel est notre travail et les merveilles de l'imprimerie.....

Entrez dans un atelier typographique, sauf quelques détails secondaires, tout ce qui concerne la composition se passe comme l'indique Claude-Louis Thiboust. Cependant, pour ceux de nos lecteurs qui sont peu familiarisés avec l'imprimerie, nous croyons devoir expliquer quelques termes techniques de ce petit poëme et d'autres dénominations usitées.

Le *composteur* est une coulisse de fer (fig. 1) dont le bord est relevé en équerre dans toute sa longueur. Un petit pan carré le ferme à un bout; un arrêt mobile et à vis permet d'augmenter ou de diminuer la longueur de la place qu'occuperont les lettres devant former une ligne. La longueur adoptée pour une ligne, se nomme la *justification*.

Fig. 1.

L'*espace* est une petite lame de plomb en tout semblable à une lettre dont on aurait coupé la tête. L'espace sert à former les blancs qui séparent les mots. Pour faciliter la justification, il y a des espaces d'épaisseurs différentes (grosses espaces, fines espaces). D'autres plus épaisses, destinées ordinairement à indiquer les alinéas et à remplir les bouts de ligne, ont reçu le nom de *cadratins* et de *cadrats*. — Les *lingots* tiennent la place du blanc dans les pages.

1. Il ne s'agit pas ici du rouleau servant à distribuer l'encre, mais d'un rouleau sur l'axe duquel s'enroule la corde qui fait avancer le train avec son marbre emboîté dans le coffre.

La tête de la lettre se nomme œil; chaque lettre est munie d'une entaille (cran) que le compositeur place en dessous, dans son composteur, ce qui permet d'éviter les lettres retournées.

Les lettres (fig. 2) sont de différents corps, c'est-à-dire ayant des grosseurs différentes, et l'œil est plus grand ou diminue d'après cette grosseur. Les dimensions s'évaluent en points, qu'on nomme points typographiques[1].

La galée est un carré de bois creux, ou pour mieux dire une planche rectangle, ayant un rebord en équerre, sur laquelle le compositeur dépose les lignes lorsqu'il a rempli son composteur. Il y a des galées à coulisse pour les pages de grand format.

Fig. 2.

De la galée les pages passent sur le marbre. Là elles sont entourées de garnitures, et on les impose, d'après le format adopté, dans des cadres en fer (châssis), en maintenant les pages séparées par des lingots creux, le tout comprimé par des biseaux en bois, serrés à l'aide de coins.

Chaque format (in-folio, in-quarto, in-octavo, in-douze, in-dix-huit) nécessite une imposition différente pour qu'après l'impression de la feuille les pages des deux côtés soient placées dans leur ordre naturel.

Nous nous bornerons à figurer l'imposition d'une feuille in-8°, c'est-à-dire d'une feuille des Études sur l'Exposition. L'imposition a lieu dans deux châssis, dont l'un contient les pages dites de première, l'autre celles de seconde, dans l'ordre suivant :

IN-OCTAVO (in-8°).

Côté de première.   Côté de seconde.

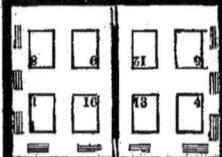 

Fig. 3.

Lorsque les deux côtés seront tirés, les pages se succéderont dans l'ordre naturel de 1 à 16 par l'effet du pliage.

La forme est l'ensemble des pages imposées ainsi.

Avant le tirage, les feuilles doivent être lues et corrigées. Une première lecture a lieu en paquets, c'est-à-dire que le correcteur en première lit les épreuves faites sur la composition de chaque compositeur, et la purge des doublons (mots en double), indique les bourdons (mots oubliés), fait redresser les lettres retournées et marque les coquilles[2] (lettres mises pour d'autres).

Certains signes conventionnels ont été adoptés pour la correction des épreuves. Nous croyons faire plaisir à un grand nombre de nos lecteurs qui se trouveraient dans la nécessité de revoir leurs épreuves, en publiant le Formulaire de la correction, qui a déjà paru dans plusieurs ouvrages spéciaux, mais qu'il est toujours utile de reproduire. Notre figure représente un livre ouvert.

1. Nous aurons particulièrement à revenir sur cette question, avec quelques détails, dans notre article fonderie.

2. C'est par abus qu'une foule d'écrivains confondent sous le nom de coquilles tous les genres de fautes typographiques.

Folio verso.

L'INVENTION de l'Imprimerie n'est pas aussi moderne qu'on le dit communément. A la Chine, l'impression tabellaire est en usage depuis plus de 1600 ans; les Grecs et les Romains connaissaient les *sigles*, ou types mobiles; et les *livres d'images*, qui parurent au commencement du 15ᵉ siècle, servirent de modèle aux essais tentés par Gutenberg, à Mayence, 1450, sur des planches bois fixes. Ces planches étant sujettes à se déjeter, cet homme industrieux, aidé de de Fust, qu'il s'associa à cet effet, imagina de les clouer en métal; mais il fallait autant de planches qu'il y avait de pages à imprimer; ce moyen lent et pénible, joint à le corriger, à l'impossibilité leur suggéra l'idée de sculpter les lettres de corps et de hauteur, capable de les maintenir encore à vaincre une grande difficulté, celle de donner à ces tiges une parfaite égalité de l'alphabet sur des tiges mobiles. Il leur restait

Folio recto.

sous les efforts de la presse; ils ne purent y parvenir que par des moyens irréguliers, lorsque Schœffer trouva celui de les fondre dans des moules, ou *matrices*; et, par cette ingénieuse découverte, donna enfin la vie à l'art typographique. po gr a phiq ue.

Abandonné aux ébauches tabellaires de Guttenberg, l'art n'eût probablement pas été au-delà; et sous le rapport de la mobilité des types, comme bien des siècles avant lui, nous ne lui devons presque rien, car elle ne lui permit de rien exécuter. L'existence de la Typographi e date d g c véritablement que de la connai ce de la *matrice-poinçon*, puisque c'est par elle seule qu'on multiplie à l'infini des types identiques, qu'on les rend mobiles et parfaitement proportionnés or le mérite de cette invention est entièrement dû à J. Schœffer.

L'IMPRIMERIE ET LES LIVRES.

Le compositeur qui corrige les épreuves, se sert d'une *petite pince* [1] pour retirer les lettres qu'il doit remplacer; c'est ici que les espaces d'épaisseurs différentes sont surtout utiles pour rétablir la justification des lignes si les lettres à placer sont plus ou moins nombreuses que celles à enlever.

Une épreuve de toute la feuille est envoyée, après correction, à l'auteur; puis il y a des lectures en *seconde*, en *tierce*, et des *révisions*, pour voir si toutes les corrections indiquées sur le *bon à tirer* ont été bien exécutées.

On ne nous accusera sans doute pas de sortir de notre sujet si nous insistons sur l'importance de la correction des ouvrages. Les grands imprimeurs des premiers siècles de l'imprimerie étaient tous des érudits distingués, et cependant ils s'entouraient, pour corriger leurs épreuves, de savants, qui ne croyaient pas déroger en employant toutes leurs facultés pour obtenir la pureté des textes. Nous citerons parmi les principaux correcteurs des premiers âges de l'imprimerie, Jean Andrea, évêque d'Aleria; Campano, évêque de Teramo; le grand Érasme, Marc Musurus, qui devint archevêque de Malvoisie; Lascaris, descendant des empereurs d'Orient, et Melanchthon, disciple de Luther; Juste Lipse, etc [2].

Aujourd'hui, les bons correcteurs qui cependant, d'après un écrivain moderne, *sont l'âme et la prospérité d'une imprimerie*, deviennent de plus en plus rares, parce que généralement on s'imagine qu'il suffit de posséder les éléments de la langue et d'avoir plus ou moins ce qu'en termes d'imprimerie on nomme *l'œil typographique*, c'est-à-dire l'habitude de découvrir les fautes, pour se croire correcteur et pour être accepté comme tel, — tandis que le véritable correcteur doit être aussi en quelque sorte une encyclopédie vivante, et qu'aucune des branches des connaissances humaines ne doit lui être étrangère.

Ce n'est plus aujourd'hui qu'on pourrait publier ou, pour mieux dire, appliquer un édit royal portant :

« Se les maistres imprimeurs des livres en latin ne sont sçavans et suffisans
« pour corriger les livres qu'ils imprimeront, seront tenuz avoir correcteurs
« suffisans sous peine d'amende arbitraire; et seront tenuz lesdicts correcteurs
« bien et soingneusement de corriger les livres, rendre leurs corrections aux
« heures accoustumées d'anciennement, et en tout faire leur debvoir ; *autre-
« ment* seront tenuz aux *interestz et dommaiges* qui seroient encouruz par leur
« *faulte et coulpe*. » (François Ier, 1539.)

Ce n'est plus aujourd'hui qu'on pourrait lacérer les livres n'ayant point les qualités requises, et qu'on pourrait punir les mauvais correcteurs ou les malintentionnés. A ce sujet rappelons qu'un correcteur fut *fouetté* et chassé de la ville épiscopale de Wurzbourg pour avoir mis dans un mot la lettre *w*, ce qui formait un sens obscène.

Aujourd'hui, on veut produire beaucoup, vite et à bon marché. Dans beaucoup d'imprimeries la correction est négligée au point qu'on pourrait se demander si les chefs de l'établissement ne regardent pas le correcteur comme

---

1. On a généralement renoncé à l'emploi d'une *pointe* pour corriger. La pointe avait l'inconvénient de blesser souvent l'œil de la lettre.

2. L'imprimerie Plantin, à Anvers (1560), avait cinq correcteurs, tous savants distingués. Parmi eux se trouvait François Raphelinge, qui aima mieux rester correcteur chez Plantin que d'aller occuper à l'Université de Cambridge une chaire de professeur de grec. Il est vrai que Plantin, qui avait fait fondre des caractères en argent, payait ses correcteurs au poids de l'or. Raphelinge devint le gendre de Plantin.

Un autre correcteur de ce célèbre imprimeur d'Anvers a publié un poëme dans lequel on remarque l'apologie du correcteur contre les auteurs, auxquels il reproche le peu de soin apporté à leurs manuscrits, leur mauvaise écriture, et l'injustice de leurs exigences.

un rouage inutile ou une superfétation[1]. Le célèbre Henri Estienne attribue à un imprimeur de son temps, auquel on reprochait l'incorrection de ses éditions, d'avoir dit : *Non minoris propterea veneat* (cela ne s'en vendra pas moins pour cela). Cette réponse pourrait servir de *marque* à un grand nombre de nos imprimeurs modernes... Nous aurons du reste à revenir sur cette question lorsque nous examinerons les livres qui figurent à l'Exposition.

Notre article prendrait une tournure trop anecdotique si nous faisions passer sous les yeux de nos lecteurs les fautes célèbres qui se sont glissées dans quelques impressions. Bornons-nous à en citer deux ou trois, dont la première eut les plus fatales conséquences. A l'époque où Napoléon Ier fondait de gigantesques projets sur son alliance avec l'empereur Alexandre, le *Journal de l'Empire* (le *Moniteur*) publia un article où il était dit, en parlant des deux puissants monarques :

« Ces deux souverains, dont l'*union* ne peut qu'être invincible... »

Les trois dernières lettres du mot *union* ayant été enlevées pendant l'impression — sans doute parce que la forme était mal serrée et que ces trois lettres avaient adhéré à la balle d'encrage — il resta le mot *un*, et le lendemain l'empereur Alexandre lut avec indignation :

« Ces deux souverains, dont l'*un* ne peut qu'être invincible. »

L'erratum du numéro suivant lui parut une seconde injure. Napoléon, qui vit la portée de cette faute d'impression, s'emporta vainement. Un accident de la presse avait détruit en un instant les plus hautes combinaisons du génie politique.

Voici notre seconde anecdote :

La maison Didot imprimait une magnifique édition de Racine. Déjà plusieurs feuilles de l'*Iphigénie en Aulide* étaient tirées, lorsque M. Didot voulut vérifier si la couleur de l'encre était bonne. Machinalement ses yeux tombèrent sur ce vers célèbre :

Vous allez à l'*autel* et moi j'y cours, madame.

Un compositeur maladroit avait mis, et trois correcteurs avaient laissé passer le vers suivant :

Vous allez à l'*hôtel* et moi j'y cours, madame.

« On peut se faire une idée, ajoute M. Didot, de la consternation et de la colère d'un imprimeur atterré par de pareils coups de foudre. »

Coups de foudre est le mot. Sieyès ayant dû prononcer, pendant la révolution, un discours pour se justifier, lut avec stupéfaction : « J'ai *abjuré* la république ; » c'est *adjuré* qu'il avait écrit. Un *b* pour un *d* pouvait le conduire à la guillotine.

Citons encore une coquille qui eut un fatal résultat. Le docteur Flavigny ayant, dans une dissertation, voulu donner une leçon de modestie à son adversaire, avait cité ces paroles de l'Évangile : *Quid vides festucam in oculo fratris tui et trabem in oculo tuo non vides...* Comment vois-tu une paille dans l'œil de ton frère et ne vois-tu pas une poutre dans ton œil ?

[1]. Nous venons de lire le compte rendu d'une assemblée de correcteurs de Londres, présidée par M. Charles Dickens. Des plaintes analogues ont été formulées dans cette réunion. « A Londres, écrit un correspondant, lorsqu'il s'agit d'établir une imprimerie, on se préoccupe beaucoup de l'emplacement qu'occuperont les presses et de la ventilation des pièces où les compositeurs seront réunis. Quant aux correcteurs on les *fourre* dans quelque coin sans tenir le moindre compte des conditions de l'hygiène ou de la vue. »

A quelques exceptions près, n'en est-il pas ainsi dans les imprimeries de Paris?

Malheureusement, soit par l'effet d'une méchanceté, soit par hasard, à l'impression, l'o initial du dernier mot *oculo* disparut et il resta un sens obscène dont nous nous abstiendrons de donner la traduction. Flavigny fut accusé d'avoir volontairement tronqué les textes sacrés. Trente années plus tard il subissait encore les conséquences de cette terrible faute d'impression.

Revenons maintenant à notre feuille à imprimer qui dûment corrigée, et relue en seconde, a été revêtue du bon à tirer et révisée.

Cette feuille va être mise sous presse, et ici ce ne sont plus tout à fait les procédés indiqués dans le poëme de Claude Thiboust qui seront suivis. Voyons cependant d'abord quels étaient ces procédés.

L'ancienne presse à bras, celle de Gutenberg, avait beaucoup d'analogie avec les presses à faire le vin; dans cette presse le mouvement de la vis répondait à un poids, à une pression énorme jouant le principal rôle.

Fig. 4.

La presse que reproduit notre figure est celle qui est représentée sur le titre des livres imprimés par Josse Bade d'Asch [1], et donne une idée de ce que furent les presses depuis Gutenberg jusqu'à l'époque moderne. Elles étaient faites en bois grossièrement travaillé, et pour ne pas céder aux efforts de l'ouvrier elles devaient être fixées à des murs solides, soit par des étançons, soit par des crochets en fer. Leur dimension était si petite que chaque face d'une feuille de papier exigeait deux tirages.

Par *jumelles* on entendait le bois dont la presse était composée. Les *tympans* étaient des cadres en bois et en fer recouverts chacun d'une peau de parchemin; ils s'ajustaient l'un sur l'autre et entre les deux on plaçait des *blanchets* en étoffes.

La *frisquette*, comme l'explique du reste le poëte, est un châssis recouvert d'une feuille de carton, qu'on découpe avec des ciseaux en suivant les contours des pages à une distance suffisante pour que rien ne *morde* et ne *barbouille*.

Les *cordes* ou *vaches* étaient attachées par un bout au coffre de bois (dans lequel

---

[1]. Josse Bade d'Asch, près Bruxelles, avait appris l'imprimerie dans cette dernière ville. Il devint professeur à l'Université de Paris, et ensuite à Lyon, où il s'employa comme correcteur d'épreuves. Il devint imprimeur à Paris en 1495 et y publia un grand nombre d'ouvrages

était enchâssé le marbre) et par l'autre bout au derrière de la presse. L'ensemble, le *train*, était mis en mouvement au moyen d'une *manivelle*.

La vis de l'arbre était en fer. Le bout d'en haut tournait dans un écrou de cuivre enchâssé dans un sommier ou pièce de bois; le pivot tournait dans une grenouille emboîtée dans une crapaudine fixée sur la *platine*, plaque de cuivre qui venait s'abaisser sur les tympans et sur la forme.

Les *balles*, espèces d'entonnoirs de bois ayant une poignée; leur vide était garni de laine recouverte de cuirs crus, cloués aux bords. L'ouvrier remuait ces balles l'une sur l'autre pour *distribuer* l'encre qu'il avait prise avec une de ces balles; puis avec toutes les deux il *touchait* la forme par coups successifs et à plusieurs reprises. (Aujourd'hui, comme nous l'expliquerons plus loin, les balles sont remplacées par un rouleau.)

Tirer le barreau. Il s'agit du barreau de fer courbe passé dans l'arbre; l'ouvrier tirait deux fois le barreau pour imprimer un côté de la feuille de papier, en faisant descendre deux fois la platine.

Tels furent les procédés primitifs de l'impression, tels ils restèrent jusqu'au commencement du dix-neuvième siècle. Seulement, vers 1783, M. François-Ambroise Didot eut l'idée de donner à la platine des dimensions doubles, ce qui permit d'imprimer à la fois toute une face de feuille (presse à un seul coup) et de remplacer le marbre sur lequel la forme des caractères était posée par une plaque en fonte.

Les rouleaux, nous l'avons dit, sont d'invention moderne. C'est des rouleaux dits gélatineux qu'il s'agit. En effet, c'est en 1819, qu'à la sollicitation de M. Chegaray, correcteur de M. Smith, M. Gannal composa des rouleaux élastiques formés d'une combinaison de sucre et de gélatine qui remplacèrent avec avantage pour l'impression les rouleaux en peau de veau et les balles[1]. Mais les rouleaux proprement dits étaient connus depuis longtemps, car l'art. 8 d'une déclaration de 1728 porte :

« Défendons à tout imprimeur de se servir pour l'impression de *rouleaux* à
« peine d'interdiction pendant six mois et à 500 livres d'amende ; même de la
« déchéance de la maîtrise et une plus grande punition en cas de récidive. »

Pourquoi, nous demandera-t-on, pourquoi cette défense de se servir de rouleaux? Parce que l'impression avec des balles faisait du bruit, tandis qu'avec les rouleaux on pouvait imprimer sans être entendu du dehors. Du reste, l'art. 7 de la même déclaration porte :

...... « Ordonnons que la porte de l'imprimerie ne sera fermée pendant tout le
« temps du travail qu'au simple loquet, et il ne devra y avoir dans l'imprimerie
« aucune porte de derrière par où on puisse faire sortir clandestinement aucun
« imprimé, sous peine d'interdiction pendant 6 mois et de 500 livres d'amende. »

Voilà bien l'interdiction des rouleaux expliquée. Du reste les restrictions ont été de toutes les époques. Dès 1486, l'archevêque de Mayence défendait d'imprimer aucun livre sans approbation préalable des docteurs. En 1534, François Ier frappait d'interdiction toute imprimerie et édictait la *peine de la hart* (pendaison) contre les imprimeurs. Il est vrai que les lettres patentes de 1534 ne furent pas enregistrées par le parlement qui fit des remontrances au roi sur ces rigueurs,

---

1. Les balles en peau de veau étaient employées pour les éditions de luxe. Pour les impressions inférieures, les balles en laine étaient recouvertes de peau de chien, et les ouvriers prétendaient qu'elles ne donnaient une impression parfaite que lorsque cette peau approchait de l'état de putréfaction. Souvent, ajoute M. Didot, on les faisait macérer dans de l'urine. Ces détails sont de nature à faire apprécier le service qu'a rendu à l'imprimerie le remplacement des balles par les rouleaux de gélatine.

et il est vrai aussi que plus tard François Ier devint le protecteur de l'imprimerie, ce qui ne l'empêcha pas de venir assister impassible au supplice du célèbre imprimeur Dolet, brûlé vif sur la place Maubert (1546) pour une prétendue parodie dans la traduction d'un passage de Platon.

Le règlement de 1723, dont nous avons parlé plus haut, porte aussi :

« Avenant le décès d'un imprimeur sans veuve ou sans enfants ayant qualité pour exercer l'imprimerie, les vis des presses seront portées à la chambre de la communauté pour y rester déposées jusqu'à la vente de l'imprimerie. »

Après une restriction vient un ordre : par arrêt du conseil d'État (1725) il est prescrit aux syndics et adjoints de la corporation de présenter au recteur de l'Université, à la fête de la Purification de la sainte Vierge, un cierge de cire blanche du poids d'une livre. Il est aussi enjoint aux imprimeurs d'assister aux processions sous peine d'amende, et, en cas de plusieurs contraventions à cette injonction, ils encouraient la peine de la déchéance de la maîtrise.

Oublions ces errements d'autres époques et passons aux perfectionnements matériels modernes.

Deux inventions se produisent presque simultanément : En 1814 lord Stanhope fait connaître la presse en fonte qui porte son nom, et, la même année, deux mécaniciens allemands, Kœnig et Bauer, montent à Londres une machine qui est toute une révolution dans l'art typographique. Cette machine consiste principalement en deux cylindres de bois, et distribue en même temps l'encre sur les caractères au moyen de rouleaux composés d'une matière élastique.

Cette machine, construite aux frais de l'imprimeur et de l'éditeur du *Times*, est employée à l'impression de ce journal, qui annonce (29 novembre 1814), que les lecteurs ont sous les yeux les premières feuilles tirées par une machine à vapeur.

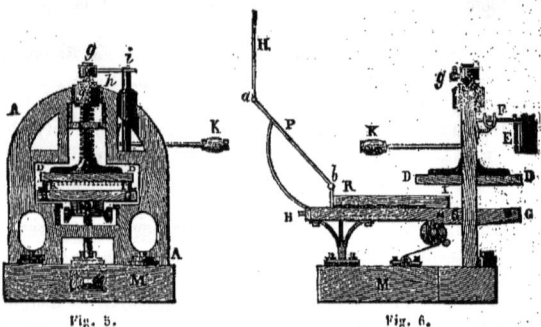

Fig. 5. Fig. 6.

Nous représentons deux projections verticales de la presse Stanhope, dont voici la description. La table H G en fonte de fer, est solidement établie dans une position horizontale, et susceptible d'être mue en avant et en arrière à l'aide d'une manivelle *k* et de cordons placés sur des poulies de renvoi. C'est sur la table H G qu'est fixée la forme d'imprimerie R I. Les caractères sont avant chaque pression enduits d'encre qu'un compagnon y dépose à l'aide du rouleau. On recule le marbre en tournant la manivelle à l'aide des courroies ; cette table vient en arrière comme on le voit fig. 6, afin qu'étant découverte on puisse *encrer* la forme. Cela fait, on abat la frisquette (voir page 336). H *a* est un cadre brisé à charnières en *a*; la frisquette et la feuille de papier blanc qu'on veut imprimer sont situées sur le cadre H *a* et rabattues sur le plan *a b*, lequel est matelassé d'un blanchet et de plusieurs feuilles de papier ou *maculatures*; on rabat ensuite le plan *a b* sur la forme R I, autour de la charnière *b*, et c'est sur ce plan que la pression va être exercée. On pousse en avant le marbre H G par un tour de la manivelle *k*, pour amener ce système sous le plateau D D qu'il s'agit de faire descendre juste au-dessus de R I en y exerçant une compression d'autant plus énergique que la surface de la forme a plus d'étendue. Cette action est exercée par un système de leviers K, *l*, *i*, *h*.

Quand le pressier tire et amène à lui le barreau K, la tige *l* tourne et fait marcher le levier *h* qui tire à son tour la tête *g* de la vis : cette vis tourne donc dans son écrou immobile, ce qui fait descendre le plateau D pour presser sur la forme R I. L'ouvrier donne alors un coup de force au manche K du levier pour exercer la compression.

Deux hommes sont nécessaires pour le service d'une presse : l'un manœuvre le levier K, fait aller et venir le marbre et rabat les cadres H et P sur la forme; l'autre distribue l'encre.

Lorsque la feuille est imprimée, on ramène le marbre en arrière, on encre de nouveau, on remet une autre feuille et ainsi de suite jusqu'à ce que toutes les feuilles soient imprimées sur le *recto*, puis on change de forme et l'on procède à la retiration, c'est-à-dire qu'on imprime le *verso*.

La presse Stanhope était un perfectionnement immense : en même temps qu'elle réalisait une plus grande rapidité, elle donnait un tirage plus certain, plus uniforme, et aujourd'hui encore — plus ou moins perfectionnée — elle est préférée pour les éditions de luxe, pour ces tirages à vignettes où l'imprimeur transformé en artiste, veut se rendre compte à chaque exemplaire tiré s'il ne faut pas renforcer les tons du plan ou diminuer les teintes des figurines qui apparaissent à l'horizon. Mais le grand problème à résoudre était celui de la rapidité, du nombre des tirages, et, à ce point de vue, c'était la presse mécanique qui répondait aux aspirations de la génération nouvelle.

Dès l'année 1790 William Nicholson avait entrevu la solution du problème. Il avait eu l'idée de placer les types sur une surface cylindrique, et d'étaler l'encre à la surface des types en faisant rouler sur eux la surface d'un cylindre enduit d'encre, ou bien en changeant le mécanisme de manière que les types vinssent s'appliquer eux-mêmes sur le cylindre. Mais W. Nicholson n'arriva point à donner une application pratique à ces deux systèmes. MM. Kœnig et Bauer furent plus heureux : après de nombreux tâtonnements dans une autre voie, ils arrivèrent à l'idée d'employer un cylindre au lieu d'une surface plane pour communiquer la pression. Dans leur machine la forme venait se mouvoir horizontalement au-dessus du cylindre à impression sur lequel la feuille de papier était tenue au moyen de cordons de fil, sans fin. L'encre placée dans une boîte cylindrique allait se communiquer à deux rouleaux qui la transmettaient à des rouleaux suivants, la distribuaient ensuite sur les caractères. Bientôt Kœnig perfectionna son appareil de manière à imprimer les deux côtés d'un journal chaque fois que les formes avaient passé au-dessous des cylindres : pour cela il se servit de deux appareils conjugués placés l'un vis-à-vis de l'autre : la feuille conduite par les rubans ou cordons était portée d'un cylindre à l'autre en parcourant le chemin dont un *S* donne parfaitement l'idée. Pendant sa course sur les cylindres la feuille recevait sous le premier cylindre l'impression d'un côté et, sous le second cylindre l'impression sur le second côté.

Nous ne reproduirons pas les figures de ces presses mécaniques, bientôt perfectionnées par MM. Cowper et Applegath, presses qui furent introduites pour la première fois en France en 1823 pour imprimer le *Magasin pittoresque*. Ces figures se rencontrent dans toutes les publications qui ont traité des presses mécaniques, et nous aurons d'ailleurs à y revenir avec détail lorsque nous énumérerons les perfectionnements qu'elles ont reçus dans les machines qui se trouvent à l'Exposition.

Bornons-nous à dire pour le moment qu'avec cette presse, la feuille, conduite par des cordons après avoir reçu une première impression, passe d'un premier cylindre sur deux tambours en bois qui la retournent, et va s'appliquer sur le contour d'un second cylindre avec une telle précision qu'elle rencontre les caractères de la seconde forme juste au même point où se trouvent imprimés du côté opposé les caractères de la première forme : c'est ce qu'on nomme le *registre*; elle vient ensuite se déposer sur une table où un enfant (*receveur de feuilles*) la reçoit et l'empile.

Avant de rentrer en France, disons que M. Applegath construisit aussi plus tard, pour le *Times* (vers 1850, si nous ne nous trompons), une presse à cylindre vertical, dont nous empruntons la description à l'article de l'*Encyclopédie* :

« Dans cette ingénieuse machine, les quatre pages du journal *le Times*, contenant chacune cinq colonnes, sont placées dans quatre boîtes que l'on applique au cylindre central, qui est vertical, et dont le contour est recouvert en partie par ces pages. Elles sont fixées au moyen de boulons à ce cylindre, dont le diamètre est de $1^m,70$. La force de gravité, neutralisant la force centrifuge, maintient en place les caractères pendant la durée de la révolution du cylindre. Les caractères de chaque colonne de la page forment donc un polygone qui ne diffère que très-peu d'une parfaite circonférence, et cette légère différence est compensée comme il est dit ci-après. Autour du cylindre central sont placés huit cylindres verticaux, mettant chacun une feuille de papier en contact avec le cylindre central, qui les imprime toutes successivement en faisant sa révolution. Par cette disposition, il n'y a aucune interruption dans la continuité du mouvement : l'impression des caractères est perpétuelle, excepté le faible intervalle de temps nécessaire pour une nouvelle application d'encre. On obtient donc avec une même quantité de caractères un résultat plus considérable de tirage que par la machine à mouvement horizontal.

« Cette nouvelle presse imprime le journal *le Times* à 10,080 exemplaires par heure, ou 168 feuilles par minute; ce nombre pourrait être porté à 11 ou 1,200 par heure. Chacun des huit cylindres d'impression reçoit 1,500 feuilles par heure, soit une feuille en deux demi-secondes; le maniement du papier ne permet pas plus de promptitude. »

A peine la presse mécanique est-elle introduite en France qu'elle y est dotée de nouveaux perfectionnements : dès 1823, MM. Paul Dupont, Gauthier-Laguionie et Middemdorp présentent à l'Exposition une presse mécanique à un seul cylindre, pouvant tirer environ 2,000 feuilles à l'heure; et bientôt M. Dutartre va commencer la construction de cette série de presses chaque jour améliorées, et établies dans de meilleures conditions de solidité, de bon fonctionnement et de bon marché [1]. Ainsi M. Dutartre, s'inspirant d'un système allemand, parvint à livrer des presses mécaniques imprimant même des vignettes avec toute la perfection qu'on pouvait obtenir des meilleures presses à bras, et ces presses perfec-

---

[1]. Citons aussi comme constructeurs de stanhopes perfectionnées, MM. Frapié, Giroudot, Gaveaux, Thonnelier, Marchand et Genevois; MM. Rousselet, Le Normand, Capiomont et Durcau ont aussi, pendant vingt ans, apporté leur contingent de perfectionnements aux presses à labeurs, c'est-à-dire aux presses dont la première condition n'est pas la grande vitesse, mais la perfection de l'impression. M. Rousselet, en outre, est l'inventeur de la presse dite *à brosse*, qui, perfectionnée, a produit le système *à pinces*, de M. Le Normand, aujourd'hui généralement en usage.

tionnées ne coûtaient que 7,000 francs, alors que celles de Cowper, de Londres, coûtaient encore 25 à 30,000 francs. C'est ce bon marché relatif qui a vulgarisé l'emploi des presses mécaniques qui sont aujourd'hui en usage même dans de petits centres de population, là où jadis l'antique pressoir de Gutenberg suffisait pour satisfaire à tous les besoins; et cependant une seule machine, n'exigeant que le travail d'un homme et de deux enfants, — non compris la force motrice, — fournit plus d'ouvrage que dix presses anciennes employant vingt ouvriers. Il est juste d'ajouter que le prix toujours croissant de la composition à Paris a engagé un grand nombre d'éditeurs à faire imprimer leurs ouvrages en province, où quelques imprimeurs travaillent aussi bien que leurs confrères de Paris, et en faisant jouir le client d'une diminution variant de 20 à 30 pour 100.

Au nom de M. Dutartre il faut ajouter ceux de MM. Gaveaux et Le Normand, qui ont établi pour les journaux une machine *à réaction* à quatre et à six cylindres, et qui constitue un progrès notable sur le système d'Applegath. Par une modification dans les dispositions pour l'encrage, les formes peuvent toujours encrer à chaque cylindre (comme dans la machine Applegath); mais, de plus, ces machines impriment *aussi bien à l'aller qu'au retour*, chaque cylindre tournant alternativement dans un sens ou dans l'autre : c'est ce qui a fait donner à ces machines le nom de *presse à réaction*, tandis qu'on a conservé le nom de presses en *blanc* à celles qui ne tirent qu'un côté à la fois. Dans les presses de M. Le Normand, en disposant les cordons de telle sorte que la feuille retournée par deux rouleaux revient par son autre extrémité sur le cylindre imprimeur du second côté, les quatre pages étant disposées en long sur le marbre, il s'ensuit que la feuille d'abord imprimée d'un côté revient en second lieu imprimer le côté opposé à la tête de la première impression, c'est-à-dire fournit deux exemplaires sur papier double.

Nous ne citons que pour mémoire le nom de M. Marinoni. Les améliorations qu'il a réalisées nécessitent une mention toute spéciale, qui trouvera sa place lorsque nous parlerons de son exposition.

Avant d'aller plus loin, résumons maintenant le fonctionnement de l'impression mécanique comme nous l'avons fait pour l'impression à bras.

Qu'il s'agisse de presse en blanc ou de presse à réaction, la pression s'opère toujours sur un plan horizontal qui reçoit la forme, et la pression se fait de proche en proche pendant le mouvement, tandis que nous avons vu que pour la presse à bras, le tirage se fait à plat et d'un seul coup.

Au lieu de placer la feuille de mise en train sur le tympan (page 338), on la place sur le cylindre des mécaniques.

« La touche se fait au moyen d'un cylindre en fer au-dessus duquel est déposée l'encre, dont il ne doit prendre qu'une couche légère et réglée par des vis qui éloignent ou rapprochent le *couteau* placé au bas de l'*encrier*, et formant tangente avec le cylindre; un rouleau *preneur* qui le soulève se met en contact avec le cylindre, redescend sur la table de distribution et y dépose l'encre; des rouleaux *distributeurs* au nombre de deux ou trois, et enfin des rouleaux *toucheurs*, prennent l'encre sur la table et en imprègnent la surface de la forme. Tout ce système de rouleaux, ainsi que le ou les cylindres qui opèrent les pressions, sont mis en mouvement par un *arbre de couche* qui est en rapport immédiat avec le moteur. La machine s'arrête au gré du *margeur*, au moyen d'une manivelle de *débrayage* placée à la portée de la main. Le débrayage fait passer la courroie de transmission de la poulie de commande à la poulie folle, sur laquelle elle continue son mouvement de rotation, mais sans le communiquer à la presse.

« Pour opérer le tirage, on procède ainsi : la feuille de papier blanc est posée sur une table, à l'une des extrémités de la machine, à proximité du cylindre imprimeur. Un ouvrier, appelé *margeur* ou *pointeur*, approche le bord de la feuille de la tringle munie de pinces, qui s'empare d'elle et la dirige sur le cylindre, d'où après avoir accompli son évolution elle arrive, portée sur des cordons, aux mains du *receveur*.

« Pour les machines simples, des pointures sont fixées, l'une sur le cylindre même, l'autre sur une tige de fer placée sous la marge. A la rétiration, le petit trou formé par les pointures sert de guide au margeur. Il est bien entendu que pour les tirages en *blanc* la pointure est inutile. Aux machines doubles qui tirent à la fois les deux côtés de la feuille, le *registre* se fait au moyen de tambours en bois dont le diamètre et la dimension sont calculés pour que la feuille, après les avoir parcourus, maintenue par un système de cordons très-compliqué, vienne se placer sous le cylindre de rétiration avec autant de justesse que si elle était gardée par les pointures[1]. »

Voilà l'impression mécanique ordinaire. Mais que sont 2,000, que sont 5,000 ou 6,000 exemplaires à l'heure pour les journaux?... C'est une autre rapidité qu'il fallait depuis plusieurs années aux Américains et aux Anglais, et c'est à d'autres combinaisons qu'ils ont eu recours.

La machine verticale d'Applegath décrite ci-dessus est une première tentative. Applegath s'était dit : Jusqu'ici on a imprimé horizontalement, essayons d'imprimer verticalement. Un autre plus hardi s'écria : Imprimons sur la circonférence[2]. Et, bientôt après, les journaux américains nous apprirent que Richard Hoe avait construit pour le *Sun*, de New-York, une presse monstre donnant *vingt mille exemplaires* à l'heure, mais n'obtenant ce résultat qu'en employant 8 cylindres, 1,200 roues, 200 rouleaux en bois et 400 poulies, sans compter une infinité d'engrenages. Un autre détail qui a bien son importance, c'est que cette presse avait coûté au *Sun* 120,000 francs.

Pendant longtemps, la praticabilité du système de M. Hoe a été révoquée en doute sur le continent; mais enfin M. Delamare, alors propriétaire de la *Patrie*, et homme progressif, — quoi qu'on ait dit, — eut la hardiesse de faire confectionner une presse cylindrique pour son journal, et cette presse fonctionne régulièrement depuis douze ans. Nous ne la décrirons pas ici, parce que nous aurons occasion de revenir sur les presses cylindriques dans notre second article; mais pour en faire comprendre dès à présent le mécanisme aux personnes qui n'ont pas encore vu fonctionner des machines de ce genre, nous dirons que la composition formée en colonnes du journal est placée dans des fractions de cylindres fortement serrés, ayant des rebords formant châssis à vis. Les rouleaux encreurs rencontrent alternativement la table à encre et la composition, ce qui donne lieu à une véritable impression continue.

Un autre progrès consiste à résoudre le problème de la vitesse en en retournant les données : au lieu de s'ingénier à augmenter une rapidité qui paraît ne pouvoir plus être dépassée, on a pensé d'abord à augmenter le nombre des compositions, puis les perfectionnements de la stéréotypie, et la galvanoplastie aidant, on est parvenu à produire des clichés avec une telle rapidité qu'on imprime simultanément quatre, six, huit et dix compositions (clichées) obtenues vingt minutes après que la première composition (types) est sortie des mains de l'ouvrier. Cette multiplication était devenue nécessaire pour les journaux dont la vente

1. *Une Imprimerie en 1867*, par M. Paul Dupont.
2. Nous avons dit plus haut que Nicholson avait eu, dès l'année 1790, l'idée de placer les types sur une surface cylindrique. En 1815, M. Cowper avait aussi obtenu quelques succès dans cette voie, en rendant courbes les formes stéréotypées, de manière à les fixer à un cylindre. Plus tard Applegath construisit aussi une presse dans cette donnée.

commence à quatre heures pour finir à six ou à sept heures ; pendant cet intervalle les machines ne pouvaient suffire à l'impatience des clients ; quelques minutes plus tard les exemplaires restants devenaient invendables. L'impression sur clichés multiples a répondu à la nécessité d'avoir un nombre considérable d'exemplaires dans un nombre d'heures limité. Mais si les journaux produits ainsi à toute vapeur sont bien tirés, s'ils sont toujours *lisables*, — nous ne disons pas *lisibles*, — c'est là une autre question. Sous ce rapport, nous sommes devenus tout à fait Américains : le plus souvent, nous ne voyons que la moitié des mots et nous essayons de deviner le reste.

Je ne parlerai pas ici de la formation des clichés : par une filiation naturelle les clichés dépendent de la stéréotypie, et c'est dans notre article spécial sur la fonderie que nous aurons à nous en occuper. En attendant, signalons quelques perfectionnements qui ont été essayés dans la composition typographique proprement dite.

Déjà en 1776 M. Barletti de Saint-Paul avait obtenu de Louis XVI une gratification de 20,000 fr. pour un nouveau système typographique ou moyen de diminuer de moitié le travail et les frais de composition, de correction et de distribution. Ce moyen consistait à faire graver et fondre d'une seule pièce certains groupes de lettres se reproduisant souvent : les syllabes *ment*, *able*, *de*, *tion*, etc.

De nos jours, M. Édouard Joostens a repris ce système en le perfectionnant et en fondant les groupes de lettres de manière à ce que muni déjà d'une espace, chaque groupe pouvait recevoir par une lettre *s*, fondue *ad hoc*, la marque du pluriel. Nous avons vu M. Joostens, employant sa casse de lettres groupées, obtenir d'excellents résultats et produire dans un temps donné le double du travail d'un compositeur ordinaire ; mais les moyens d'appliquer en grand son système lui ont fait défaut ; l'inventeur se heurtait d'ailleurs dans l'imprimerie à tous les obstacles que la routine oppose systématiquement aux perfectionnements, et de guerre lasse il est revenu à la casse ordinaire, — non pas vaincu, mais fatigué de la lutte. D'autres l'ont imité sans plus de succès.

La composition mécanique est un grand problème dont la solution est poursuivie depuis une trentaine d'années. Si cette solution n'est pas trouvée d'une manière complète, on est cependant sur le point de l'atteindre, et nous nous proposons de faire l'historique des progrès qui ont été réalisés dans cette voie.

Une mention spéciale sera également faite de la composition typographique de la musique, des impressions en couleur, des applications de la lithographie à l'impression typographique, des nouveaux systèmes de glaçage, de séchage, etc.

Mais ces questions diverses trouveront leur place lorsque nous parlerons des produits exposés ; aujourd'hui nous tenons d'ailleurs à commencer notre visite à l'Exposition, et nous entrerons en matière par l'exposition hors ligne de MM. Hachette.

Nous disons exposition hors ligne, non pas à propos des livres que renferme la magnifique vitrine de MM. Hachette, mais à propos de la place qu'occupe cette vitrine : nous l'avons déjà fait remarquer, en se cantonnant dans un espace réservé, ces estimables exposants ont paru vouloir se mettre hors de concours, puisqu'ils ont évité toute possibilité de comparaison avec leurs compétiteurs ; d'ailleurs l'*impression par M. Lahure* des livres édités par MM. Hachette mérite la palme qui a été décernée. Seulement nous regrettons que ces livres, *remarquables surtout au point de vue de l'impression*, n'aient pas été exposés directement par M. Lahure, dont le nom ne figure même pas dans la nomenclature des exposants. Nous développerons nos idées à ce sujet dans un prochain fascicule de nos *Études sur l'Exposition*.

LA LIBRAIRIE

A L'EXPOSITION DE 1867

CHAPITRE II

Si nous consultons la statistique officielle, nous verrons que, depuis quelques années, il se publie en moyenne en France environ 15,000 ouvrages, soit nouveaux, soit reproductions d'éditions anciennes.

Ce sont les belles-lettres, la poésie et les romans qui entrent pour la plus grande partie dans ce nombre ; viennent ensuite les écrits politiques et religieux pour à peu près 2,000, l'histoire et la géographie, les voyages pour 1,500, les sciences, le commerce, l'agriculture pour 1,000 ouvrages.

La production des gravures, lithographies, photographies, etc., s'élève à environ 30,000, plus 9,000 morceaux de musique vocale, instrumentale ou pour piano.

L'exportation représente environ 20 millions par an, représentant un poids de deux millions et demi de kilogrammes de papier.

Il s'imprime en outre en France environ 1,850 publications périodiques, dont à peu près 360 sont des journaux politiques.

Une industrie qui entre pour une vingtaine de millions de francs dans l'exportation annuelle peut être classée, abstraction même faite de toute considération sur l'influence que les livres français exercent à l'extérieur, parmi les grandes industries du pays ; mais il convient, en outre, d'observer que l'imprimerie, par les droits qu'elle paye sous forme de timbres pour les journaux traitant de politique et d'économie sociale, verse annuellement une somme très considérable dans le trésor public, puisque après le sel, le condiment indispensable de la nourriture du corps, ce sont les journaux, le condiment de la nourriture de l'esprit, qui constituent l'industrie le plus fortement imposée. Nous n'avons pas à nous appesantir ici sur les conséquences de cet impôt. La commission anglaise, dont nous reproduirons plus loin les remarques, nous dispense de ce soin. Ajoutons cependant une observation qui se rapporte à un autre ordre d'idées. « Le développement que prend à l'intérieur le commerce « de la librairie s'accroîtrait en *proportion considérable*, si la loi sur le *colportage* « et les *brevets ne limitaient ses moyens d'action*. » Ce n'est pas nous qui faisons cette critique de la législation qui régit l'imprimerie : c'est dans le catalogue officiel que nous la rencontrons, et c'est du membre du comité d'admission de la classe 6 qu'elle émane.

Revenons maintenant à l'Exposition.

En terminant notre premier article (tome II, page 343), nous exprimions le regret que certains éditeurs eussent été seuls récompensés, alors que les imprimeurs des livres qui leur avaient valu cette distinction ne figuraient même pas au nombre des exposants. Nous devons expliquer notre pensée.

Citons d'abord ce que dit sur cette question controversée le membre du comité d'admission de la classe 6, M. Dentu :

« Le libraire-éditeur est aujourd'hui un véritable *producteur, dirigeant non-seulement une maison de commerce, mais encore une sorte d'atelier collectif*, dans lequel le dessinateur, le graveur, l'imprimeur, le fabricant de papier, le relieur, le brocheur, etc., concourent sous sa direction à un but déterminé. Il a encore un autre titre comme producteur : il n'édite pas seulement l'œuvre nouvelle ou l'œuvre ancienne, en faisant un livre de luxe ou un livre populaire, *il crée des collections d'ouvrages ayant un but spécial, des publications périodiques ou encyclopédiques, et donne des sujets à traiter.* C'est par ses combinaisons que se créent et se réalisent la plupart des œuvres monumentales que produit la librairie. »

Ce n'est pas un collaborateur des *Études sur l'Exposition*, ayant tous les jours sous les yeux le directeur infatigable de cette publication et des *Annales du génie civil*, qui contestera l'exactitude rigoureuse de ce portrait d'un véritable libraire-éditeur; mais ce que nous aurions demandé, c'est que l'imprimeur ne fût pas complètement effacé par l'éditeur, et que par exemple si MM. Hachette étaient jugés dignes d'une médaille d'or, pour les livres imprimés pour leur compte et sous leur direction, par MM. Lahure, Bourdier et Raçon, les noms de ces imprimeurs figurassent au moins comme coopérateurs dans l'exécution des œuvres couronnées. Des médailles d'argent ont été décernées au chef d'atelier de l'Imprimerie impériale, à un contre-maître, à un compositeur, à un graveur de cette même imprimerie, au sous-directeur, au chef de l'atelier de gravure et au conducteur des machines typographiques de la maison Mame; ces distinctions ont sans doute eu pour but de récompenser une participation réelle aux œuvres exposées : alors, nous le demandons, pourquoi le jury a-t-il omis de citer les noms des coopérateurs les plus importants de MM. Hachette, de ceux qui leur ont permis d'exposer des chefs-d'œuvre comme *Atala*, *Don Quichotte* le *Dante*, comme le *Tour du monde*, comme le *Trésor littéraire*, etc.

Nous ne citons pas les *Saints Évangiles* et l'*Oiseau*, de Michelet, qui occupaient une si belle place dans l'exposition de MM. Hachette. M. Claye, l'imprimeur de ces chefs-d'œuvre, n'avait pas, lui, cru devoir s'effacer, et il avait exposé dans sa propre vitrine les *Saints Évangiles* et l'*Oiseau*, de Michelet, à côté des *Œuvres de Musset*, de l'*Art pour tous*, etc. Cette exposition personnelle, qui nous a rappelé les *Galeries de l'Europe*, le *Paroissien Engelmann*, les *Principes d'agriculture*, les *Contes de Perrault*, que nous avions admirés en 1862, à Londres, a valu à M. Claye une médaille d'or. Cette distinction est tellement légitimée par l'ensemble des productions de cet élégant typographe, que ses concurrents les plus directs, ou pour mieux dire ses émules, ont spontanément et hautement ratifié le jugement du jury.

L'exemple de M. Claye indique la voie à suivre dans les futures expositions : l'éditeur exposant son œuvre, ses collections, l'ensemble de ses publications, l'imprimeur montrant avec un orgueil légitime ce que peuvent produire le choix éclairé des caractères, les soins donnés à la typographie, la surveillance artistique exercée sur le tirage, en un mot, les résultats d'une direction soigneuse de l'ensemble et des détails. Dans cette organisation, le même livre serait soumis à deux jurys différents : celui des éditeurs, celui des imprimeurs. Serions-nous trop exigeant en demandant qu'un troisième jury, celui des auteurs, fût appelé à juger l'œuvre même ?

Le grand prix, — l'unique grand prix du deuxième groupe, — a été décerné à MM. Mame et fils, de Tours. Jamais distinction ne fut mieux méritée. Dans la maison Mame, l'éditeur et l'imprimeur se confondent : l'exécution répond à la pensée, et de cette union sortent des chefs-d'œuvre, comme la *Touraine*, la *Bible*, les *Jardins*, le *Déluge*, l'*Imitation de Jésus-Christ*, le *Missale romanum*. Arrêtons-nous, car il faudrait faire une trop longue nomenclature. Ajoutons seulement que M. Mame a aussi obtenu l'un des prix fondés en faveur des établissement, qui contribuent à un degré éminent à l'harmonie sociale et au bien-être des populations. M. Mame, qui a fondé en faveur de son personnel une caisse d'épargne, s'est empressé de verser les 10,000 fr., montant du prix du nouvel ordre de récompense, dans cette caisse qui fonctionne depuis plusieurs années.

Nous n'avons pas encore parlé de l'Imprimerie impériale, qui naturellement avait été placée hors de concours. Cet établissement soutient son ancienne réputation. Nous avions vu à Londres l'*Imitation de Jésus-Christ*, œuvre splendide, mais que nous avions déjà vue à Paris, en 1855 ; nous avions remarqué aussi, en 1862, le *Livre des Rois*, les *Évangiles*, l'*Histoire du palais de Compiègne*, enfin, nous avions vu, toujours à Londres, le tableau synoptique des caractères orientaux et des spécimens obtenus par l'application de l'électricité à la reproduction des types. En 1867, nous a-t-on montré autre chose ? Avons-nous à constater des progrès marquants ? Nous n'oserions l'affirmer. Certes, l'édition des *Commentaires de César* est une œuvre d'érudition, une restitution dans le sens littéraire de ce mot et qui fait le plus grand honneur à M. Dubner ; — la *Poliorcétique des Grecs* est une réimpression splendide et qui renferme des parties entièrement inédites, empruntées à des sources originales, ce qui prouve que l'Imprimerie impériale sait s'adjoindre des savants et des chercheurs ; mais ces ouvrages ont-ils, au point de vue typographique, un mérite transcendant ? et l'industrie particulière, si elle pouvait disposer des ressources que possède l'établissement gouvernemental, ne ferait-elle pas aussi bien et dans des conditions plus économiques ? Ces questions se posent forcément, lorsqu'on voit cet établissement privilégié imposer ses services aux administrations publiques, malgré les réclamations énergiques de plusieurs ministères, et lorsqu'en examinant le tarif de ses impressions, on constate qu'il fait une concurrence sérieuse à l'industrie particulière, tout en grevant le trésor public de sommes considérables, d'une part par le montant de sa dotation, d'autre part par les frais d'impression qui dépassent ceux que réclamerait l'industrie privée.

Les Gobelins, Sèvres, produisent chaque année des chefs-d'œuvre contre lesquels l'industrie particulière ne songe pas à lutter ; mais Sèvres et les Gobelins n'imposent pas leurs produits et laissent le champ libre à l'industrie privée, qui n'a pas de subventions de l'État pour créer des merveilles.

Le développement des considérations qui devraient faire renoncer l'Imprimerie impériale au monopole qu'elle s'est arrogé nous entraînerait trop loin. Aussi, toutes réserves faites, nous revenons à l'exposition de l'établissement privilégié, pour répéter que plusieurs de ses éditions récentes ont un très-grand mérite. Nous citerons seulement les *Grammaires comparées des langues indo-européennes*, les *Prairies d'or*, en arabe, avec une traduction, la *Grammaire javanaise* et de nouveaux spécimens obtenus par l'application de l'électricité, procédé sur lequel nous aurons à revenir dans notre étude sur la stéréotypie ; mais, en définitive, nous devons le répéter, nous n'avons à constater aucun progrès saillant, lorsque nous comparons l'Exposition de 1867 à celle de 1862.

Le *Magasin pittoresque* a été la première publication moderne illustrée en France. En parcourant sa collection, on peut se rendre compte des progrès immenses faits par l'illustration sur bois. La médaille d'or décernée à M. Best, qui exposait en même temps l'*Histoire de France* et les *Voyageurs*, est un juste tribut payé aux efforts incessants de cet éditeur, et c'est avec plaisir aussi que nous avons vu attribuer des distinctions à ses coopérateurs, MM. Cosson, graveur, Pellegrin-Dorfeuil, prote, Seygneurin et Moll, conducteurs de machines.

Il ne nous reste plus qu'à mentionner deux médailles d'or attribuées à la France pour la publication de livres : celle de M. Morel, pour ses ouvrages sur l'architecture et les beaux-arts, et celle de M. Crété, de Corbeil, qui nous paraît doublement méritée par l'exécution soignée des livres qui sortent de son imprimerie et par la lutte persévérante qu'il a soutenue pour maintenir dans ses ateliers le travail des femmes, donnant ainsi une existence assurée et honorable à celles que les commis en nouveautés et en confections ont expulsées des magasins où elles avaient leur place marquée.

M. Goupil a eu la médaille d'or pour ses estampes; M. Hangard-Maugé, pour ses chromo-lithographies. Nous citons ces noms pour mémoire, parce que nous devons nous borner à la typographie proprement dite; mais le jury, quelquefois si prodigue de distinctions, n'a-t-il pas relégué au second ou au troisième plan des éditeurs ou des imprimeurs qui auraient dû se trouver au premier ? Nous avons eu l'occasion d'assister à une visite des membres du jury et nous avons vu comment se passaient les choses. Le délégué qui avait pris par sa nationalité le rôle de guide s'arrêtait avec complaisance devant les produits dont il voulait faire ressortir le mérite, et passait, sans s'arrêter, devant les montres des exposants dont il n'avait sans doute pas eu le temps d'apprécier par lui-même les produits. De là des oublis regrettables, et nous demandons, par exemple, si ce n'est pas par la rapidité de la visite du jury qu'il faut expliquer l'attribution d'une simple médaille d'argent à M. Ambroise-Firmin Didot, à M. Paul Dupont, à M. Gauthier-Villars ? Lorsque nous avons vu que l'Imprimerie impériale est restée stationnaire, peut-on juger que M. Didot ou M. Paul Dupont aient démérité ? M. Dupont, d'ailleurs, qui occupe 1100 personnes, 44 machines et 30 presses à bras, n'avait-il pas exposé des livres remarquables ? Nul ne s'avisera de dire le contraire ; mais on se répète que M. Dupont fait une guerre acharnée au monopole de l'Imprimerie impériale, et les vastes ressources dont dispose le directeur de l'imprimerie administrative ne doivent pas être mises en trop grande évidence.

Quant à M. Gauthier-Villars, nous aurions voulu lui voir décerner une médaille d'or pour ses livres relatifs aux mathématiques supérieures. Il y avait dans sa montre des spécimens d'opérations algébriques d'une netteté remarquable. Les formules dont sont hérissés les livres qu'il publie sont exemptes de ces fautes qui font le désespoir des mathématiciens. Aussi le jury a-t-il accordé une distinction au correcteur de M. Gauthier-Villars, M. Bernier, que l'Imprimerie impériale s'est empressée de s'attacher depuis pour la révision de ses publications scientifiques.

Le jury s'est-il montré rigoureux envers M. Plon en ne lui attribuant qu'une médaille d'argent ? Les hommes compétents pensent que le jury ne s'est montré que juste. M. Plon imprime beaucoup, il imprime même trop pour donner aux livres qui sortent chaque jour de ses quatorze presses mécaniques tous les soins qu'exige une impression parfaite. M. Plon obtenait encore à Londres, en 1862, une médaille de prix ; cependant, dès cette époque, le prestige qui s'était attaché à son nom commençait à s'évanouir aux yeux des typographes français. En effet, nous lisons les lignes suivantes dans le rapport des délégués de la Typographie :

« Comme impression et comme composition, la maison Plon a exposé quelques beaux spécimens qui méritent de fixer l'attention, mais la plupart de ses ouvrages sont d'un travail très-ordinaire, quelquefois faible, et il nous a semblé que beaucoup figuraient là plutôt comme ouvrages de librairie que comme produits typographiques. Il est une chose que nous ne pouvons nous empêcher de regretter : c'est le type des caractères de cet établissement qui nous paraît du plus mauvais goût. Rien de plus disgracieux que ces angles arrondis qui détruisent l'harmonie dans les lignes de titre et donnent un cachet bizarre à ses ouvrages. Dans le texte courant, le même défaut se fait remarquer ; de plus, on y trouve des lettres contournées d'une façon tout à fait disgracieuse, notamment l'y et le g. Si c'est là une distinction pour les ouvrages portant le nom de M. Plon, nous lui dirons franchement que cette innovation est bien loin d'être heureuse. »

La vérité avait été dite d'une manière peut-être un peu brutale par MM. les délégués de la typographie à l'Exposition de 1862 ; mais enfin c'était la vérité. En 1867, M. Plon a exposé diverses œuvres remarquables : *Thorwaldsen*, l'*Album du voyage de l'Impératrice en Lorraine*, la *Vie de César*. Lorsqu'on examine chacune des pages de ces livres, on la trouve irréprochable, et cependant l'ouvrage ne plaît pas à l'œil habitué à voir l'ensemble harmonieux des livres publiés par les Didot, les Claye, les Lahure et d'autres dont le nom nous vient sous la plume.

Suivrons-nous maintenant la liste de tous les médaillés et publierons-nous une seconde édition du Catalogue des récompenses, en indiquant les exposants pour lesquels le jury aurait été, d'après nous, très-débonnaire, et en signalant toutes les erreurs qu'il a faites, tous les oublis qu'il a pu commettre? La tâche serait longue et fastidieuse, fastidieuse surtout pour nos lecteurs. Disons, cependant, pour consoler les exposants qui, à tort ou à raison, croient avoir à se plaindre du verdict prononcé, qu'une juridiction d'appel revise les jugements du jury. Nous nous bornerons à citer un exemple, parce qu'il nous touche de près, et qu'il ne doit pas être indifférent à nos lecteurs. M. Eugène Lacroix, directeur des *Annales du Génie civil* et des *Études sur l'Exposition*, avait exposé ces deux publications (six années des *Annales* et les premiers fascicules des *Études*); de plus, il avait exposé sa *Bibliothèque des professions industrielles et agricoles* et de nombreux spécimens de ses autres publications. M. Lacroix s'est vu attribuer, lui cinquante-sixième, une médaille de bronze; mais le public et la presse n'ont pas ratifié ce verdict. Naguère, le *Moniteur universel* proclamait que les *Études sur l'Exposition* était la publication la plus remarquable qui eût paru sur l'Exposition de 1867, et il y a quelques jours, M. Figuier, dans un article consacré au rapport officiel du jury international sur l'*Exposition*, s'exprimait en ces termes (*Presse* du 13 septembre) :

« On regrette pourtant, disons-le, l'absence de planches gravées dans une publication de ce genre. Il est bien des faits que la plume est impuissante à retracer et que la gravure fait comprendre en quelques traits. Il est donc très fâcheux que, pour des raisons d'économie, on ait cru pouvoir se passer de ce puissant moyen de démonstration. En cela le recueil officiel s'est laissé distancer par la librairie privée, et par exemple par les *Études sur l'Exposition*, qu'un éditeur plein de zèle, M. Eugène Lacroix, fait paraître depuis un an. Les *Études sur l'Exposition*, publiées par M. Lacroix, sont d'un grand secours aux ingénieurs, grâce aux planches gravées qui les accompagnent, et nous avons éprouvé une véritable déception en voyant paraître, sans la moindre figure sur bois ou sur acier, la collection publiée sous les auspices du gouvernement. »

On comprend qu'en présence d'une semblable appréciation, notre directeur se soit consolé facilement de n'avoir reçu du jury qu'une médaille en bronze, et nous souhaitons à ceux qui croient avoir à se plaindre les mêmes motifs de consolation.

Sans donc nous arrêter davantage sur l'exposition française de la 6° classe, nous abordons les pays étrangers.

ANGLETERRE. — Empruntons d'abord quelques données statistiques au Catalogue officiel anglais : elles se rapportent à l'année 1865.

	Importations.	Exportations.
Livres imprimés dans le Royaume-Uni.	2,987,150 fr.	12,784,700 fr.
Imprimés, gravures, etc...............	913,125	773,400
Total........	3,900,275 fr.	13,558,100 fr.

Ces chiffres démontrent que l'Angleterre exporte pour 10 millions de francs environ de livres de plus à l'extérieur qu'elle n'importe de livres étrangers chez elle ; mais ils ne donnent aucune idée de la production de l'Angleterre. « Il n'existe, dit la Commission anglaise, aucun travail statistique sur la quantité de livres qui s'impriment annuellement, mais nous pouvons par à peu près suppléer à cette lacune. » En effet, la Commission impériale française ayant demandé au gouvernement anglais de donner une histoire analytique des progrès sociaux réalisés en Angleterre pendant les dix dernières années, la Commission anglaise répondit (nous traduisons le document du département des sciences et des arts) [South Kensington] :

« Si cette proposition avait été aussi pratique au point de vue de l'exécution qu'elle est vaste dans son objet, et si la Commission anglaise avait eu à sa disposition un état major formé d'avance d'encyclopédistes aussi puissamment doués que ce célèbre corps dont le génie a jeté un éclat si brillant sur l'illustre contrée qui les a produits, alors le résultat eût été peut-être (mais, dans tous les cas, pas en temps utile pour l'Exposition) une série de volumes qui, pour être portatifs, auraient dû présenter un phénomène de compression pour l'accomplissement duquel l'application de forces hydrauliques intellectuelles eut été indispensable : l'histoire des progrès d'une nation est l'histoire de ses arts mécaniques et de ses manufactures; de ses sciences abstraites et de leur application ; de ses chemins de fer et de ses télégraphes ; de son commerce, de ses finances, de ses lois ; de ses douanes ; de sa littérature, de ses plaisirs, de sa religion et de mille autres éléments de la vie civile, pour lesquels le temps et l'espace nous font défaut. Aussi avons-nous regardé comme impraticable la tâche de répondre en temps opportun à la vaste question proposée. Mais comme tous les points caractéristiques que nous venons d'examiner, et qui, en résumé, constituent l'histoire d'une nation, sont plus ou moins directement représentés par les productions de l'imprimerie, nous avons pensé que l'exposition des livres sortis, pendant une année, des presses anglaises serait, sinon une réponse directe, du moins un essai de réponse à la vaste question qui nous était posée. Des livres imprimés pendant une année, il n'est pas difficile d'arriver à des conclusions historiques sur la production de la décade qui a précédé, et nous pensons qu'il n'y a guère d'indication plus digne de croyance et plus évidente, et pas de table de matière plus intelligible des progrès faits par une nature que la nomenclature des livres qu'elle produit. »

En Angleterre, il n'existe pas de dépôt obligatoire ; par conséquent, la Commission a dû avoir recours au bon vouloir des éditeurs pour avoir non-seulement l'indication, mais un exemplaire même des livres publiés. Les éditeurs qui ont répondu à son appel sont au nombre de 184 : de Londres, 133 ; d'Édimbourg, 6 ; de Dublin, 2 ; des divers comtés, 43. Le nombre des volumes envoyés est de 4,752, dont 3,399 représentent les publications nouvelles, 1,353 les réimpressions.

Il n'est sans doute pas sans intérêt de faire connaître la nature des livres imprimés dans le Royaume-Uni en 1865 : architecture, 25 volumes ; classiques, 44 ; ayant rapport au commerce, 114 ; dictionnaires, catalogues, guides, 101 ; livres d'éducation, 657 ; essais et didactique, 71 ; fictions en prose (romans), 1,007 ; histoire, mémoires et autres narrations présentées comme vraies (*professing to be true*), 294 ; ouvrages illustrés, 164 ; livres de droit, 34 ; ouvrages relatifs à la mécanique et à l'art de l'ingénieur, 36 ; mélanges, 185 ; histoire naturelle, 182 ; art naval et art militaire, politique et sciences sociales, 53 ; passe-temps, 69 ; poésie, 500 ; religion, 932 ; sciences, médecine, 189 ; agriculture, économie domestique, 95 ; voyages, topographie, 108. Total : 4,752.

Ajoutons à cette nomenclature que le nombre des journaux et des publications périodiques enregistrés a été de 1,657 pour 1864, dont 1,307 pour l'Angleterre proprement dite, 157 pour l'Irlande, 133 pour l'Écosse et 60 pour le pays de Galles.

Nous reproduisons les lignes suivantes du travail de la Commission anglaise ; chaque lecteur pourra en faire le commentaire :

« Parmi les causes qui ont récemment contribué au perfectionnement de l'imprimerie dans ce pays, figurent en première ligne l'ABOLITION DU DROIT DE TIMBRE SUR LES JOURNAUX et du droit d'excise sur le papier. La *suppression de ces taxes* a permis aux journaux, qui ont néanmoins conservé leur ancien format, d'être vendus *au prix de 10 centimes* ; il en est résulté que, *tout en étant placés à la portée des masses, de grandes améliorations ont été introduites dans les divers procédés se rattachant à leur publication*. »

Qui habent aures audiant !

Des 1,657 journaux publiés en Angleterre, environ 1,200 (journaux politiques et journaux de nouvelles) étaient représentés à l'Exposition et renfermés dans 48 caisses. Ajoutons comme un reproche mérité qu'il était permis de *regarder* l'ensemble, mais qu'il fallait une autorisation émanant de bien haut pour *voir* un de ces journaux ; venaient ensuite une quantité innombrable de *magasins* et de périodiques *renfermés* dans douze armoires, savoir :

Religieux[1]........	226	*Report*........	391
Armée et marine........	20	Revues scientifiques et de philosophie.	69
Droit........	33	Beaux-arts, etc........	15
Médecine........	134	Mécanique........	12
Revues politiques, etc........	35	Éducation........	24
Agriculture........	23	Périodiques, pour les enfants......	52
Sport........	20	Littérature légère et mélanges......	135
A reporter........	391	Total........	698[2]

Toutes ces feuilles périodiques, toutes ces publications, ou du moins le plus grand nombre, sont plus lisibles, sont mieux imprimés que les journaux du con-

1. Quelques-unes de ces publications religieuses, parmi lesquelles figurent toutes les religions, toutes les sectes, ont des titres assez singuliers : nous avons remarqué l'*Armurier*, la *Bannière de la vérité en Irlande*, le *Boulevard*, l'*Ambassadeur chrétien*, l'*Église du peuple*, l'*Étoile millenaire* (journal des Saints des Derniers Jours), le *Filet*, le *Vieux Jonathan*, le *Budget de notre vicaire*, les *Temps prophétiques*, l'*Épée et la Truelle*, *Choses neuves et vieilles*, la *Trompette de Sion*, etc., etc.

2. Le total des journaux 1200, et des autres publications 698, dépasse le nombre de 1657 ; mais il faut observer d'abord que les nombres indiqués se rapportent à deux années différentes, ensuite que tous les journaux ne sont pas *enregistrés*.

tinent. La clarté, la netteté des types sont pour beaucoup dans cette supériorité. Ajoutez-y la qualité du papier et des encres employées, mais ajoutons aussi, — de nouveau, — que les journaux anglais ne portent pas à un de leurs angles cette petite vignette qui macule les feuilles françaises et qui coûte si cher, que, pour la payer, on est obligé d'économiser sur la qualité de l'encre et du papier. Si l'on veut, en France, se dispenser de cette illustration coûteuse, on est d'un autre côté privé du droit d'insérer des annonces, et c'est le produit des annonces, — sans timbre, — qui fait la fortune des journaux anglais.

Maintenant, pour être vrai, disons que l'Angleterre ne nous a guère envoyé de chefs-d'œuvre typographiques. Si la *Bible* du prince de Galles est une publication splendide, elle doit cependant être considérée comme hors de concours : un livre qui est tiré à quinze exemplaires coûtant chacun quinze guinées, soit 2,600 francs, ne rentre pas dans la catégorie des impresssons ordinaires ; c'est, si je puis m'exprimer ainsi, une fantaisie de tête couronnée qui n'a rien de commun avec l'impression considérée au point de vue ordinaire. Aussi, M. Mackenzie, de Glascow, qui avait exposé cette Bible, n'a-t-il obtenu qu'une médaille d'argent.

Remarquons aussi que la grande exposition collective des produits de la librairie anglaise, en donnant une idée d'ensemble, a nui aux imprimeurs qui ne figuraient que dans cette exposition collective et qui n'avaient pas jugé utile de faire une exhibition particulière.

M. Clowes, de Londres, eût eu indubitablement une médaille d'or pour ses éditions, mais il faisait partie du jury et était donc placé hors concours. Une médaille d'or a été attribuée à M. Brooks, mais il s'agit de chromo-lithographies et non de livres.

M. Spottiswood a eu une médaille d'argent. M. Spottiswood dirige une des plus grande imprimeries du monde. Dans ses vastes ateliers de New-Street-Square, à Londres, fonctionnent 22 presses à vapeur actionnées par deux machines, 22 presses à bras. On y emploie 500 compositeurs, et le poids des caractères dépasse 240 tonnes métriques. Son exposition comprenait des livres en latin, en grec, en sanscrit, en maharat, en islandais, en chinois avec caractères romains, en grec moderne, enfin un dictionnaire et une grammaire des hiéroglyphes égyptiens. Le catalogue spécimen des types et des caractères employés dans la maison Spottiswood est une œuvre d'art des plus curieuses.

La maison Cassel, Petter et Galpin (médaille d'argent) avait exposé 70 publications différentes, la plupart destinées aux classes ouvrières. Ces publications sont généralement remarquables par un bon marché extraordinaire qui n'exclut pas une grande netteté de l'impression et un grand fini d'exécution pour les gravures.

MM. Virtue et Cie ont eu la médaille d'argent pour leurs livres illustrés. Il faut avouer que l'illustration a acquis un grand degré de perfection en Angleterre : il est telle vignette qu'on dirait détachée d'un album de gravures à l'eau forte. La vue de la collection de l'*Illustrated London News*, qui a également obtenu une médaille d'argent, n'est pas de nature à affaiblir cette appréciation.

Résumons notre pensée sur l'imprimerie en Angleterre.

La question du mérite relatif de la France et de l'Angleterre a été traitée avec beaucoup de soin dans deux journaux spéciaux : *the Printers' Register*, de Londres, et l'*Imprimerie*, de Paris. Le résultat de la polémique très-courtoise entre deux spécialistes fort compétents a été que *the Printers' Register* reconnaît que la France *fait mieux* que l'Angleterre, au point de vue de l'élégance, mais que l'Angleterre *pourrait faire* aussi bien que la France, si elle voulait s'en donner la peine et si elle était certaine de trouver un bénéfice rémunérateur dans l'impression de livres luxueusement imprimés. « L'Angleterre, du reste, ajoute le journal de Londres, a la prééminence pour la rapidité de l'exécution et pour le bon marché des produits. »

Le journal français, sans tenir compte de l'explication de son confrère anglais, répond : « Puisque vous pourriez faire aussi bien que nous, pourquoi ne le faites-vous pas ? » Mais l'*Imprimerie* passe sous silence la question de rapidité et de bon marché. Il est vrai qu'en France, à l'aide du procédé de clichage et de presses à grand tirage, on est parvenu aussi à une très-grande rapidité, mais les feuilles livrées au public sont souvent si mal imprimées, que la comparaison avec les productions similaires anglaises n'est même plus possible.

En dernière analyse, nous dirons donc : Les impressions *soignées* de la France sont *mieux soignées* (c'est à dessein que nous répétons ce mot) que celles de l'Angleterre ; mais l'Angleterre a la supériorité sur la France pour les publications à bon marché, et elle a par conséquent la prééminence, puisque c'est le bon marché seul qui peut aider à instruire les masses et à élever le niveau intellectuel du peuple par la vulgarisation de toutes les notions utiles[1].

Nous ne quitterons cependant pas l'exposition anglaise sans quelques mots de critique sur les nombreuses fautes qui émaillent un certain nombre de livres, dès qu'il y a une intercalation ou une note dans une langue étrangère. Il y a là parfois une négligence, un laisser-aller qui dépassent toutes les bornes, et nous avons remarqué des fautes très-graves de ce genre dans des livres expressément destinés à l'étude d'une langue étrangère.

Nous avons employé le mot *laisser-aller*, lorsqu'il s'agit des langues étrangères. Nous avons recueilli à titre de curiosité bibliographique un prospectus qui a été distribué pendant les premiers jours de l'Exposition. Nous allons le reproduire textuellement (sauf le nom et l'adresse de l'exposant) : l'on verra que l'auteur de ce prospectus, *fournisseur des écoles*, a pensé que, pour traduire de l'anglais en français, il suffisait de prendre un dictionnaire et de mettre à la place du mot anglais le premier mot français indiqué par le lexique. Comme de raison, l'ordre des mots anglais a été scrupuleusement observé par le traducteur. S'il dit, par exemple, *imprime dessein modèles*, il faut lire : *modèles de dessins imprimés*, et encore serait-ce là une faute, car le texte anglais porte *painted drawing models* et non *printed drawing models*; *perfectionne pupitre et seige sur quadrant supports*, signifie : *pupitre perfectionné et siège à supports carrés*. *Prix de bois*, c'est du *bois de prix* ou du *bois ouvré* (*woodwork*). Les *pupitres pours filles en tache et verin* sont des pupitres *peints et vernis* pour filles ; seulement *stained*, peint ou teint, signifie aussi, comme nos lecteurs le savent, *taché*, et *varnished*, verni, est devenu *verin*. Quant au titre : *Fabricant d'apparat d'éducation*, c'est de *matériel de l'enseignement* qu'il faut lire.

---

1. L'opinion que nous exprimons est corroborée par l'appréciation suivante que nous trouvons dans le Compte rendu présenté à la Société fraternelle des Protes de Paris, par M. Cussot, prote chez MM. Lainé et Havard, successeurs de la maison Didot.

« ... Nous devons surtout reconnaître que les Anglais nous sont généralement supérieurs, dans la confection de leurs impressions les plus ordinaires. Chez eux le plus petit bouquin, le journal le moins estimé, les plus simples prospectus destinés à être jetés dans tous les coins de rues, tout cela est propret, bien lisible, bien ordonné et surtout bien tiré. Que ce soit à la bonne qualité de leur encre, à la supériorité de leur papier, ou à l'habileté de leurs ouvriers qu'il faille attribuer cette différence, *toute à leur avantage*, entre leurs travaux et les nôtres de ce genre, toujours est-il qu'elle existe et qu'elle s'est *affirmée d'une façon plus éclatante encore* à cette dernière Exposition. »

Voici ce prospectus curieux :

PRIX MEDAILLE A LONDRES, 1862.

GEO. M. *****,

FOURNISSEUR DES ECOLES & FABRICANT D'APPARAT D'EDUCATION,
44, ****-STREET, LONDRES, N. W.

ARTICLES EXPOSE A PARIS, 1867.—Classe 89.

Géometrique Solides.	70 frcs. l'assortement dans boite.
Imprime Dessein Modeles.	13 frcs. l'assortement dans boite.
Mécanique puissance.	132 frcs. l'assortement.
La Table d'ouvre pour Maitresse d'ecole	138 frcs.

Pupitre plain et seige fort, en tache et verin bois de Sapin	9 frcs. le metre.
Supports en fer.	3 frcs. and 1-50 chaques.
Pupitre et seige pours filles, en tache et verin bois de Sapin	9 frcs. le metre.
Supports en fer.	3 frcs. and 1-50 chaques.

Perfectionne pupitre et seige sur Quadrant supports.
Et Pupitre oblique, table plat, et seige avec dos.
Avantages—Libre passage entré pupitre et seige.
Siege confortable pour lecture et cetera.

Prix de bois—Bois de sapin tache et verin	10 frcs. le metre.
Bouleau Verni	16 frcs. le metre.
Supports en fer	6 frcs. 20 cts. and 1-50 cts. chaque.

L'Osborne Pupitre et siege.
Pupitre oblique, table plat et seige avec dos.
Avantages—Grand simplicité.
Siege plus ample avec dos.

Prix de bois—Bois de sapin tache et verni.	8 frcs. le metre.
Bouleau Verni	12 frcs. le metre.
Supports en fer	6 frcs. 20 cts. chaque.

Ce n'est pas sans raison que nous avons dit que ce prospectus est une curiosité bibliographique ; car, sans doute sur l'observation de la Commission anglaise, cet imprimé a promptement disparu, et les démarches d'amateurs d'incunables, pour en posséder un exemplaire, n'ont pas été couronnées de succès. C'est pour leur donner une satisfaction partielle que nous l'avons reproduit et non pour dresser un acte d'accusation contre les éditeurs anglais qui impriment des livres en langue étrangère. Nous dirons même que nous considérons comme un véritable déni de justice l'attribution par le jury d'une simple mention honorable au Dictionnaire anglais-français, in-8°, en caractères de cinq points (diamant), de Bellows, de Glocester. Ce Dictionnaire est une merveille au point de vue typographique, et sous le rapport de la correction, il n'a rien à envier aux ouvrages de Didot, les éditions au louis d'or, ainsi nommées, parce que le célèbre imprimeur donnait un louis à toute personne qui découvrait une faute dans la dernière épreuve (le bon à tirer) affichée à la porte de l'imprimerie.

ITALIE. — L'Italie ne comptait dans la classe 6 que 54 exposants. Aucun de ces exposants n'a été jugé digne d'être mis hors concours; aucun grand prix ne leur a été décerné. L'imprimerie italienne n'a pas obtenu de médaille d'or, et si une seule médaille d'argent figure sur la liste des récompenses, elle a été décernée aux pères Mékhitaristes de Saint-Lazare, de Venise, pour leurs livres en langues orientales. Or, le livre exposé par les Rit. PP. était une traduction en arménien de la *Vie de Jules César*, de Sa Majesté Napoléon III. Cette unique médaille en argent est-elle la récompense des imprimeurs ou du traducteur, ou, passant par dessus leurs têtes, est-elle un hommage indirect que le jury a voulu rendre à l'auteur ? Nous ne savons ; mais si nous ajoutons que tout ce que la Péninsule a obtenu consiste en cette médaille et en sept médailles de bronze, l'on conviendra que le temps est loin où l'Italie avait su conquérir la première place pour ses chefs-d'œuvre typographiques.

N'est-ce pas dans les environs de Rome, dans le couvent de Subiaco, que furent établies les premières presses, en dehors de l'Allemagne, et cela dès l'année 1465, c'est-à-dire treize ans après la date assignée à l'impression de la première Bible par Gutenberg [1] ?

N'est-ce pas à Venise que nous trouvons, dès 1469, Jean de Spire suivi bientôt de Jenson, que Louis XI avait envoyé, en 1462, à Mayence pour y surprendre les secrets de l'art, mais qui, trouvant la France en proie aux troubles politiques, alla s'établir dans la ville des doges ?

N'est-ce pas Venise qui a remplacé par des caractères, dont les formes étaient empruntées aux manuscrits romains, les formes si lourdes des caractères demi-gothiques ?

N'est-ce pas Venise qui est la patrie des Aldes, qui introduisirent dans leurs ouvrages les caractères cursifs que nous nommons *italiques* ?

Enfin, pour ne pas nous arrêter aux siècles intermédiaires, n'est-ce pas à Parme que vécut Bodoni, le Didot de l'Italie, qui forma la célèbre typographie polyglotte et qui publia des opuscules imprimés à la fois en vingt-cinq langues, avec les caractères propres de chacune d'elles, caractères qu'il avait gravés et fondus lui-même ?

Copions ce que le jury de l'Exposition de 1806, à Paris, disait à propos de Bodoni, qui obtint la médaille d'or : « M. Bodoni est un des hommes qui ont le plus contribué aux progrès que la typographie a faits dans le dix-huitième siècle et de notre temps. Il réunit plusieurs talents ordinairement séparés et pour chacun desquels il mériterait la distinction de premier ordre. Il est à remarquer, à l'honneur de M. Bodoni, qu'il a exécuté tous ses travaux dans un pays où il était seul, abandonné à ses propres moyens, et où la typographie était, *avant lui, plus négligée que dans aucun autre pays de l'Europe.* »

Cette dernière phrase est la transition naturelle à l'exposition actuelle. Bodoni fut un météore lumineux. Lorsqu'il disparut, la typographie fut négligée comme avant lui. Il y eut cependant d'honorables exceptions, mais ce ne furent que des exceptions. Citons, à ce titre, les Bettoni, les Silvestri, les Molini, et, dans un

---

[1]. Conrad Sweynheim et Arnold Pannartz imprimèrent en six ans, à Subiaco, 28 ouvrages dont plusieurs furent réimprimés deux ou trois fois pendant ces six ans ; le nombre d'exemplaires n'était en moyenne, pour chaque tirage, que de 300. L'ensemble des volumes tirés de 1461 à 1471 est de 1247.

temps plus rapproché encore, les Pomba, les Le Monnier et les Barbera, dont nous allons retrouver les noms.

Nous avons omis MM. Chirio et Mina, qui avaient envoyé à la première Exposition universelle (1851) une *Histoire de l'abbaye d'Altacomba*, que le jury international « avait remarquée avec intérêt. » Il est vrai que le jury ajoutait « que MM. Chirio et Mina avaient fait usage des beaux caractères gravés par Firmin Didot père. »

D'après le travail de la Commission royale, l'Italie compte aujourd'hui environ 600 typographies, avec 2,000 presses à imprimer et 8 à 10,000 employés comme comptables, commis-voyageurs, compositeurs, pressiers, relieurs. On voit donc que si, comme la Commission l'avoue elle-même, « l'art typographique ne rivalise plus de nos jours par l'abondance et la variété de ses produits avec les autres nations, il a cependant conservé une certaine importance. » D'ailleurs, comme le dit l'écrivain officiel, « on retrouve dans les ouvrages actuellement publiés la tradition de l'érudition nationale, et on peut les montrer comme d'heureux spécimens d'un art qui n'a rien perdu de sa force et qui *n'attend* que de pouvoir, *grâce à des temps plus calmes*, faire une plus grande moisson pour se donner *une vie nouvelle*. »

Nous n'avons recueilli aucun chiffre sur la production des presses italiennes, mais voici le relevé au point de vue commercial :

ANNÉES.	IMPORTATIONS.		EXPORTATIONS.	
	QUANTITÉS.	VALEURS.	QUANTITÉS.	VALEURS.
	quintaux métriques.	milliers de francs.	quintaux métriques.	milliers de francs.
1862.........	4,788	2,192	1,411	705
1863.........	4,546	2,079	1,134	517
1864.........	4,164	1,954	1,404	638
1865.........	3,855	1,850	776	350
Moyenne...	4,336	2,019,000 fr.	1,180	552,000 fr.

En résumé, les importations de livres, en Italie, dépassent donc annuellement 2 millions, tandis que les exportations n'atteignent pas plus de 550,000 fr. Le mouvement commercial de l'Italie, en fait de livres, est donc bien peu considérable, si on le compare, par exemple, avec celui de la Belgique, qui compte moins de cinq millions d'habitants, tandis que le royaume d'Italie en compte 24,232,000, c'est-à-dire environ le quadruple. Les exportations en livres de la Belgique atteignent une valeur de 914,260 francs, c'est-à-dire, par rapport à l'Italie, dans la proportion de 17 à 10, et les importations, en Belgique, sont de 3,183,440, c'est-à-dire dans la proportion de 3 à 2, si on les compare à celles de la Péninsule italique.

Espérons donc, avec l'auteur de l'*Italie économique*, que « des temps plus calmes permettront de donner au pays une vie nouvelle. »

Lorsqu'on parcourt l'exposition italienne, le catalogue à la main, on est étonné d'y rencontrer la mention fréquemment répétée à côté d'un ouvrage indiqué : *Sous presse*. Il faut avant tout être juste : les typographes italiens, au milieu des événements politiques qui se sont déroulés en 1865 et en 1866, n'ont pas eu le temps suffisant et l'esprit assez libre pour se préparer à figurer, comme ils l'auraient voulu, à l'Exposition de 1867. Ceci explique sans doute certaines défaillances.

M. Pomba, de Turin, dont nous avons déjà cité le nom, appartient à la pléiade des imprimeurs italiens qui ont essayé de renouer les bonnes traditions du passé. M. Pomba a un établissement considérable : il emploie 15 machines et a un personnel de 90 hommes, de 9 femmes et de 9 enfants. Il produit annuellement 150,000 volumes, d'une valeur de 450,000 francs. Nous ne ferons pas un éloge pompeux des livres exposés, mais cependant ils sont au-dessus de la médiocrité.

Les cinquante petits volumes de M. Barbera (Florence) sont d'une bonne exécution ; ils constituent ce qu'on nomme la collection diamant.

M. Le Monnier publie une bibliothèque nationale italienne qui avait déjà été distinguée à l'Exposition de Londres de 1862.

M. Cellini se consacre plus particulièrement aux impressions de luxe : les documents tirés des archives toscanes ont un véritable mérite.

MM. Nistri frères ont une exposition variée, trop variée peut-être. Si les efforts de MM. Nistri se concentraient sur un genre particulier, ils arriveraient à de meilleurs résultats.

Citons encore les deux autres imprimeurs qui ont obtenu des médailles de bronze : M. Lao, de Palerme, et Gaetano Nobile, de Naples. Pour ce dernier, ce sont surtout ses spécimens de chromo-typographie qui ont été distingués. Nous nous rappelons avoir vu, il y a quelques années, une description d'Herculanum magnifiquement illustrée, de M. Nobile ; seulement l'édition populaire, — il y avait une édition de luxe, — était tirée sur un papier trop mince et trop étroit, ce qui détruisait tout l'effet qui nous avait fait remarquer la grande édition. Aujourd'hui, les spécimens de M. Nobile sont remarquables sous tous les rapports.

Le jury n'aurait-il pas dû accorder au moins des mentions honorables à M. Henri Dalmaze pour son Dictionnaire polyglotte en onze langues ; à la typographie Claudienne, qui produit 300,000 feuilles par an, au prix de 4 centimes la feuille ; à M. Chiossone pour son *Italie artistique*, et même à M. Sonzogno, de Milan, ne fût-ce qu'à titre de grand producteur ?

S'il faut tenir pour exactes les mentions du catalogue, M. Sonzogno édite deux journaux politiques quotidiens, 6,025,000 exemplaires ; deux journaux de luxe hebdomadaires, 364,000 exemplaires ; quatre journaux populaires illustrés, 520,000 exemplaires ; sept journaux de modes, ensemble : 27,000 exemplaires, *etc.* Sous ce mot *etc.* sont compris 565,000 exemplaires pour les dessins, gravures, étrennes. Cet ensemble est prodigieux ; mais, il faut bien l'avouer, généralement la qualité ne répond pas à la quantité produite.

WURTEMBERG. — L'exposition de ce pays est remarquable sous tous les rapports. Mais aussi n'oublions pas que Stuttgard est pour le sud de l'Allemagne un centre d'éditeurs, comme Leipzig l'est pour les États du Nord. Nous n'avons pas de statistique plus récente que celle de 1861 ; mais, dans cette année, le Wurtemberg comptait 106 imprimeries, et les librairies, magasins d'art, de musique et d'antiquités (ces dernières branches sont souvent réunies dans le même établissement) étaient au nombre de 125. L'importance des transactions, en ce qui concerne la librairie, atteignait 7 millions et demi de francs.

En tête des libraires éditeurs wurtembergeois, nous placerons M. Cotta, qui a une maison à Stuttgard et une autre non moins importante à Munich, et dont l'exposition formait toute une bibliothèque. Les grands auteurs allemands : les Gœthe, les Schiller, les Uhland, les Humboldt y apparaissaient dans tous les formats et avec des illustrations remarquables par leur exécution soignée[1].

1. « Quelle élégance dans les types! Quelle sobriété dans les ornements! Quel goût dans la disposition des titres! Quelle justesse dans les encadrements! Quelle harmonie dans la

Une médaille d'argent a été attribuée à M. Cotta, ainsi qu'à MM. Ebnert et Seubert et à M. Hallberger. MM. Ebnert et Seubert ont su conquérir en Allemagne la première place pour les publications relatives à l'architecture. M. Hallburger brille par ses livres de luxe illustrés et par sa musique. L'album des gravures sur bois de sa maison comprenait des spécimens remarquables.

Cinq médailles en bronze ont été décernées à MM. Maecken, Hochdanz, Baeusner, Hoffman et Nitzschke. Ces distinctions nous paraissent méritées ; mais pourquoi n'avoir accordé aucune mention à la Société biblique du Wurtemberg, qui exposait une Bible en relief pour les aveugles, en 63 volumes, au prix incroyable de 130 francs, c'est-à-dire de 2 francs le volume ?

Le catalogue du Wurtemberg est remarquable par les détails qu'il contient. Mais pourquoi l'édition française n'est-elle pas rédigée en français ? Pourquoi y lisons-nous, par exemple, des phrases comme celle-ci :

« Comme place d'éditeurs Stoutgardt occupe le même rang pour le sud de l'Allemagne, *comme* Leipzic pour le nord. Le total des *transactions libraires* est monté à 3 1/2 millions de florins. »

Citons encore ces trois phrases :

« Ces efforts restèrent à l'état de simples *tentations*. La Commission qui, grâce aux lumières du Gouvernement, fut plus tard dotée de moyens plus larges et en puisa d'autres non moins importants dans la collection augmentée du dépôt d'échantillons à Stoutgardt, vit se couronner du meilleur résultat ses efforts qui se portaient surtout sur la formation des instituteurs nécessaires, sur l'acquisition des besoins matériels de l'enseignement comme des locaux et du *réquisitoire* nécessaire, comme modèles de plâtres, dessins, etc., augmentation des branches d'enseignement, surveillance et contrôle des écoles et la création d'autorités locales et spéciales, etc. Le développement rapide des écoles ouvrières communales n'a rien de *roide* ou de *monotone*. »

« Comme ils manquaient autrefois absolument d'établissements pour la préparation du lin, la culture en était restreinte *et ne fournissait à l'industrie que des petits propriétaires*, qui le travaillaient eux-mêmes. »

« L'industrie de laine en Wurtemberg est une industrie nationale, *tant par le temps de sa puissance* que par le rapport existant avec la production des laines en Wurtemberg. »

Et cela s'est imprimé dans la ville de Stuttgard, pour compte et sous la surveillance de la Commission spéciale wurtembergeoise ! M. Paul Neff, qui imprime dans cette ville des ouvrages si corrects pour l'enseignement de la langue française, — et qui, cependant, n'a eu aucune mention à l'Exposition, — a dû rougir pour la capitale du Wurtemberg.

Terminons ce qui concerne l'exposition de ce royaume par un renseignement statistique qui permettra de juger de l'importance de Stuttgard au point de vue du nombre de livres qui y sont édités. En une seule année (1865), les livres envoyés à la foire de Leipsig présentaient en poids un total de 693,300 kilogrammes.

PRUSSE ET ÉTATS DE L'ALLEMAGNE DU NORD. — L'Imprimerie royale de Berlin avait été mise hors concours. Elle n'avait, d'ailleurs, envoyé que des épreuves

justification des pages ! Quel fini dans le tirage ! Nous sommes forcés d'avouer que c'est là de la simple, mais pure et belle typographie, qui cependant n'a obtenu du jury qu'une médaille d'argent. » Ainsi s'exprime, à propos des livres exposés par M. Cotta, un excellent juge qu'on n'accusera pas de partialité à l'égard de la typographie étrangère, M. Cusset, prote chez MM. Lainé et Havard, rapporteur de la Société fraternelle des Protes de Paris.

de papiers-monnaie et de titres de fonds publics ou d'obligations, exécutés avec beaucoup de soin et imprimés sur un papier spécial que l'on dit propre à empêcher les falsifications. Nous ne savons jusqu'à quel point cette prétention est justifiée. Les efforts des chimistes qui produisent des papiers infalsifiables et de ceux qui démontrent que ces mêmes papiers peuvent être parfaitement contrefaits, nous rappellent les luttes de l'artillerie et des blindages : à chaque blindage plus fort on oppose un canon plus puissant ; à chaque canon plus puissant, on oppose un blindage plus fort.

La palme pour toute cette contrée appartient incontestablement à MM. Giesecke et Devriendt, de Leipsig (Saxe), auxquels, à juste titre, a été decernée une médaille d'or. Leur imprimerie est la véritable imprimerie modèle de l'Allemagne. Il serait difficile de trouver un travail se rattachant par un côté quelconque à l'imprimerie, à la lithographie, à la taille-douce, qui ne s'exécute pas dans ces vastes ateliers où sont réunies 10 presses mécaniques, 26 presses à bras typographiques, 24 presses lithographiques, 26 presses en taille-douce, et d'où chaque année il sort environ 20,000 rames de papier imprimé. Du reste, l'imprimerie Giesecke et Devriendt avait déjà été remarquée à l'Exposition de Londres de 1862, et nous nous rappelons avoir lu dans le rapport des délégués de la typographie, publié par la Commission ouvrière, cet éloge concis, mais énergique : « Travaux en tous genres d'une belle exécution. Il est impossible de s'attacher de préférence à tel ou tel, car ils sont d'une égalité de ton admirable. » Ajoutons un détail qui prouvera quel prix MM. Giesecke et Devriendt attachent au progrès : un laboratoire de chimie est établi dans une des annexes de l'établissement ; deux savants y expérimentent toutes les compositions nouvelles susceptibles de trouver une application dans les diverses branches qu'exploite la maison.

Plusieurs médailles d'argent ont été attribuées à la Prusse : citons M. Brockhaus (Leipsick), l'éditeur des *Conversations-Lexicon*, et qui avait envoyé quelques ouvrages splendides ; M. Decker, dont on a admiré la Bible in-folio ; M. Duncker, exposant dans plusieurs classes, et dont les *Évangiles*, ornés de gravures imprimées en couleur sur fond de chêne, avaient déjà été distingués à Londres ; MM. Ernst et Korn, éditeurs de bons ouvrages sur l'architecture et la mécanique pratique, et MM. Trowitzsch, les infatigables imprimeurs de Bibles (ils en ont déjà tiré deux millions d'exemplaires). Les vignettes et les encadrements de MM. Trowitzsch présentaient un grand intérêt au point de vue de l'agencement ; M. Lorck a vu distinguer ses livres imprimés en caractères de langues orientales et européennes plus rares.

Nous n'avons pas encore cité M. Vieweg, à Brunswick, qui, outre la médaille d'argent qu'il a obtenue, mérite de notre part une mention toute spéciale : ses spécimens de typographie sont irréprochables à tous les points de vue, et, seul de toute l'Allemagne, il a eu la consciencieuse délicatesse de désigner comme son coopérateur méritant M. Lucke, son chef d'atelier. M. Lucke a eu une médaille de bronze.

MM. Schalgen, de Dusseldorf, et Gronau, de Berlin, ont obtenu pour leurs impressions une médaille de bronze.

MM. Gerold et Schulze pour leurs lithographies.

BAVIÈRE. — Nous nous attendions à trouver l'imprimerie bavaroise largement et richement représentée, notre attente a été trompée. Nous avons trouvé peu de livres, mais, par contre, beaucoup de lithographies, de chromo-lithographies et des tableaux imprimés en couleur à l'huile.

Cependant le jury a remarqué, et avec raison, les livres de liturgie de

M. Pastet, de Ratisbonne (médaille d'argent), et de M. Kosel, de Kempten (médaille de bronze). MM. Braun et Schneider ont eu également une médaille de bronze pour leurs ouvrages illustrés : les vignettes avaient une grande netteté.

BELGIQUE. — La notice consacrée dans le catalogue spécial belge aux produits d'imprimerie et de librairie, commence par un aveu qui ne manque pas de franchise : « L'imprimerie typographique a pris un grand développement en Belgique. Ce qui a contribué à favoriser son essor, ce sont les *contrefaçons d'éditions françaises* qui alimentèrent nos presses de 1818 à 1852. La convention conclue avec la France, le 22 août 1852, à la suite de longues négociations pour la garantie réciproque des droits des écrivains et des artistes, fut suivie d'un temps d'arrêt dans le développement de cette branche de travail. L'atteinte qu'elle reçut ne fut que passagère, et l'industrie typographique n'a pas cessé de progresser dans notre pays durant le cours des dix dernières années. »

Si cette dernière affirmation est exacte, et rien ne nous autorise à la révoquer en doute, c'est la consommation intérieure, c'est-à-dire l'achat des livres en Belgique même, qui a dû prendre un grand développement, car les nombres fournis pour le commerce des livres indiquent une progression constante pour les importations de livres étrangers en Belgique, en même temps qu'une diminution encore bien plus sensible dans les exportations de livres de ce pays.

Le tableau suivant du commerce des livres imprimés en Belgique à diverses époques est, à cet égard, très-significatif.

ANNÉES.	IMPORTATIONS.		EXPORTATIONS.	
	QUANTITÉS.	VALEURS.	QUANTITÉS.	VALEURS.
	kil.	fr.	kil.	fr.
1851.........	161,494	1,029,348	366,502	2,270,966
1855.........	220,055	1,387,177	320,473	2,006,978
1860.........	352,086	2,195,826	294,954	1,846,172
1861.........	360,042	2,187,096	212,352	1,320,495
1862.........	365,255	2,219,583	245,507	1,541,848
1863.........	392,356	2,280,492	217,151	1,340,791
1864.........	459,388	2,780,138	158,344	981,083
1865.........	»	3,183,440	»	914,261

De l'examen comparatif de ces chiffres, il résulte qu'en 15 ans, de 1851 à 1865, la valeur représentée par les livres importés en Belgique a augmenté de 1,029,348 fr. à 3,183,440 fr., c'est-à-dire qu'elle a triplé, tandis que les exportations, pendant la même période, sont descendues de 2,270,960 fr. à 914,261 fr., c'est-à-dire de trois cinquièmes. Ce double courant aurait dû logiquement produire une crise dans la typographie belge, mais la notice fait remarquer que « la convention a eu ce résultat favorable de diriger l'activité des imprimeries belges vers les éditions originales et les ouvrages du domaine public. Des livres belges, sans aucune restriction, sont sortis des presses des éditeurs de la Belgique. » Comme nous le disions, c'est donc le marché intérieur qui a dû prendre un grand développement, et la Belgique peut s'enorgueillir de ce résultat qui prouve que le goût de la lecture s'y propage dans de très-grandes proportions.

Quant aux relations entre la France et la Belgique, nous remarquerons que la France, qui est cependant son principal débouché, n'a reçu de la Belgique, en 1865, que pour 446,033 francs de livres, tandis qu'elle a exporté en Belgique des ouvrages représentant une valeur de 2,731,148 fr., ce qui réduit à 482,325 fr. les importations des autres pays; quant à l'Angleterre, la comparaison donne un résultat diamétralement opposé : elle a reçu de la Belgique pour 20,000 fr. de livres de plus qu'elle ne lui en a vendu.

Un dernier détail de statistique qui a bien son importance : le nombre de personnes qui vivent en Belgique de l'industrie typographique ou des professions qui s'y rattachent étroitement (libraires, correcteurs, compositeurs, fondeurs, mécaniciens, pressiers, relieurs, brocheurs) n'est pas moins de 5000 à 6000, et on peut évaluer à plus de 500 le nombre de presses répandues dans le pays. Bruxelles seule en compte près de 250, dont 75 presses mécaniques.

Une fois pour toutes, nous dirons que la généralité des exposants de la classe 6 paraît avoir pris l'engagement d'honneur de cacher avec un soin jaloux ses produits aux visiteurs. Les exposants belges ont tenu religieusement parole; c'est à peine si de temps à autre une montre s'ouvre discrètement, et il faut se hâter pour avoir le droit de jeter à l'intérieur un regard furtif. A la rigueur, on peut voir, mais toucher, jamais. Dans de pareilles conditions, il est difficile de rendre compte de la beauté de l'impression, du choix des caractères, de la correction des textes. Citons une exception : on nous a libéralement montré l'exposition de M. Dessain, le Mame de la Belgique. Si nous ne connaissons pas M. Dessain, nous connaissons les livres qu'il édite, car il n'a eu qu'à suivre les traditions que lui a léguées M. Hanicq, le célèbre imprimeur de Malines, qui montrait avec fierté son brevet de *typographe du pape*. Énumérer les livres de liturgie qui sont sortis des immenses ateliers de M. Hanicq et de son successeur serait impossible. Pour nous borner à l'exposition, nous y avons vu des spécimens de la collection des livres de liturgie imprimés en rouge et noir, et comprenant 9 éditions du Missel romain, 11 éditions du Bréviaire, 6 Bréviaires de divers ordres religieux, 8 Heures diurnes, plusieurs grands livres pour les cérémonies pontificales, tous les livres de chant d'église. Le Missel grand in-folio, de 1866, contient 7 grandes et magnifiques planches sur acier, dont la composition, le dessin et la gravure ont été faits pour ce Missel. Pour adapter ces livres aux besoins de toutes les églises catholiques du monde, les offices propres des divers pays et des divers ordres ont été imprimés dans tous les formats. Nous en avons vu 216 pour les Bréviaires, autant pour les Missels et autant pour les Heures diurnes, soit plus de 600 suppléments, dont quelques-uns forment de forts volumes. Ces suppléments, on le conçoit, ont exigé de grandes recherches et un capital important, mais aussi les livres de M. Dessain sont employés dans les pays les plus lointains. M. Dessain, qui avait aussi exposé une série de livres de prières en diverses langues (86 numéros), n'a eu qu'une médaille d'argent. Il pouvait sans doute espérer mieux.

M. Annoot Braekman, de Gand, a eu une médaille d'argent qui, assurément, était bien méritée. Il avait exposé 38 volumes de la collection du Bibliophile flamand, imprimés sur papier vergé. Il y a dans cette collection de véritables chefs-d'œuvre. Nous mentionnerons un des livres de cette collection que nous avions déjà eu l'occasion de voir : c'est la reproduction d'un manuscrit du quinzième siècle (*Tableau de la vie du Christ*), grand in-4°, dont une partie est imprimée et dont l'autre se compose de splendides chromo-lithographies. Nous connaissions aussi déjà les *Annales de l'imprimerie elzévirienne* qui, du reste, sont fort recherchées par les bibliophiles français.

Le jury a distingué aussi, en leur accordant une médaille d'argent, MM. Muquart, de Bruxelles, et M. van Dorselaere, de Gand : l'exposition du premier était remarquable par l'illustration des ouvrages, la plupart en allemand, et qui sont recherchés de l'autre côté du Rhin; le second avait surtout exposé des imitations d'impressions anciennes et quelques spécimens remarquables par la difficulté vaincue au point de vue de la composition typographique.

En résumé, la Belgique, qui s'efforce surtout de produire au meilleur marché possible, a été assez heureuse dans son exposition : elle a étonné ceux qui affectent de croire que ses imprimeurs n'ont d'autre ambition que de faire concurrence aux autres nations par les bas prix de leurs produits. Si les Anglais ont dit « si nous le voulions, nous ferions aussi bien que la France, » les Belges ont été plus affirmatifs en montrant quelques ouvrages qui n'ont rien à envier aux meilleures impressions françaises. Il devait en être ainsi dans un pays qui a compté tant d'imprimeurs célèbres, et où la tradition du vrai beau s'est conservée à travers les âges. Seulement, ce qui a manqué aux exposants belges, c'est un certain *savoir-faire*. Comme nous l'avons dit, la plupart des montres étaient hermétiquement fermées, et au moment de la visite du jury, un grand nombre d'exposants n'étaient pas représentés : sans cela, il est probable que les médailles eussent été accordées avec moins de parcimonie.

AUTRICHE. — Lorsque l'Imprimerie impériale de Vienne envoya des spécimens de ses nombreuses productions à l'Exposition de Paris de 1855, la vue de ces chefs-d'œuvre provoqua plus que de l'étonnement ; ce fut une véritable révélation. L'Imprimerie impériale de France croyait ne pas avoir de rivale ; elle dut reconnaître que, sous plusieurs rapports, elle n'occupait pas le premier rang. Pour rester dans le vrai, il faut ajouter que l'établissement de Vienne est resté depuis à peu près stationnaire. Les circonstances difficiles que vient de traverser l'Autriche expliquent peut-être le peu d'importance qu'elle a attaché à l'exposition du grand établissement qui lui donne cependant un orgueil légitime. Ses produits consistaient en ouvrages imprimés en langues orientales, en livres d'histoire, de beaux-arts, de sciences naturelles, de théologie, en chromolithographies, en dessins artistiques imprimés sur clichés, en cartes, etc. L'Imprimerie impériale de Vienne était naturellement placée hors concours.

Voici quelques données statistiques sur l'imprimerie en Autriche :

On compte dans l'Empire 360 imprimeries typographiques, 200 imprimeries lithographiques, 50 établissements pour l'impression sur cuivre. Vienne, Prague et Pesth ont plusieurs presses mécaniques. Il y existe 544 librairies. Le nombre des journaux est considérable (362, dont 134 politiques). Relativement, le nombre d'ouvrages imprimés en Autriche et en langue allemande est moins important ; ainsi, en 1865, les exportations en livres imprimés n'ont été que de 743,500 kilogrammes, tandis que les importations se sont élevées à 1,136,200 kilogrammes, provenant pour la majeure partie de Leipsig, de Berlin et de Stuttgard.

Six médailles d'argent ont été attribuées aux exposants de la classe 6 : M. Braumuller, libraire de l'Université de Vienne, a contribué pour une large part au développement des études scientifiques, en Autriche, par ses nombreuses publications ; M. Gerold s'occupe aussi de livres de sciences ; MM. Engel et fils avaient des spécimens d'impressions fort diverses et toutes remarquables. Ils réunissent dans leurs ateliers la typographie, la lithographie, la zincographie, la stéréotypie et la galvanoplastie. M. Emich brillait par ses ouvrages illustrés et ses impressions en couleur ; M. Zamarski, par ses tableaux typographiques et les magnifiques impressions de son album de vignettes ; enfin, M. Peterno, par ses chromo et ses impressions en taille-douce.

Nous ne mentionnerons que pour mémoire diverses médailles de bronze s'appliquant plutôt à la lithographie qu'à l'imprimerie proprement dite ; mais nous demandons pourquoi M. Neuman, dont les lithographies et les chromo-lithographies sont depuis longtemps connues et remarquées à Paris (nous citerons, par exemple, ses *Quatre Saisons*) n'a eu qu'une médaille de bronze?

HOLLANDE. — Nous n'avons pas encore parlé des Pays-Bas. Hélas! le pays qui revendique pour Laurent Coster l'invention de l'imprimerie, et qui a compté les Elzévier parmi ses illustrations typographiques, brillait, pour ainsi dire, par son absence au Champ de Mars. Nous avons cependant remarqué les livres en langues orientales de Brill, à Leyde, les livres classiques d'Enschedé et des spécimens de typographie et de caractères javanais.

PÉNINSULE IBÉRIQUE. L'exposition portugaise a été une révélation. L'imprimerie nationale a eu la première des médailles d'or. Si elle continue dans la voie de progrès où a su l'engager une direction habile, elle nous réserve sans doute de nouvelles surprises pour la prochaine lutte internationale. Remarquons que le Portugal n'avait que quatre exposants, y compris cette imprimerie hors ligne, et qu'outre cette médaille d'or, il s'est vu attribuer une médaille d'argent pour les beaux spécimens typographiques de MM. Lallemant frères dont on a beaucoup remarqué les impressions sur soie et en couleurs.

Quant à l'Espagne régie par des institutions qui sont loin d'être favorables aux progrès de l'imprimerie[1], elle semble avoir oublié les glorieuses traditions des Brocario, des Bordazar, des Sancha, des Ibarra dont le *Salluste* en espagnol est considéré à bon droit comme un chef-d'œuvre. Disons cependant que le jury a eu raison de décerner une médaille d'argent aux spécimens de typographie de M. Rivadenegra à Madrid, et qu'on ne l'eût pas accusé de prodigalité s'il avait décerné une médaille de bronze à l'édition monumentale du Don Quichotte exposée par MM. Gorsch et Casadeval de Barcelone.

GRÈCE. Nous nous rappelons qu'en 1851, à l'Exposition de Londres, la Grèce s'était bornée à affirmer ses espérances en plantant dans le compartiment qui lui était réservé deux bannières aux couleurs nationales portant l'une :

Θαρσεῖν χρή..... τάχ' αὔριον ἔσσεῖ ἄμεινον (Théocrite).

Ayons courage..... Un meilleur avenir s'approche.

l'autre :

Ζῆλοι δέ τε γείτονα γείτων
Εἰς ἄφενον σπεύδοντ' Ἀγαθή δ' ἔρις ἥδε βροτοῖσι (Hésiode).

La rivalité d'artistes voulant concourir au bien-être général est la lutte la plus favorable pour l'humanité.

Malgré les vicissitudes auxquelles le jeune royaume a été en proie, les espérances commencent à devenir des réalités[2], et nous regrettons que le jury ait cru qu'une seule médaille de bronze suffisait pour récompenser ces efforts généreux. Cette médaille a été décernée à M. Philadelphes pour ses livres et ses journaux en grec moderne. Pourquoi les Archives de la régénération hellénique, l'Histoire des beaux-arts de l'antiquité, les Vies de Plutarque, en grec ancien, de M. Koromelas, n'ont-elles pas été l'objet d'une semblable distinction?

ÉTATS-UNIS D'AMÉRIQUE. Exposition médiocre comme ensemble. Les éditeurs et

1. Ces lignes étaient écrites lorsque ont eu lieu les événements qui semblent promettre à l'Espagne une ère plus favorable aux arts libéraux et en particulier à l'imprimerie.
2. Athènes possède aujourd'hui 60 imprimeries. Il y paraît environ 100 journaux.

les imprimeurs semblent s'être entendus pour s'abstenir. Faut-il attribuer cette abstention à la crainte de devoir avouer que les ouvrages les plus remarquables sont des réimpressions, désignation euphémique, sous laquelle les éditeurs américains qui n'ont pas à craindre l'application des lois sur la propriété littéraire, publient des contrefaçons des meilleurs ouvrages anglais et français? Il paraît, du reste, que les États-Unis vont modifier leur législation et que, dans un avenir prochain, la propriété littéraire y sera respectée comme dans les autres pays civilisés.

Nous aurions cependant voulu voir décerner une récompense aux livres et instruments à l'usage des aveugles. Nous avons surtout admiré une Encyclopédie de 40 volumes en caractères en relief.

Voici, pour terminer, la récapitulation exacte des diverses récompenses décernées par le jury dans la classe 6 :

GRAND PRIX : 1, France (Mame, de Tours).

	MÉDAILLES.			MENTIONS HONORABLES.
	Or.	Argent.	Bronze.	
France................	7	48	51	17
Colonies françaises.....	»	»	»	4
Portugal..............	1	1	»	1
Grande-Bretagne......	1	10	7	»
Saxe.................	1	2	»	»
Colonies anglaises.....	»	»	6	»
Inde anglaise.........	»	»	4	»
Pays-Bas.............	»	»	3	»
Belgique.............	»	4	9	»
Autriche.............	»	6	5	»
Bavière..............	»	1	4	»
Prusse...............	»	5	5	1
Brunswick...........	»	1	»	1
Wurtemberg..........	»	3	5	1
Russie...............	»	»	5	»
Danemarck..........	»	»	1	»
Hesse...............	»	1	1	»
Suisse...............	»	»	1	»
Espagne.............	»	1	»	»
Italie................	»	1	7	»
Grèce................	»	»	1	»
Égypte..............	»	1	»	»
États-Unis...........	»	»	3	»
Hawaï...............	»	»	1	»
	10	85	119	25

COOPÉRATEURS. 10 Médailles d'argent, toutes attribuées à la France.

	MÉDAILLES DE BRONZE.	MENTIONS HONORABLES.
France...............	30	37
Belgique.............	1	2
Grande-Bretagne......	1	3
Prusse...............	1	»
Espagne.............	1	»
	34	42

LE MATÉRIEL

CHAPITRE III

Composition. — Tirage.

Nous avons dit, dans notre premier article, que l'art typographique en ce qui concerne la composition, était à peu près resté stationnaire. Il serait injuste cependant de nier la réalisation de quelques améliorations de détail. Ainsi, au lieu de serrer les formes avec des coins on emploie aujourd'hui, dans quelques imprimeries le serrage à vis : avec le premier système il suffit qu'un coin n'ait pas été assez fortement chassé dans l'intervalle séparant le *biseau*, qui maintient la composition, du *châssis* qui contient toute la *forme*, pour qu'un accident se produise au moment où on lève cette forme pour la porter sur la presse. Quelques lettres se détachent, un trou se forme, et en quelques secondes toute la partie de la composition placée du côté qui n'a pas été suffisamment serrée *tombe en pâte*, c'est-à-dire que toutes les lettres tombent pêle mêle et qu'il faut recommencer la composition [1]. Le serrage à vis prévient ce genre d'accident. Le serrage à vis s'applique aussi aux *galées*, espèce de planches sur lesquelles le compositeur place ses lignes à mesure qu'il a rempli son composteur. Quand le nombre de lignes est assez considérable pour former une *page* ou un *paquet*, il place un lingot sur le tout et n'a qu'à serrer la vis de la galée. Ajoutons cependant que, par esprit de routine, on s'obstine dans beaucoup d'imprimeries à employer des galées ordinaires sur lesquelles le compositeur assujettit son paquet en le liant fortement par trois tours de ficelle. Tous les jours il arrive que la ficelle se rompt sous l'effort fait pour la tendre, et emporte les lettres qui se trouvent au bout des dernières lignes du paquet, ou même des lignes tout entières. Peu importe! le compositeur qui a appris qu'il fallait lier ses paquets avec de la ficelle croirait commettre une infraction aux règles du métier s'il se servait d'une galée perfectionnée.

Un grand progrès réalisé consiste dans le parti qu'on a su tirer des *filets* qui, imprimés tels qu'ils venaient du fondeur, ne représentaient d'abord que des lignes noires plus ou moins épaisses, simples ou doubles.

| Filet maigre. | Filet double maigre. | Filet gras. | Filet de cadre. |

Avec ces éléments et avec les *accolades* de grandeurs et d'épaisseurs différentes un compositeur habile (ou *tableautier*) fait les *tableaux* les plus compliqués, et un compositeur-artiste (tel que M. Monpied) produit des dessins au trait imprimés sur des planches qu'il a exécutées en se servant exclusivement de filets typo-

---

[1]. On nous communique une note d'où il résulte qu'un perfectionnement analogue a été introduit depuis quelques années déjà dans l'imprimerie du *Moniteur belge*. M. Th. Mackintosh, chef de cette imprimerie, a inventé un *serre-page* qui, comme l'indique son nom, serre la page, et cela d'une manière si juste et si forte qu'aucune lettre ne peut se déranger pendant les mouvements qu'on fait faire aux pages en les glissant sur le marbre. A l'aide du serre-page et dans des cas d'urgence, on peut même imprimer de suite, sans châssis, ni coins, ni biseaux, un certain nombre d'exemplaires.

graphiques contournés et fixés les uns près des autres sans soudure, ce qui lui vaut une médaille de bronze (1849); ou un autre compositeur-artiste (M. Moulinet) produit des chefs-d'œuvre tels que le portrait de Gutenberg et la Psyché qui ont valu à leur auteur une médaille d'argent.

Nous ne citerons ici que pour mémoire la musique exécutée typographiquement. Nous nous réservons d'entrer dans quelques détails sur ce procédé qui existait déjà en 1490, mais qui a reçu, surtout dans ces derniers temps de notables perfectionnements, dont nous parlerons à l'article FONDERIE, en caractères, car c'est surtout à l'art du fondeur que sont dus ces progrès.

Abordons maintenant la question capitale, celle qui s'impose en quelque sorte forcément à l'époque actuelle, la composition mécanique. Nous ne voulons pas affirmer, — bien que nous ayons de fortes raisons de le croire, — que le problème soit industriellement résolu : mais, dans tous les cas, les essais faits ont donné de tels résultats, que ceux qui nient obstinément la possibilité de la composition à l'aide d'une machine acceptent sans s'en douter le rôle de ceux qui nieraient la possibilité d'événements dont la réalisation contrarierait leurs intérêts du moment. Et d'abord la composition mécanique menace-t-elle l'existence des typographes? Des exemples puisés dans l'histoire industrielle contemporaine permettent d'affirmer le contraire. A l'époque de la création des chemins de fer, on disait que les chevaux allaient devenir des non-valeurs ; le prix des chevaux a doublé. En Angleterre une grève prolongée des tisserands fait inventer la machine à tisser mécanique; aujourd'hui les salaires des tisserands sont plus élevés qu'avant l'introduction du tissage mécanique. A Paris, une grève de charpentiers fait naître l'idée de substituer dans la construction des bâtiments des poutres en fer aux poutres en bois; à l'heure qu'il est la journée du charpentier a augmenté dans la proportion de 5 à 7, c'est-à-dire qu'il y a eu une hausse de 45 pour 100. Enfin, dans l'imprimerie même l'introduction des presses mécaniques, qui au début a donné lieu à tant de désordres, n'a-t-elle pas contribué au développement de l'industrie ? Et si nous remontons à l'origine même de l'art typographique, les 2,000 ou 3,000 copistes (*librarii*), qui vivaient de la reproduction graphique manuscrite, n'ont-ils pas été remplacés par des ouvriers, qui aujourd'hui se nomment légion? Bannissons donc toute crainte : la consommation s'étend en proportion géométrique de la facilité de la production, et le temps n'est pas loin où, grâce à l'abolition qu'on espère prochaine des brevets, la plus petite localité sera dotée d'une imprimerie.

Ceci dit, examinons au point de vue technique la machine à composer. Ce n'est pas d'aujourd'hui que de bons esprits se sont préoccupés, en partant de points de vue différents, de la possibilité d'accélérer la composition. Nous avons déjà indiqué l'emploi, dès 1774, par M. Barletti de Saint-Paul, de caractères syllabiques, tentative renouvelée en 1792 par un imprimeur, Hoffmann de Strasbourg, et de nos jours par M. Marcellin-Legrand et M. Edouard Joostens. Ce procédé consiste, on le sait, à faire fondre ensemble les lettres formant des syllabes qui se reproduisent le plus souvent telles que *ment*, *tion*, *able*, etc., de manière que le compositeur, au lieu de prendre les lettres une à une, peut en placer trois ou quatre à la fois en même temps dans son composteur. Ce procédé, qui a été abandonné en France, paraît être employé avec succès dans la grande imprimerie de M. Tobitt, à New-York.

Mais le *desideratum* est la composition mécanique, dont la première idée semble remonter à l'imprimeur Ballanche qui l'appliqua, mais sans succès, à Lyon, vers 1825. Bientôt suivirent les tentatives de MM. Young et Delcambre (1844); de M. Gobert (la *composeuse*); de M. Sorensen (exposition de Londres de 1855); de M. Mitchel et de M. Young (1862).

Le point de départ de toutes ces machines est une imitation du clavier d'un piano; le compositeur met le doigt sur une touche qui correspond à une lettre et qui la fait descendre dans un composteur. Ce mécanisme paraît fort simple, mais il se présente des difficultés de diverses natures; les lettres sont d'épaisseur et par suite de poids différents. Si le compositeur doit reproduire le mot *aimer*, il est évident que, d'après les lois de la pesanteur, la lettre *m* descendra avec plus de rapidité que la lettre *i*; et bien que la touche qui correspond à l'*i* ait été frappée avant celle de l'*m*, cette dernière pourra atteindre pendant sa descente la lettre *i*, et produire ainsi un engorgement qui aura pour suite l'arrêt de la machine et une perte de temps. Puis viennent les difficultés d'un autre genre: les lettres se sont succédé dans le grand composteur, les mots ont suivi les mots, mais il s'agit de répartir ces mots en lignes et de faire la justification d'après la longueur des lignes de l'ouvrage que l'on compose. Puis a surgi une autre question, celle de la distribution des caractères, c'est-à-dire de leur placement pour qu'on puisse recommencer la composition. Mais ne sont-ce pas justement les difficultés qui stimulent le génie de l'inventeur, et y a-t-il en mécanique une seule invention qui soit sortie complète des mains de son auteur comme la Minerve antique armée de pied en cap de la tête de Jupiter? Aussi, quoi qu'on en dise, les difficultés qu'on représentait comme insurmontables ont disparu, et par exemple les machines à composer et à distribuer de Sorenson ont servi pendant deux ans à faire à Copenhague le journal *le Fœdreland*.

Nous savons l'objection — toujours la même — que nous fera la routine. Pourquoi si ces machines donnaient de bons résultats, l'usage ne s'en est-il pas généralisé? Nous répondrons d'abord à notre tour par une question. Pourquoi n'est-ce que depuis un temps très-rapproché que nous possédons la navigation à vapeur? parce que Papin qui remontait vers 1690 une rivière dans un bateau qui s'avançait sous l'impulsion de la machine à vapeur, dont il était l'inventeur, vit mettre son bateau en pièces par des mariniers qui craignaient la concurrence qu'allait leur faire le nouveau moyen de transport [1]. Ajoutons un détail qui se rattache plus intimement à notre sujet : pourquoi la composition syllabaire qui, nous venons de le dire, est employée à New-York, a-t-elle été abandonnée en France? parce que M. Joostens, qui avait fait tant de sacrifices pour perfectionner sa casse était en butte à des tracasseries incessantes de la part de ses compagnons d'atelier, et que plus d'une fois, — il nous a fait la confidence de ses douleurs, — il a trouvé le matin mélangés dans ses nombreux cassetins les caractères qu'il avait arrangés avec tant de soin et d'amour la veille au soir. Les taquineries d'atelier eurent raison de son énergie.

Revenons à la machine à composer, en mettant sous les yeux de nos lecteurs celle de M. Mitchell, qui, on le voit, offre tout à fait l'aspect d'un piano à queue (fig. 7). Notons incidemment que si M. Sorensen s'était vu attribuer la médaille d'or à l'Exposition universelle de 1855, M. Mitchell s'est vu décerner une *prize medal* en 1862 à Londres, et qu'à l'Exposition de 1867, au Champ de Mars, le jury international a accordé une médaille de bronze à la machine à composer et

[1] M. Bardin, dans son étude sur l'industrie des vêtements, nous apprend un fait analogue en ce qui concerne les machines à coudre, dont l'invention appartient à un Français. Quatre-vingts de ces machines fonctionnaient, dès 1832, rue de Sèvres. Les couturières, croyant leur industrie menacée, provoquèrent un mouvement populaire : en quelques instants toutes les machines à coudre furent mises en pièces.

Depuis, la machine à coudre nous est revenue d'Amérique, et le mérite de l'invention a été attribué à Élias Howe. Aujourd'hui, Paris seul emploie plus de six mille couseuses mécaniques, et les couturières sont loin de s'en plaindre.

à la machine à distribuer de M. Delcambre-Gruys, et, nous le demandons, les membres de ces trois jurys auraient-ils été d'accord pour récompenser à seize années de distance des machines qui ne seraient que des joujoux plus ou moins ingénieux, mais ne devant avoir aucune utilité pratique?

Fig. 7. — Machine à composer de Mitchell.

Le clavier de la machine à composer de M. Mitchell se compose de 39 touches, qui correspondent à 39 lettres ou caractères placés dans un composteur vertical à rainures. M. Mitchell a éludé la difficulté résultant de la pesanteur différente des lettres. Ses caractères viennent se placer sur un ruban sans fin mis en mouvement par une courroie de transmission, d'où ils sont conduits à un autre ruban, celui-ci transversal, et formant l'hypoténuse du triangle qui constitue l'ensemble de la machine. Chaque lettre arrivée à destination pousse en avant celle qui précède, et elles viennent ainsi toutes se placer en ordre sur une roue à rochet à laquelle on a donné le nom de *setting wheel*, roue à composer. Cette roue place avec une grande rapidité les mots dans un composteur ayant environ 75 centimètres de longueur, où un compositeur vient les prendre pour en former des lignes de la justification voulue.

Le principe essentiel de cette machine consiste dans la combinaison et l'arrangement des rubans, marchant à la vitesse voulue pour que les types placés à des distances différentes de la roue viennent y aboutir dans l'ordre où les touches ont été frappées.

Une notice que nous avons sous les yeux contient les évaluations suivantes : le compositeur pourrait faire partir 6 lettres par seconde ce qui représenterait 21,600 caractères par heure; mais comme les doigts de l'homme ne peuvent atteindre une semblable rapidité, et qu'il faut tenir compte du temps nécessaire pour la justification et la correction, on peut évaluer à 24 ou 25,000 lettres par jour le travail moyen d'un compositeur d'une habileté ordinaire, ce qui est environ le double du travail effectué par un compositeur travaillant à la casse en usage. Deux compositeurs pouvant travailler à chaque machine, la production journalière d'une semblable machine à composer serait de 50,000 lettres par jour.

La machine à distribuer de Mitchell (fig. 8) est horizontale et de forme circulaire. Les lignes à distribuer sont placées dans une espèce de couloir, d'où un doigt métallique vient successivement détacher les lettres pour les pousser dans les rainures d'une roue qui tourne horizontalement. Dans ces rainures sont placées des pointes auxquelles les lettres viennent s'accrocher par un cran. Chaque lettre ayant un cran différent, elle ne s'attache qu'à la pointe qui correspond à ce cran, et qui va la déposer dans le réservoir qui lui est destiné. Lorsque de cette manière une ligne est remplie dans la machine à distribuer, un apprenti l'enlève et la porte dans la place qui lui appartient dans la machine à composer. Huit mille lettres peuvent être distribuées par heure sans l'aide d'aucun ouvrier que l'apprenti chargé de transporter les lignes remplies par la machine.

Fig. 8. — Machine à distribuer de Mitchell.

La machine Young représente plutôt un piano droit (fig. 9, page suivante). Les touches du clavier font sortir les types de leur réservoir (chaque type a un réservoir séparé) et un levier pousse les caractères dans une conduite suivant un plan incliné. On évalue, et ici il y a sans doute de l'exagération, à douze mille le nombre de caractères qui peuvent être levés par heure. Il suffit d'un apprenti pour entretenir de lettres les machines à composer.

Un appareil à justifier est le complément de cette machine et remplace le compositeur ordinaire. L'ouvrier qui justifie place une des longues lignes dans l'appareil, lui donne la longueur nécessaire, la justifie, et puis à l'aide d'une manivelle la fait passer sur la galée, fesant ainsi place à la ligne suivante. On évalue de six à huit mille le nombre de caractères qui, par ce moyen, seraient justifiés en une heure.

La machine à distribuer de Young (fig. 10, page 156) exécute une double opération. Tous les caractères sont enlevés un à un d'un réservoir dans lequel ils ont été placés et vont glisser le long du plan incliné où un premier triage s'effectue. Les lettres les plus légères (celles qui, dans les machines à composer, occupent la place inférieure) descendent jusqu'au bas du plan incliné, tandis que les lettres pesantes sont d'abord retenues et puis poussées dans un réservoir spécial. Les lettres descendues jusqu'au bas sont poussées dans une espèce de tambour roulant où le triage s'effectue par un moyen analogue à celui que nous avons indiqué pour la machine à distribuer de Mitchell, c'est-à-dire que ce sont les crans placés à des hauteurs différentes des lettres qui servent à effectuer le triage en faisant glisser ces lettres dans leurs rainures respectives. Une opération analogue a lieu simultanément dans le réservoir spécial où les lettres pesantes ont été déposées, et l'on évalue à 15,000 le nombre de caractères que cette machine, qui exige que le travail de deux apprentis, peut fournir par heure tout ce qui est à la machine à composer.

Seulement, comme je l'ai remarqué, l'auteur de la notice à laquelle nous avons emprunté la description et les dessins de ces machines, les caractères ordinaires peuvent être employés dans les machines à composer de Mitchell et de Young, tandis qu'il faut des caractères tout spéciaux avec des creux particuliers pour leurs machines à distribuer.

On nous fera sans doute remarquer qu'il est étrange que l'Angleterre et l'Amérique n'aient pas envoyé de machines à composer à l'Exposition. C'est étrange, en effet, car, sans parler de l'Amérique, les machines à composer sont beaucoup employées en Angleterre, et nous allons en donner des preuves que nous pouvons qualifier d'officielles.

Dans le catalogue de l'exposition anglaise, rédigé avec tant de soin, nous l'a-

Fig. 9. — Machine à composer de Young.

MENUISERIE TYPOGRAPHIQUE

nous avons dit, nous trouvons se partageront dans les considérations se rapportant à la classe C (Impression et tirage) :

« Les principales améliorations qui, depuis 1867, ont été observées par le jury, déclarent : l'emploi de machines à composer (Burgess, Mackie, Hattersley, etc.,

Et dans les considérations se rapportant à la classe D, nous comprenons et ce qui prime avec la même netteté :

« Le principal progrès qui a été apporté, depuis 1867, dans les procédés se rattachant à l'impression, est l'introduction de la machine à bobine d'Applegate à composer et à distribuer les caractères. »

Nous puisons un autre genre de preuves dans le Printers' Register, le journal spécial de l'imprimerie anglaise. Nous y voyons les annonces répétées de constructeurs de machines à composer et à distribuer. Si ces machines ne se vendaient pas dans le Royaume-Uni d'une vente courante, les constructeurs n's'a-

Fig. 10. — Machine à distribuer de Young.

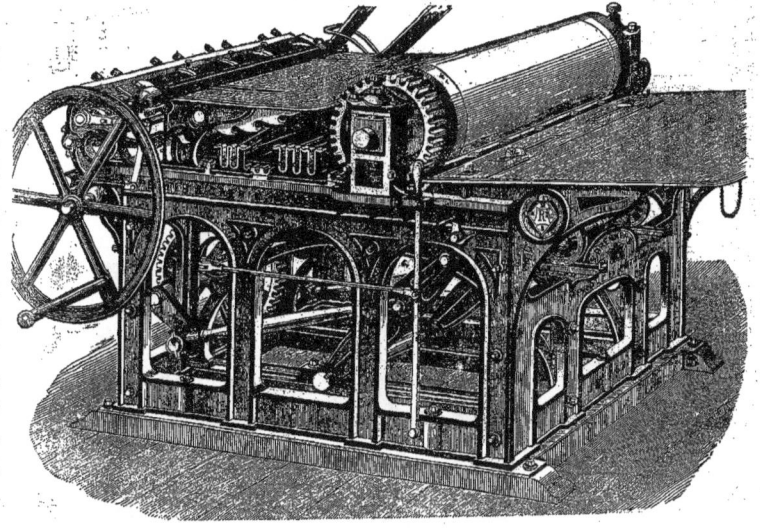

deviendraient sans doute de faire en pure perte de semblables annonces, alors qu'elles ne leur donneraient pas de résultats positifs.

D'ailleurs, peu d'Anglais avaient exposé dans la classe 59 ; il ne faut donc pas trop s'étonner de l'abstention de constructeurs de machines, qui jusqu'ici n'ont pas rencontré en France un accueil bienveillant. MM. Delcambre-Cruys de Bruxelles qui, nous l'avons dit, ont obtenu à la dernière exposition une médaille de bronze, ne se sont pas laissé arrêter par de semblables considérations, et ils ont mis sur leurs appareils le prix de vente 1,500 francs pour la machine à composer, 600 pour celle à distribuer. Il y a loin des prix que coûtaient les machines Sorensen, et qui étaient de nature à en empêcher la propagation.

Nous n'avons pas parlé des prix décernés à M. Flamm (France) et à M. Sweet (Etats-Unis). Ce n'est pas par oubli que nous laissons subsister cette lacune : les procédés de M. Flamm et de M. Sweet n'appartiennent pas à la composition typographique proprement dite. C'est dans l'étude sur la Fonderie qu'ils ont leur place marquée.

Nous abordons maintenant les machines à imprimer proprement dites, et nous commençons par mettre sous les yeux de nos lecteurs la belle machine à cylindre de MM. Peter et Galpin qui fonctionnait à l'Exposition de Londres et qui a été considérée comme le meilleur spécimen des presses de ce genre.

Notre fig. 11 de la page précédente représente une vue perspective de cette presse connue sous le nom de la *Belle Sauvage*, et dont le constructeur a été M. Bremner, imprimeur et ingénieur civil. La fig. 12 est une section longitudinale montrant la transmission du mouvement au marbre portant la composition. Voici quelques détails de la fig. 12.

Fig. 12.

A rails boulonnés intérieurement au cadre et parallèlement à ses côtés.

B arbre principal de commande muni d'un volant et d'une paire de poulies : folle et fixe.

C pignon claveté sur l'arbre et engrenant avec des roues dentées D, fixées sur le second arbre E.

Chacune des roues D porte un bouton de manivelle F.

G Bielles reliées par un bout au bouton F. L'autre extrémité de chacune de ces deux bielles porte une tête qui s'engage dans une coulisse percée dans la bielle oscillante H, dont l'axe de rotation est en V; l'extrémité des bielles H est reliée à une petite bielle I attachée au bout d'un arbre formant partie d'une série de quatre arbres qui constituent le chariot K. Ce chariot porte des roues L qui se meuvent dans des rainures tracées dans les rails A.

M marbre dont la surface inférieure porte des rainures dans lesquelles pénètrent les circonférences des roues L.

N roues dentées qui engrènent avec les crémaillères O et P du bâti et du marbre.

M cylindre imprimant portant deux segments dentés R qui engrènent avec les crémaillères S.

T barre ou crampon d'où l'extrémité s'introduit entre les dents de la roue R, et qui sert à maintenir le cylindre M immobile pendant que la table revient sur elle-même pour recevoir une nouvelle feuille de papier. Ce crampon T reçoit son mouvement en temps voulu d'une came ti calée à l'une des extrémités de l'axe d'oscillation des bielles H; cette came agit sur un levier W qui fait mouvoir la barre T.

Les avantages que présente cette machine sont qu'elle occupe peu de place; qu'elle est légère; elle est solide et puissante; elle peut être conduite à la main ou par une machine à vapeur.

La machine de Main que représente notre fig. 13, et qui a obtenu une mention honorable, à Londres, occupe encore moins d'espace : elle donne 1,000 exem-

Fig. 12. — La presse à imprimer de Main.

plaires par heure pour le grand format et jusque 1,600 et 1,800 pour les petits formats.

Les presses de M. Normand et de M. Gavaux, destinées à l'impression rapide des journaux, donnent jusqu'à six et sept mille exemplaires par heure. Ce sont des machines à quatre ou à six cylindres, dites à réaction, parce qu'elles impriment les feuilles à l'aller et au retour, et, par la disposition des cordons qui font revenir les feuilles, donnent deux exemplaires imprimés sur papier double pour une seule composition. A l'Exposition il y avait un excellent spécimen de machine à réaction sortant des ateliers de M. Alauzet. « Cette machine, a dit un excellent juge qui a fait preuve d'impartialité, M. Küstner, correspondant du journal anglais le *Printers' Register*, est une merveille, sous le rapport du prix, de la rapidité et de la beauté des impressions qu'elle produit. » Le jury a confirmé ce jugement en décernant une médaille d'or à M. Alauzet, qui avait aussi exposé une machine typo-lithographique avec laquelle on obtient à volonté la pression fixe nécessaire pour la typographie et la pression élastique indispensable pour la lithographie.

La presse de Hoë, qui a joui d'une si grande réputation, est basée sur un tout autre système. Ici, nous l'avons déjà dit dans notre premier article, la composition est placée dans des fractions de cylindres à rebords formant châssis à vis, dans lesquels sont placées les colonnes des journaux. La machine qui figurait à l'Exposition de Londres, semblable à celles employées alors par le *Times* et le *Daily Telegraph*, avait dix cylindres et pouvait fournir ainsi dix exemplaires à chaque révolution du tambour portant la composition. La machine de M. Marinoni, qui est employée au *Petit Journal*, est construite d'après les mêmes principes que celle de Hoë, mais avec des modifications assez importantes.

Fig. 14.

La machine Marinoni se compose de cylindres en nombre pair (provisoirement de six), recevant les uns des clichés cylindriques, les autres des blanchets. Les clichés cylindriques portant la composition s'adaptent aux cylindres au moyen de griffes à vis. La supériorité de la machine Marinoni sur celle de Hoë consiste en ce que le constructeur français a supprimé les receveurs en les remplaçant par un mécanisme qui reçoit les feuilles. De cette modification résulte une économie considérable, puisqu'il y avait autant de receveurs que de margeurs. Ainsi, la grande machine de Hoë exige pour son service un conducteur, huit margeurs et huit receveurs, soit en tout dix-sept personnes : celle de Marinoni n'emploie qu'un conducteur et six margeurs, soit sept personnes. La vitesse que donne cette machine est de 30,000 exemplaires à l'heure : il est bon d'ajouter que l'emplacement de la machine du constructeur français n'atteint que le tiers de la place que nécessite la machine américaine, qui, toutes dépenses d'installation comprises, revient à 120,000 fr., tandis que la machine Marinoni ne coûte que 40,000 fr. Notons enfin que les presses de Hoe impriment en blanc, et qu'il faut marger la feuille deux fois pour obtenir la retiration, tandis que la presse Marinoni fait la retiration et donne avec un seul margement une feuille imprimée des deux côtés à la fois. Comme on le voit, chaque machine porte trois compositions : le grand nombre d'exemplaires obtenu ne provient donc pas seulement de la rapidité du tirage, mais aussi de la rapidité avec laquelle les clichés peuvent venir occuper leur place dans les cylindres. La mécanique et le clichage ont donc une part égale à revendiquer dans le progrès réalisé, et nous reviendrons naturellement sur cette question dans notre article sur la Fonderie.

MM. Kœnig et Bauer, dont on retrouve toujours le nom lorsqu'il s'agit d'un progrès accompli dans les machines à imprimer, ont exposé une machine dite à deux couleurs, c'est-à-dire qui imprime deux couleurs l'une après l'autre sur la même feuille en ne la margeant que deux fois. Pour être juste, il convient d'ajouter que M. Dutartre avait employé ce système avant MM. Kœnig et Bauer, et que nous avions vu, il y a déjà quelque temps, des impressions à deux couleurs dont on admirait le registre exact, par l'excellente raison qu'avec le système inauguré par M. Dutartre il ne faut pas de registre. Un homme très-compétent, M. Motteroz, a critiqué avec juste raison, dans les machines de MM. Kœnig et Bauer, ce qu'il nomme la touche allemande, c'est-à-dire l'encrage avec deux rouleaux, tandis que la touche française permet d'employer une quantité de rouleaux en rapport avec la surface à couvrir. Mais par contre il faut aussi reconnaître, avec M. Motteroz, que le mécanisme des machines allemandes est supérieur à celui des machines françaises, parce que le mouvement y est transmis au marbre par une bielle et deux engrenages placés horizontalement, ce qui prévient le papillotage auquel les machines ordinaires sont sujettes.

A côté de ses machines à deux couleurs, M. Dutartre avait aussi exposé des machines en blanc pour les impressions de luxe, et des machines à retiration avec lesquelles l'interposition d'une feuille de décharge permet de réunir la netteté et la rapidité. C'est à juste titre que le jury a décerné la première des médailles d'or à M. Dutartre.

Dans la section américaine une toute petite presse attirait l'attention du public : elle est spécialement destinée pour les travaux de petit format, ce que l'on nomme les ouvrages de ville, et elle marche au pied, c'est-à-dire avec une pédale, ou à la vapeur. Sa production atteint 1,500 exemplaires à l'heure, et sa simplicité est telle que le premier venu, un apprenti au besoin, peut la conduire sans danger. Nous sommes étonné qu'une simple médaille de bronze ait été accordée à MM. Degener et Weiler de New-York, inventeurs de cette machine, dont le petit modèle (marbre de 21 centimètres sur 32, intérieur du châssis 17 centimètres et demi sur 27 et demi) ne coûte que 875 fr., avec trois châssis, deux jeux de rouleaux, un moule, un rouleau à main et deux clefs.

Nous avions vu à Londres, en 1862, une presse dite électro-magnétique, et qui avait fait concevoir de brillantes espérances. Nous en donnons, fig. 15 et 16, l'élévation et le plan. Bien que nous ne sachions pas ce que cette machine est devenue, nous croyons devoir en parler parce qu'il y a là une pensée première qui, abandonnée par l'auteur, peut être reprise et donner lieu à des applications sérieuses.

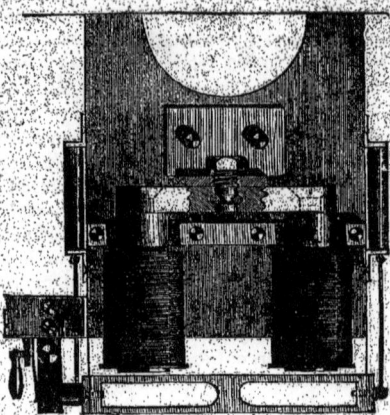

Fig. 15.

La particularité principale de cette machine, dit la *Revue de l'Exposition* de 1862, publiée par le directeur du *Practical Mechanic's journal* (auquel nous avons emprunté plusieurs figures de notre étude), consiste dans l'obtention de la pression de deux aimants sur une barre de fer doux. Cette pression s'exerce alternativement sur les deux formes, c'est-à-dire que la première forme, après avoir reçu l'encre, va recevoir l'impression pendant que la seconde forme est encrée à son tour. Les avantages qui résulteraient de ce mode d'impression consistent dans la diminution des frais de construction, la facilité, la rapidité et l'économie du travail, puisque cette presse, qui d'ailleurs est portative, peut être manœuvrée par des femmes et des enfants.

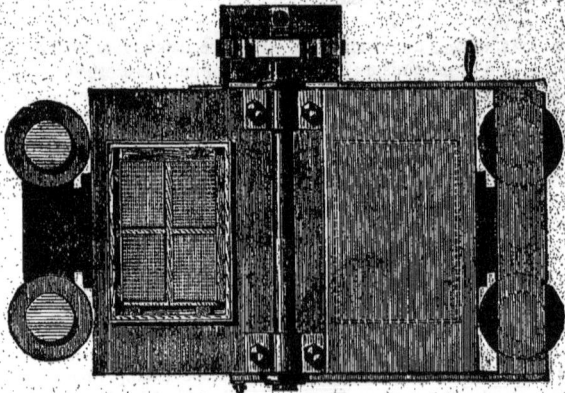

Fig. 16. — Presse électro-magnétique.

L'auteur de cette presse est M. Harisson ; nous avons eu entre les mains des épreuves de petite dimension tirées en notre présence, mais nous répétons que nous ignorons si des essais ont été tentés sur une plus grande échelle, et si la presse électro-magnétique est entrée dans le domaine industriel.

En résumé, nous croyons pouvoir dire que l'Exposition de 1867 n'a révélé aucun progrès véritablement nouveau. Il y a eu des perfectionnements sérieux, des essais d'applications nouvelles, mais aucune invention capitale ne s'est manifestée.

AUG. JEUNESSE.

LA FONDERIE EN CARACTÈRES.

FONTE DES LETTRES. — STÉRÉOTYPIE. — PRISE D'EMPREINTE. CLICHÉS. — GALVANOPLASTIE.

Par M. A. JEUNESSE,
Secrétaire de la rédaction des *Annales du Génie civil*.

CHAPITRE IV

Nous n'avons rien à dire sur l'origine de la fonderie en caractères, car elle se confond dans l'origine de l'imprimerie elle-même, ou, pour parler plus exactement, elle constitue elle-même l'invention de l'imprimerie. Nous pourrions donc nous borner à prier le lecteur de se reporter à notre *Étude sur l'imprimerie et les livres*, dont celle-ci est le complément, mais nous croyons cependant devoir ajouter quelques détails.

Le *Catholicon*, qu'on attribue à Gutenberg, porte pour souscription : « Avec l'assistance du Tout-Puissant qui, par un signe, rend les enfants éloquents, et leur révèle souvent ce qu'il cache aux doctes, ce livre insigne le *Catholicon*, fut achevé d'imprimer en 1460, à Mayence, ville de l'illustre Germania (que Dieu dans sa clémence daigna élever au-dessus des autres nations par le don gratuit d'une telle production du génie humain). Ce livre n'a été fait ni à l'aide du roseau, du stylet ou de la plume, *mais par l'accord merveilleux dans les rapports et la grosseur des lettres au moyen de poinçons et de matrices.* »

Gutenberg proclame donc lui-même que c'est dans la fonte des lettres que gît le mérite de l'invention, et les efforts pour parvenir à « l'accord merveilleux dans les rapports et la grosseur des lettres » ont dû être longs et coûteux, car, dans le procès que Gutenberg dut soutenir contre ses premiers associés, nous voyons figurer comme témoin l'orfèvre Dunn, qui déclare avoir gagné de Gutenberg, depuis trois ans environ, près de cent florins, « pour les choses qui appartiennent à l'imprimerie. »

Le procès ayant eu lieu en 1439, cette déposition nous apprend que Gutenberg faisait des tentatives dès 1437, et qu'un orfèvre a travaillé pendant trois ans aux choses qui concernent l'imprimerie. La sentence portant d'un autre côté qu'un des associés « s'était fait garant de côté et d'autre pour du *plomb* et autres choses qu'il (Gutenberg) aurait achetées et qui *étaient nécessaires à ce métier,* » nous pouvons en induire que c'est l'orfèvre Dunn qui s'occupait de la fonte des caractères, et que les lettres employées étaient en plomb, ou que du moins du plomb entrait dans leur confection. Mais la fonte, en prenant ce mot dans sa véritable acception au point de vue de l'imprimerie, ne date que de Schaeffer, un des ouvriers associés de Gutenberg, qui, dit Trithème, trouva une manière *plus aisée* de fondre les caractères « Cet homme, d'un esprit pénétrant, dit Arnold de Bergel, inventa des moules auxquels la postérité donna le nom de matrices. Il fut le premier qui fondit dans l'airain (ou cuivre) ces signes de la parole, les lettres que l'on pouvait réunir en combinaisons indéfinies. »

C'est au moyen du poinçon en acier, de la matrice frappée en cuivre et du moule à la main, reproduisant indéfiniment et promptement les lettres identiques au poinçon, que Schaeffer obtenait ses caractères. C'est de la même manière qu'on a continué à procéder partout pendant plus de trois siècles, et c'est encore de la même manière que l'on procède aujourd'hui pour le *moulage à la main*.

Nous n'avons pas à entrer ici dans des détails sur la gravure des caractères et l'obtention des matrices; ce n'est que de la fonderie, de la formation des lettres que nous devons nous préoccuper. Entrons donc dans un atelier.

Autour d'un fourneau de forme circulaire sont rangés six hommes, debout, la jambe droite en avant; chacun de ces hommes tient de la main gauche un moule; de la main droite il va, avec une petite cuiller, puiser dans un des compartiments du fourneau du métal en fusion; il abaisse la main gauche pendant qu'il verse le métal dans le moule; puis, relevant brusquement la main, il fait avec le corps un mouvement comme s'il voulait s'élancer pour sauter, et, revenu à sa position primitive, il ouvre le moule et fait tomber la lettre sur un marbre placé à côté de lui. Le spectacle de ces six hommes exécutant à peu près simultanément et en mesure ce même balancement de corps, est des plus étranges, lorsqu'on le voit pour la première fois. On dirait que leurs mouvements sont subordonnés à un rhythme intérieur, ou plutôt on se figure qu'ils sont atteints de quelque maladie mystérieuse, comme la danse de Saint-Guy, ou qu'ils ont été piqués par la tarentule, qui fait danser les moutons dans les environs de Naples.

Ce mouvement brusque a pour but d'accélérer la chute du métal jusqu'à la matrice qui porte en creux la forme de la lettre. Si la matière était coulée simplement, par son contact avec le fer, elle pourrait se figer à la superficie du moule ou donnerait des caractères sans netteté.

Le moule est composé de deux pièces à peu près semblables, l'une dite du dessus, l'autre du dessous; la matrice se place à l'une des extrémités; en appliquant l'une sur l'autre les deux parties du moule, il reste un vide, et c'est dans ce vide que le métal est versé.

Avant de dire ce que devient la lettre qui vient de tomber du moule, arrêtons-nous d'abord un moment sur la composition du métal en fusion, ensuite sur les modifications qui ont été introduites dans l'opération de la fonte.

Cette composition a été souvent modifiée : dans le seizième siècle, chaque fondeur ou, pour mieux dire, chaque imprimeur, avait la sienne; à une époque où l'alchimie était en honneur, il y avait naturellement des alliages mystérieux,— et si tel imprimeur avait des caractères plus nets, ayant une plus longue durée que ceux de ses émules, il se trouvait toujours parmi ces derniers quelque confrère charitable qui insinuait que les pratiques de la Khabale n'étaient pas étrangères à cette supériorité.

L'alliage ordinairement employé consistait en potin (espèce de laiton fort impur), fer et sulfure d'antimoine.

Fournier jeune contribua à l'amélioration de l'alliage, en établissant une fabrique qui donna de l'antimoine débarrassé de ses impuretés.

M. Didot introduisit 1 partie de cuivre sur 9 d'étain et sur 100 d'alliage. M. Laboulaye augmenta proportionnellement le cuivre, en en mettant 1 partie sur 6 d'étain et 100 de métal à caractères.

En Angleterre, la *Type founding Company*, renommée pour la durée de ses caractères, emploie deux alliages différents : pour les impressions ordinaires, ses alliages sont composés de 50 parties de plomb, 25 d'étain et 25 d'antimoine; pour les caractères qui doivent servir à l'impression des journaux et des publications à grand tirage, les proportions sont de 3 parties d'étain pour 1 d'antimoine.

Les modifications qui ont été apportées sont d'abord l'adoption du moule américain, qui consiste dans l'adjonction d'un petit levier coudé. Dans ce système, la fonte se réduit à entre-bâiller le moule qui reçoit la matière et laisse retomber la lettre.

Ce moule a permis de porter à 6,000 la fonte *par jour*, qui, avec le système ordinaire, n'était que de 4,000 par jour et par ouvrier. Un autre perfectionnement, dû aux Américains, est l'introduction d'une pompe formée par une capacité cylindrique placée au milieu du vase qui renferme le métal fondu. Un piston percé d'un trou envoie le métal dans la matrice. Les Allemands se sont emparés de ce système et y ont introduit des améliorations dont le détail nous entraînerait trop loin.

La fonderie à la mécanique a été un autre progrès.

A l'Exposition de Londres figurait une machine de M. Besley, consistant en deux parties, comme dans l'ancien moule à la main; ce moule est placé devant une pompe dont il reçoit le métal à l'aide d'un jet, comme dans le système dont nous venons de parler. Depuis, il y a eu des perfectionnements dans cette machine. Voici comment M. Laboulaye, que nous invoquons comme une autorité dans les questions se rapportant à la fonderie en caractères, décrit les plus récents : « Le perfectionnement consiste essentiellement à former le moule d'une entaille à faces parallèles, pratiquées dans une barre prismatique, entaille ayant en largeur exactement la force du corps des caractères à fondre. Dans cette entaille se meut à frottement doux un piston rectangulaire qui la remplit exactement, de telle sorte que, selon la hauteur à laquelle il sera fixé, il restera entre la pièce de recouvrement qui est appliquée sur la partie supérieure de la barre prismatique et l'extrémité du piston, un vide égal au volume d'une des lettres des caractères à fondre. »

On voit que ce système donne une identité absolue de force de corps à toutes les lettres, et permet de les faire sortir de l'entaille sans jamais les fausser, en soulevant la pièce allongée sur laquelle elles reposent.

Revenons maintenant à la lettre que nous avons vue tomber du moule. Elle doit encore subir diverses opérations. Elle doit passer à la *romperie*, c'est-à-dire qu'on doit rompre le petit bout de métal qui y est resté adhérent lorsqu'elle est sortie du moule; elle doit être *frottée* sur une pierre de grès; plusieurs lettres doivent subir la *crènerie*, une espèce d'évidage; en effet, la tête de l'f, par exemple, doit pouvoir s'avancer sur la lettre qui la suit, mais cette combinaison ne pourrait s'effectuer si la lettre qui suit a également une tête comme l'i, ou l'l; c'est pour ce motif qu'on a dû fondre des lettres doubles, comme fi, fl, et même triples, comme ffl, pour éviter l'effet disgracieux que produiraient les lettres ordinaires simples placées l'une à côté de l'autre, f i, f l, f f l.

Restent encore trois opérations : les lettres doivent être *composées*, c'est-à-dire rangées dans un composteur; elles doivent passer au *coupoir* qui les égalise, et, enfin, elles doivent subir l'*apprêt*, nous pourrions dire la *toilette* de la lettre.

On comprend que pendant les premiers siècles de l'imprimerie aucune règle n'ait été observée. Chaque imprimeur créait des lettres à sa convenance, non-seulement pour le type qu'il voulait adopter, mais pour la hauteur des lettres et pour la force de corps ou épaisseur des caractères.

Quant aux types, l'inconvénient n'était pas grand : les **imprimeurs-artistes** pouvaient obéir aux inspirations de leur génie créateur[1] et doter par exemple, comme Alde, l'art typographique du caractère penché appelé italique, ou *aldino*[2].

Il n'en était pas de même pour la hauteur des lettres : le défaut d'uniformité empêchait l'emploi dans une imprimerie de caractères en usage dans une autre, à moins de faire subir aux presses des modifications qui nuisaient à la netteté du tirage. Le défaut de règle pour la force du corps empêchait toute espèce de calcul et rendait fort difficiles les achats et la vente des caractères, puisqu'on n'avait aucune règle d'appréciation fixe et déterminée.

Fournier, dont le nom se rattache à un grand nombre d'améliorations, eut le premier l'idée d'établir une base qui permit de mettre un peu d'ordre dans tous ces caractères aux dénominations parfois bizarres et de forces de corps différentes.

Le caractère le plus petit usité de son temps était la nonpareille, et comme pour les poids et mesures on employait généralement le système duodécimal, il divisa l'œil de la lettre nonpareille en six parties : une de ces parties (1/6e de la nonpareille) constitua le point typographique et put servir de base pour mesurer la force de corps de tous les autres caractères. Pour arriver à un mesurage exact, Fournier créa un *prototype* formé d'une équerre adaptée sur une surface plate : la longueur du grand côté du prototype était de 240 points.

François-Ambroise Didot perfectionna l'idée de Fournier en faisant dériver le point typographique des mesures ordinaires. La base qu'il adopta sert encore aujourd'hui de règle à tous les fondeurs français.

« La ligne de pied de roi divisée en six *mètres* ou mesures égales servit à graduer et à dénommer les différents caractères. Le plus petit[3], qui a les 6 mètres complets, ou la ligne de pied de roi, se nomme le six; celui qui le suit immédiatement est le sept, composé d'une ligne et d'un *mètre* de plus. Le *huit*,

---

1. Les premiers livres imprimés le furent en caractères ressemblant à l'écriture du temps, dite demi-gothique; en 1471, la gothique pure était employée à Strasbourg, et, comme le dit M. Philarète Chasles, l'Allemagne avait imité avec scrupule les pointes et les angles aigus de ce caractère gothique qui semble avoir introduit dans l'écriture les caprices de l'architecture ogivale.

Dès les débuts de l'imprimerie, on employa en Italie le caractère romain, qui fut généralement adopté en France. Cependant, plus tard, plusieurs imprimeries revinrent aux caractères gothiques; mais cette mode ne prévalut pas longtemps.

2. Le modèle de ce caractère fut donné à Aldus Pius Romanus, par l'écriture même de Pétrarque.

On peut aussi considérer Alde comme le promoteur de la typographie grecque. Les premiers imprimeurs n'avaient pas de caractères grecs ; quand ils rencontraient quelques mots de cette langue dans les ouvrages qu'ils imprimaient ils laissaient des *espaces en blanc pour écrire ces mots à la main*.

Cependant, comme le fait remarquer M. Dupont dans son *Histoire de l'Imprimerie*, Pierre Schaeffer, dans son édition des *Offices* de Cicéron (1466), avait imprimé plusieurs mots en caractères grecs mobiles, mais gravés seulement, et il y avait eu aussi avant Alde quelques livres imprimés en caractères grecs, dont le premier est une grammaire imprimée en 1476, par Denis Paravisinus.

3. Depuis, on a fondu des caractères ayant *moins de six points*. Nous citons plus loin la perle de 4 points, le diamant de 5. M. Henri Didot s'est servi de caractères de deux points et demi pour un *Larochefoucault* et un *Horace*; M. de Berny a employé également des deux points et demi pour une *Imitation*, et un deux points trois quarts pour un *Gresset*. Ce sont là, il faut bien le dire, des tours de force.

le *neuf,* le *dix,* le *onze,* le *douze* augmentent également de grosseur et par des mesures aussi précises. »

Nous reproduisons le nom des caractères tels qu'ils étaient désignés avant l'adoption du point typographique et tels qu'on les désigne encore dans quelques provinces. Nous mettons en regard leur valeur en points typographiques, et nous avons ajouté à la nomenclature le *diamant* et la *perle.*

Perle.	4	points.	Gros texte.	14	points.
Diamant.	5	—	Gros romain	16	—
Nonpareille.	6	—	Petit parangon.	18	—
Mignonne.	7	—	Gros parangon	20	—
Petit texte.	7 1/2	—	Palestine	22	—
Gaillarde.	8	—	Petit canon.	26	—
Petit romain	9	—	Trismégiste.	32	—
Philosophie.	10	—	Gros canon.	40	—
Cicéro[1].	11	—	Double canon.	52	—
Saint-Augustin[2].	12	—	Triple canon.	66	—

Outre ces caractères, il y a encore du 6 1/2, du 8 1/2, etc. « Innovation fâcheuse, — dirons-nous avec M. Ambroise Firmin Didot, — à laquelle ont été entraînés les imprimeurs et fondeurs par les exigences de la mode et le caprice du jour. La différence entre la force du corps des caractères, qui était suffisamment sensible pour pouvoir les faire distinguer aisément les uns des autres à l'œil et au toucher lorsqu'ils procédaient par points typographiques, ne l'est plus assez pour que l'ouvrier compositeur ne soit pas exposé à les confondre les uns avec les autres. Or, dans tant de millions de lettres qui existent dans la moindre imprimerie, il en résulte de graves inconvénients. »

Nous ferons la même observation pour les caractères gros œil, petit œil, c'est-à-dire pour les caractères dont l'œil ne correspond pas à la force de corps. Ce sont là des innovations qui n'ont aucune raison d'être, et qui rappellent involontairement la chauve-souris du fabuliste : Voyez mon œil je suis du *neuf,* voyez mon corps je suis du *huit.*

Le système de points typographiques eut pour l'imprimerie une utilité incontestable, « pour la coïncidence des types, la précision, la justesse et la célérité des travaux. » (Paul Dupont.)

Au prototype de Fournier qui avait pour le grand côté une longueur de 240 points, Didot substitua le *typomètre,* encore en usage, qui en a 288, nombre heureusement choisi, puisqu'il est exactement divisible par 2, par 3, par 4, par 6, par 8, par 12, par 16, par 18, par 24, par 32, par 36, par 48, etc.

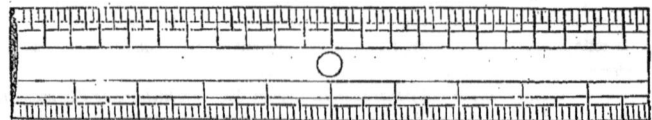

Fig. 1. — Le typomètre.

Revenons encore à nos lettres ; elles n'ont pas dû être fondues en nombre égal, car dans chaque langue il y a des lettres qui se répètent bien plus souvent

---

1. Ainsi nommé parce que ce caractère avait servi à Rome pour la première fois à l'impression des *Épîtres* du grand orateur romain.

2. Caractères employés pour la première fois pour l'impression, à Rome, de la *Cité de Dieu,* de l'évêque d'Hippone.

que d'autres. Il a fallu de longues recherches et de nombreux tâtonnements pour arriver à déterminer les proportions dans lesquelles chaque lettre doit entrer dans une *police*, — c'est le nom d'un ensemble de caractères.

Une police de 100,000 lettres pour des ouvrages courants en français sera ainsi subdivisée :

Lettres *bas de casse*, ainsi nommées parce que ce sont les lettres ordinaires qui se placent dans le bas de la casse.	70,500
Doubles (fi, ff, ffl, etc.).	4,650
Accents (à, â, ù, etc.).	4,150
Ponctuations (, ; ! etc.).	7,500
Grandes capitales (A, B, etc).	8,000
Petites capitales (A, B, etc.).	5,000
Chiffres (1, 2, etc.).	3,200
Total.	100,000

Nous avons dit que c'est là la police d'un ouvrage courant; il est évident que pour les ouvrages scientifiques, pour les ouvrages qui renferment des formules et des calculs, il faut d'abord un plus grand nombre de chiffres et, en outre, des signes tels que :

les $\sqrt{\ }$, les $\int$, les $[\ ]$, les $(\ )$, les Σ, etc.

Il faut en outre une casse spéciale pour l'*italique*.

Le modèle de casse que nous reproduisons est celui à un seul compartiment réunissant le haut et le bas de casse.

CASSE ORDINAIRE A UN SEUL COMPARTIMENT

SYSTÈME BOILDIEU

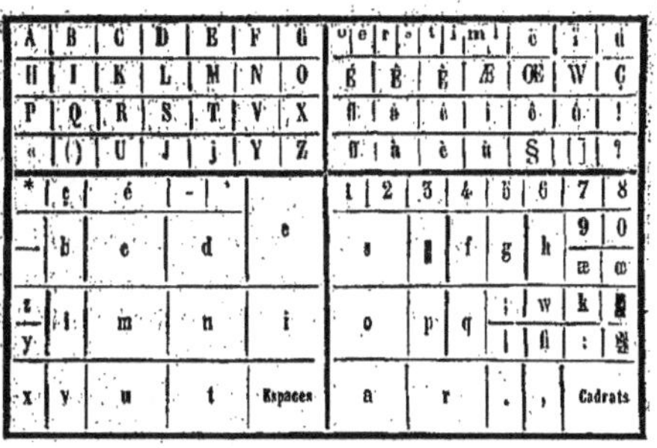

A	B	C	D	E	F	G	‹	’	’	m	‹	é	‹
H	I	J	K	L	M	N	O	ġ	ğ	ë	Æ	Œ	W	Ç
P	Q	R	S	T	V	X	û	â	à	î	ô	ï	?
&	( )	U	J	j	Y	Z	ü	â	è	ù	§	[	]
*	ç,	é	-	'		e	1	2	3	4	5	6	7	8
	b	c	d							f	g	h	9	0
, y	l	m	n		i		o	p	q		;	w	k	
x	y	u	t	Espaces		a	r		.		Cadrats

Figure 2. — Largeur, 85 cent.; hauteur, 57 cent.

Quant à la subdivision des 70,500 lettres du bas de casse, il y a, par exemple, 9,300 e, 5,500 s, 5,000 a, 5,000 i, tandis qu'il n'y a que 500 x, 400 z et 200 k. On voit tout de suite que ces proportions doivent changer selon l'origine et l'orthographe de chaque langue, et si, par exemple, sur une police de 100,000 caractères il n'y a que 200 k pour le français, il y en aura 2,500 pour le hollandais.

Signalons une particularité que plusieurs de nos lecteurs n'auront peut-être pas remarquée : l'Imprimerie impériale possède certaines lettres dont elle seule a le droit de se servir (par exemple des l), ce qui explique que nous ne puissions les reproduire. Ces *l* portent une petite barre au milieu et sont dites *l barrées*. C'est à Louis XIV que remonte cette distinction. C'est sur son ordre même qu'on doubla les déliés supérieurs des lettres *b, d, h, e, j, k, l*. Ces doubles déliés ont disparu dans les nouveaux types de l'Imprimerie impériale, mais le trait latéral de la lettre *l* est resté. Ce qui sous Louis XIV était une distinction considérée comme artistique est devenu, depuis la première république, un signe qui permet aux fonctionnaires de reconnaître si les proclamations et autres documents qu'ils reçoivent émanent bien réellement de l'Imprimerie officielle.

Nous ne quitterons pas la fonderie des lettres sans parler de certaines combinaisons et arrangements qui permettent au typographe d'imiter l'écriture et de produire des mots dont les lettres, au lieu d'être juxtaposées, semblent être formées sans qu'on ait levé la plume qui les a tracées.

Un exemple suffira pour faire comprendre cette combinaison ingénieuse. Prenons le mot *impitoyablement*. En caractères d'écriture un typographe pourra produire

Impitoyablement

et cela à l'aide des éléments suivants :

Impitoyablement

Nous ajouterons que ces types sont peu employés et qu'on les rencontre plus souvent dans les circulaires, les lettres de faire part, etc., de la province que dans les impressions de Paris, où l'on a adopté des anglaises ou, pour mieux dire, des américaines sans ligatures.

Il nous reste à parler de la composition typographique de la musique qui n'est pas une nouveauté, car il ne faut guère remonter qu'à 1500 pour trouver du plain-chant composé; seulement chaque note était inscrite sur sa portée, de manière qu'il y avait solution de continuité dans les portées entre la note et celle qui la suivait immédiatement.

« Gering à Paris, dit M. P. Dupont, imprima un psautier, en 1494, avec le plain-chant noté. Les traités de musique de Gufori furent imprimés en caractères mobiles, dès la fin du quinzième siècle, à Naples, à Milan, à Brescia; Erhard Oglin, à Augsbourg, imprima de la même manière, en 1507, un ouvrage lyrique intitulé *Tritonius*. Pierre Hutin, imprimeur à Paris, vers 1525, grava des poinçons pour l'impression de la musique; la note et sa portée étaient d'une seule pièce....; mais la typographie musicale resta encore longtemps bien imparfaite, comme l'attestent nos livres d'église. »

« En 1552, lisons-nous dans une notice publiée par l'Imprimerie impériale à l'occasion de l'Exposition de Londres, Adrien Leroy et Robert Ballard obtiennent du roi Henri II un privilége exclusif pour l'impression de la musique; mais *sous l'empire du privilége*[1] cette industrie demeure stationnaire, et ce n'est que

---

1. Nous ferons remarquer que c'est à une notice *émanant de l'Imprimerie impériale* que la condamnation si formelle des priviléges est empruntée!

deux siècles plus tard, en 1754, que Breitkopf, à Berlin, reprend avec avantage les essais de ses devanciers, et fait faire à l'impression de la musique en caractères mobiles un nouveau et remarquable progrès. Il est bientôt suivi dans cette voie par Cooper de Londres, Reinhardt de Strasbourg, et à Paris par les frères Gando, par Fournier et par deux associés, Olivier et Godefroid. Enfin, de nos jours, MM. Duverger, Tantenstein, Curmer et Derriey ont cherché également, avec plus ou moins de succès, à résoudre le problème depuis si longtemps posé, de remplacer avec économie, pour l'impression de la musique, les planches de métal gravées ou frappées, dont l'usage a prévalu jusqu'à présent. »

En même temps (1862) l'Imprimerie impériale exposait des planches de musique solides fondues d'un seul jet dans un moule-matrice en bois, gravées en creux, avec la machine à brûler employée par les imprimeurs sur étoffes (voir la figure de la page suivante).

Les procédés à l'aide desquels on obtient ces planches sont d'une simplicité extrême. Ils ont une grande analogie avec ceux employés pour la frappe des notes sur les planches d'étain, tels qu'on les pratique aujourd'hui : ils peuvent, comme ces derniers, être exécutés par des femmes. Un bloc de tilleul, convenablement dressé, remplace la planche de métal. Sur celui-ci comme sur celui-là on trace à l'avance la place et l'écartement des parties, les divisions des mesures, la représentation des notes.

Dans cet état, le bloc est placé dans la machine à brûler, munie successivement des différents poinçons représentant les signes, les clefs ou les notes, et qui, chauffés par un double jet de gaz d'éclairage, sont enfermés dans le bloc autant de fois qu'ils doivent figurer dans la page; ils y pénètrent à une profondeur déterminée et y laissent une empreinte nette et uniforme.

« Le moule est presque achevé, dit la notice de l'Imprimerie impériale. Il se complète par l'addition de bandes de carte d'une épaisseur égale à celle qu'on veut donner à la planche, et qu'on rapporte sur les bords; on le ferme enfin à l'aide d'une plaque de fonte bien dressée, puis on l'ajuste entre les jumelles d'une petite presse montée à charnière sur une cuve remplie d'eau. Cette disposition de la presse permet de faire prendre au moule soit la position horizontale pour l'ajustement des pièces, soit la position verticale pour le coulage de la matière en fusion, qui s'effectue en la forme ordinaire par l'orifice ménagé à cet effet. L'eau contenue dans la cuve sert à activer le refroidissement. »

Dès 1862, l'Imprimerie impériale faisait entrevoir que l'application à la typographie des procédés qui viennent d'être décrits semblait appelée à rendre de nombreux services non-seulement pour l'impression de la musique, mais encore pour celle de toutes les figures en trait, à lignes courbes ou diagonales, si difficiles à exécuter avec les matériaux ordinaires dont l'imprimerie dispose ou si coûteux à graver.

Ces prévisions se sont réalisées. A l'Exposition universelle de 1867 on a pu admirer, dans l'exposition de l'Imprimerie impériale, un tableau des plus curieux présentant diverses applications de la pyrostéréotypie.

Puisque l'occasion s'en présente, signalons aussi comme progrès réalisés par l'établissement gouvernemental des impressions et des coloriages typographiques appliqués à la géographie. La galvanoplastie donne une reproduction des planches à reproduire, soit en relief, soit en creux; on décompose la carte en autant de clichés qu'il y a de couleurs différentes, et on procède comme pour le tirage ordinaire.

Abordons maintenant la véritable transformation qui s'est opérée dans l'imprimerie : il s'agit de la stéréotypie, de la polytypie, qui ont donné naissance à la prise d'empreinte et au clichage; quel que soit le nom adopté, le but est toujours d'obtenir la conservation, puis la multiplication d'une impression primitive.

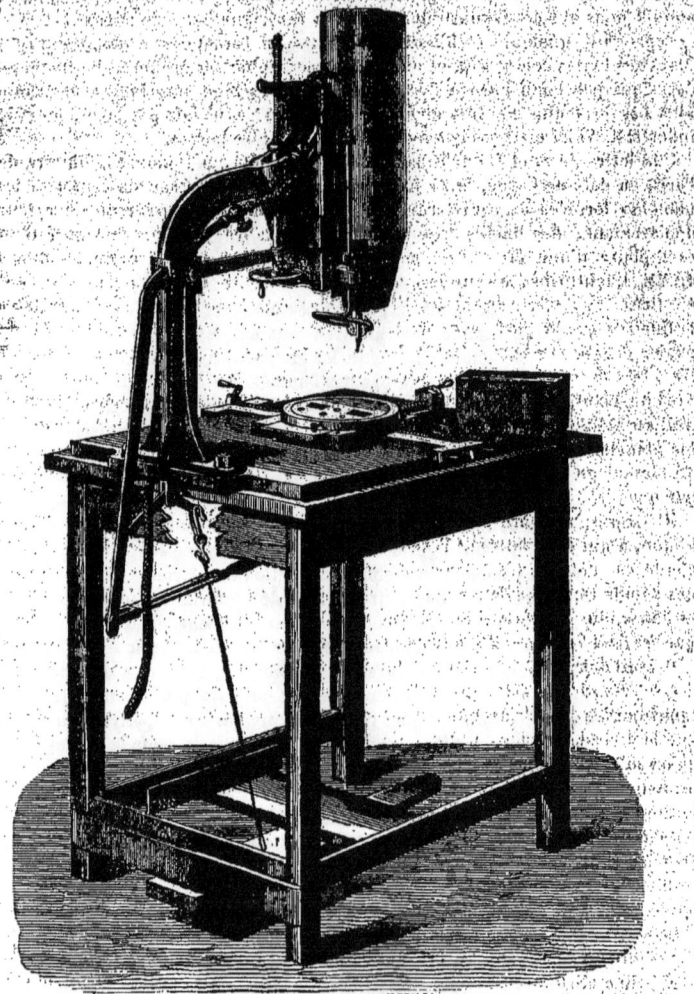

Fig. 3. — Pyrostéréotypie.

L'idée de conserver des pages composées est loin d'être nouvelle. En effet, de tout temps, les libraires, « calculant l'avance du papier d'un nombre d'exemplaires dont le débit ne s'achevait qu'au bout de dix ans, les frais de magasin, le déchet possible de leurs exemplaires, auraient souhaité conserver les planches pour tirer des exemplaires à mesure de leurs besoins; mais il fallait payer à l'imprimeur le plomb qui demeurait oisif, et il fallait aussi des magasins pour conserver le plomb dont la masse devenait énorme lorsque le livre avait une certaine étendue. » Ainsi s'exprime l'auteur d'un livre fort rare, M. G. Camus [1], auquel nous aurons à emprunter plusieurs renseignements précieux.

Cependant quelques établissements riches en caractères conservèrent des planches toutes composées, et on cite la typographie des orphelins de Halle, en Saxe, qui parvenait ainsi à donner des livres très-bien imprimés à beaucoup plus bas prix que d'autres établissements. Mais ce n'était pas là un procédé industriel. Voici un renseignement d'une tout autre portée.

Une lettre de S. et J. Luchtmans, adressée au citoyen Renouard, libraire de Paris, en date de Leyde, le 24 juin 1801, fournit, sur l'usage de conserver les planches formées de caractères mobiles *et de les souder*, pour prévenir leur déplacement, des détails très-précieux. Cette lettre était accompagnée d'un exemplaire d'une *Bible stéréotype* dont les planches étaient entre les mains de MM. Luchtmans, et sur lesquelles plusieurs milliers d'exemplaires avaient été tirés..... C'est, disent les libraires de Leyde, une réunion de caractères ordinaires par le pied, avec de la matière fondue, d'environ trois mains de papier à écrire. « Les planches ont été faites par un artiste nommé Van der Mey, *vers le commencement du siècle qui vient de s'écouler* (par conséquent vers 1705 ou 1710), aux frais de feu notre grand-père Samuel Luchtmans, libraire, qui, en même temps et par ledit artiste, a fait préparer de la même manière les planches stéréotypes d'une Bible hollandaise *in-folio*, et ensuite un Nouveau Testament en petit caractère, in-24, dont les planches sont aussi conservées par nous. »

M. Camus, membre de l'Institut national, garde des archives de la République, à qui cette lettre et l'exemplaire qu'elle contenait avaient été adressés, ajoute en note : « C'est vraisemblement d'après une connaissance imparfaite des détails rapportés dans cette lettre qu'on a inséré, au Journal *des défenseurs de la Patrie*, du 22 prairial an IX, une note tout à fait inexacte, où l'on annonce que *les Bataves veulent disputer aux Français l'invention des caractères stéréotypes.* »

Il avait déjà existé antérieurement un autre procédé. Lottin, dans le *Catalogue des imprimeurs de Paris*, page 87, dit qu'on jetait en moule des planches pour imprimer les calendriers qui sont placés à la tête des livres d'église, et il assure que le procédé fut mis en prat.... à Paris, dès la fin du *dix-septième* siècle, et qu'on se servit de ces planches ... s dans ce siècle (le dix-huitième) chez l'imprimeur Vallègre. M. Camus, tou. en déclarant qu'il ignore sur quelle autorité Lottin s'appuyait pour fixer à la fi.. du dix-septième siècle le commencement de l'usage des planches dont il parl..., ajoute : « ce dont je peux parler plus positivement, c'est de l'existence de ces planches elles-mêmes, ou de planches semblables, dont l'une était entre les mains de Firmin Didot qui me l'a communiquée. » et dans son livre il donne une épreuve tirée sur l'une de ces planches.

De 1725 à 1739, un orfèvre d'Édimbourg, William Ged, avait imprimé des livres entiers avec des planches moulées d'une seule pièce pour chaque page. Il imprima ainsi un *Salluste*, dont l'une des *planches moulées* se trouvait, dès le milieu du dix-huitième siècle, entre les mains de Denis Pierres, d'abord imprimeur à Paris, puis à Versailles.

En 1740, un imprimeur-libraire d'Erfurth, Michel Funckler, a publié un livre dont le titre porte : Introduction à la taille des planches de bois et de l'acier pour faire des lettres....., et à l'art de cuire le plâtre, *de préparer* des moules

---

[1]. *Histoire et procédés du polytypage et de la stéréotypie*, par A.-G. Camus, membre de l'Institut national, garde des archives de la République. Brumaire, an X.

de sable *pour couler lettres, vignettes, culs-de-lampes, médailles et* D'EN FORMER DES MATRICES.

En 1780, Fonlis de Glasgow, avait obtenu, pour ses procédés de polytypage, une patente de 15 ans, et il avait publié un *Virgile* polytypé.

Hoffmann, Allemand établi en France (1784), est l'auteur d'un procédé dont voici la description abrégée : « Une planche, composée en lettres mobiles, lui servit à faire une empreinte dans une terre grasse, ramollie, mêlée de plâtre, et apprêtée avec une colle gélatineuse formée de sirop de gomme et de fécule de pommes de terre. Cette empreinte devenait une matrice dans laquelle une composition de plomb, d'étain et de bismuth, pressée dans le moment du refroidissement, donnait des tables qui exprimaient en relief, les caractères de l'imprimerie qui avaient servi à faire la matrice. »

Hoffmann imprima par ce procédé plusieurs feuilles de son *Journal Polytype* et un livre intitulé *Recherches historiques sur les mœurs*, qui a paru en 1787, en trois volumes in-8°.

Les affaires d'Hoffmann étaient prospères : il avait obtenu pour quinze ans un privilége exclusif pour graver en creux et en relief, *par les procédés d'un art nouveau*; une commission officielle, nommée par le garde des sceaux, avait vérifié ses procédés, et reçu un mémoire dans lequel était consigné le secret de ses découvertes; en décembre 1785, il avait été autorisé à ouvrir une nouvelle imprimerie, et l'inventeur pouvait croire au succès de ses entreprises..., lorsque tout à coup (septembre 1787) on vint apposer les scellés sur les portes de ses ateliers, et deux mois après un arrêt du conseil supprimait son brevet. A quels motifs faut-il attribuer ces rigueurs subites? Nous n'en savons rien; mais à cette époque les corporations étaient puissantes, et les imprimeurs ne devaient pas voir avec plaisir des procédés nouveaux, — des procédés autres que ceux du corps de métier, pour parler le langage des jurandes.

Quoi qu'il en soit, les secrets d'Hoffmann avaient transpiré, ou du moins on en avait surpris quelques données. Déjà, en février 1786, l'abbé Rochon avait présenté à l'Académie des sciences un mémoire intitulé *Essai d'imprimerie*, exécuté d'après ses procédés. La *Bibliothèque des Ingénieurs*, fondée par M. Eugène Lacroix, quai Malaquais, 10, possède une épreuve tirée sur l'une des planches de l'abbé Rochon. Voici, d'après le mémoire déjà cité de M. Camus, quelques détails sur ce procédé :

« Rochon saisit les procédés d'Hoffmann sous un point de vue particulier : la facilité de composer un grand ouvrage avec un très-petit nombre de caractères. Les caractères qu'il s'était procurés pour travailler à la machine à graver étaient en si petite quantité qu'il ne pouvait composer que *quatre lignes* d'impression. »

Ici le citoyen Camus, membre de l'Institut, garde des archives de la République, ajoute la note suivante, qui mérite, à tous égards, d'être reproduite :

« On ne doit pas perdre de vue *qu'à cette époque* la presse n'était nullement
« libre, et que, pour assurer l'exécution des règlements prohibitifs, il y avait
« d'autres règlements qui ne permettaient pas que l'on pût acquérir à sa volonté
« des caractères, une presse ou d'autres ustensiles d'imprimerie. La découverte
« du moyen de multiplier les exemplaires d'un écrit, sans aller dans l'atelier
« d'un imprimeur, était une conquête sur le despotisme, et cet avantage excitait
« *d'une part le zèle pour les découvertes, mais de l'autre il rendait le gouvernement*
« *très-contraire à leur propagation.* »

Cette note nous prouve que peut-être nous nous sommes montré injuste en supposant que c'est à la corporation des imprimeurs qu'il fallait imputer l'apposition des scellés sur les ateliers d'Hoffmann. Quoi qu'il en soit, nous continuons notre citation, mais ici c'est l'abbé Rochon qui parle :

« Lorsque ces quatre lignes étaient composées, j'en prenais l'empreinte sur du plâtre fin, mêlé de poussière de charbon. Ce moule me servait à tirer plusieurs copies en fonte des quatre lignes que j'avais composées... Le moule doit être bien sec, et une pression légère sur le métal, lorsqu'il est à l'état pâteux, est utile pour obtenir une bonne planche. Il en faut sept ou huit pour faire une planche in-8°. Je puis assurer que ce procédé n'est ni long ni embarrassant. Il offre des moyens commodes de corrections et d'additions. »

Nous sommes entrés dans quelques détails sur les procédés de l'abbé Rochon, inspirés par les procédés d'Hoffmann, parce qu'ils présentent une certaine similitude avec deux systèmes qui ont figuré comme tout nouveaux à l'Exposition de 1867; maintenant nous reprenons l'histoire des tentatives faites pour arriver à la multiplication des planches d'empreinte.

En 1787, M. Carey, imprimeur à Toul, renferme une page composée dans un châssis en fer. Il l'attache à l'écrou sous un bloc de chêne suspendu à une bascule de fer au-dessus d'un pilier qui offre de la résistance. Sur ce pilier, et immédiatement au-dessous de la planche qu'il faut obtenir en creux, on place un carton mince, frotté d'huile, et dont les bords sont un peu relevés. L'ouvrier prend dans un fourneau placé à proximité de la matière qu'il vide dans la barque de carton. Il attend que cette matière se couvre d'un léger nuage qui annonce son refroidissement. On laisse tomber la bascule, et la planche s'imprime en creux. Le tout est détaché du bloc; les deux planches se séparent avec facilité; l'ouvrier, attachant la nouvelle planche sous le mouton, le laisse tomber sur de nouvelle matière, qui fournit une planche en relief, qui doit servir à l'impression.

Deux pièces constatent la réalité et la praticabilité du procédé de Carey : la première est un procès-verbal des officiers municipaux de Toul, constatant qu'en leur présence Carey a composé une page en caractères mobiles, dont il a été tiré une épreuve, et qu'ensuite, *dans l'espace d'un quart d'heure*, il a présenté aux commissaires une planche de métal fondu, dont l'épreuve ayant été faite et comparée avec celle en caractères mobiles, elle leur a paru au moins de la même perfection; la seconde, en date du 17 octobre 1787, est une lettre par laquelle le chef de bureau de la librairie annonce à Carey que le garde des sceaux lui permet d'imprimer sur planches fondues, selon les procédés de ses chantiers, mais en lui recommandant « de *tenir secrets*, jusqu'à nouvel ordre, » les moyens qu'il employait.

Enfin la Bibliothèque des ingénieurs, du quai Malaquais, possède une épreuve authentique, tirée sur l'une des planches de l'imprimeur de Toul.

Revenons maintenant à Hoffmann, ruiné, mais non abattu, par la saisie de son imprimerie. Il modifie ses procédés, et voici les résultats auxquels il arrive :

Il enchâsse chaque type dans un bloc de cuivre qui, par ses coupures et ses entailles, donne la facilité de le placer à angle droit sur la motte destinée à former le moule, de l'enfoncer perpendiculairement et à une profondeur déterminée. Il avait en même temps un couteau ou rabot, propre à ouvrir dans l'argile une tranchée avant d'y faire les lettres, et d'enlever ainsi l'excédant d'argile qui aurait embarrassé l'œil de la lettre. La motte, composée d'argile (comme nous l'avons décrit plus haut, page 507), était tassée dans un châssis de cuivre sur lequel glissait à volonté une règle mobile. La règle étant placée à la hauteur de la première ligne, on faisait glisser le long de la règle le couteau qui traçait l'espace ou la ligne. *On prenait ensuite chaque type et on l'enfonçait dans l'argile*, en ayant soin de le tenir appuyé contre la règle, et de manière qu'au moyen de l'entaille dans laquelle la règle s'engageait l'empreinte fût toujours droite et semblable.

STÉRÉOTYPIE, POLYTYPIE.

C'est ainsi qu'Hoffmann *évitait les frais d'une première composition* en page, et pouvait, avec 370 types seulement, composer les planches nécessaires à l'impression d'un volume.

Nous disons 370 types, parce qu'Hoffmann, qui avait compris les avantages de la réunion des syllabes qui se représentent le plus souvent, avait des cassetins spéciaux pour *able, ais, être, eurs, ment,* etc.

Hoffmann définissait ainsi lui-même son procédé : « Se servir de types au lieu de caractères, et former avec ces types une chose équivalente à ce que les fondeurs en caractères appellent des frappes ou matrices, dans lesquelles ils fondent leurs lettres. »

L'ordre chronologique nous amène maintenant à parler des procédés de stéréotypie de M. Firmin Didot et de ceux d'Héran. Nous reproduisons textuellement la note insérée dans l'*Encyclopédie moderne* par M. Ambroise Firmin Didot.

« 1796. Firmin Didot, qui avait appliqué aux tables de Callet un procédé de stéréotypage pour éviter les chances de faute que les réimpressions occasionnent, invente un autre procédé qui consiste à fondre en métal très-dur, composé d'un alliage de plomb, de cuivre et d'étain, des lettres moins hautes de tige que celles ordinairement en usage, puis à enfoncer au balancier les pages composées avec ces caractères dans une plaque de plomb, d'où l'on retirait un cliché de cette page entière sur lequel on imprimait. Dans le procédé que M. Héran inventa *la même année*, on ne composait pas les lettres, mais c'était avec des matrices en cuivre, parfaitement justifiées et mises d'approche, que la page se trouvait composée par la réunion de ces matrices ou lettres en creux, d'où l'on retirait au moyen du clichage une page entière sur laquelle on imprimait. Le principal inconvénient de ce procédé dispendieux, qui exigeait un matériel considérable en matrices justifiées, c'est que, malgré le soin apporté à la justification de ces matrices, l'intersection à un point de jonction laissait pénétrer la matière en fusion lors du clichage, d'où des *barbes* qu'il fallait enlever ensuite entre les lettres. »

La vérité historique nous oblige d'ajouter que le brevet d'Héran est du 3 nivôse, an VI, accordé sur une pétition du 5 frimaire précédent, et celui de Firmin Didot du 9 nivôse de la même année. Héran obtint un brevet d'invention pour fabriquer, employer et débiter, pendant quinze années, des formats solides propres à imprimer en suivant les procédés indiqués dans la description, et le brevet de Firmin Didot est pour la composition, pendant quinze ans, de formats stéréotypes et des éditions en résultant. Peu de temps après avoir obtenu leurs brevets, Pierre Didot (l'aîné), Firmin et Héran forment une société pour exploiter en commun les procédés brevetés.

Après quelques années un inventeur fait breveter comme nouveau le procédé de prendre des empreintes au plâtre (nous avons vu que ce procédé remonte à 1785); puis, en 1849, au plâtre on substitue le papier.

Nous voici dans l'industrie tout à fait moderne, et nous croyons ne pouvoir mieux faire que de reproduire les notions que donne sur la prise d'empreinte et le clichage un des hommes les plus compétents, M. Boildieu. Ces notions sont le résultat d'une longue pratique personnelle et des observations communiquées à M. Boildieu par les nombreux clients auxquels il a fourni des ustensiles d'imprimerie.

CLICHAGE AU PAPIER.

Manière de faire la pâte. — Prenez deux kilos de bonne colle de pâte bien cuite, battez-la bien avec une spatule, mêlez ensuite deux kilos de blanc d'Espagne, que vous écrasez le plus fin possible, passez-le dans un tamis de laiton, et mélangez le tout avec votre spatule : la pâte est alors bonne à employer. La pâte en doit être faite vingt-quatre heures à l'avance, et elle ne peut se conserver plus de trois jours.

Manière de faire les flans. — Vous prenez une bonne feuille de papier collé, que vous coupez de la grandeur de la page que vous voulez mouler; vous y étendez, à l'aide d'un pinceau, une couche de pâte qui ne doit pas être plus épaisse que la feuille de papier; vous prenez ensuite une autre feuille de papier pelure sans colle, que vous étalez légèrement avec la main, puis vous étendez une autre couche de pâte, puis une autre feuille de papier pelure, et ainsi de suite jusqu'au nombre de cinq feuilles de pelure, ce qui vous fait, avec la première, six feuilles; vous posez vos flans les uns sur les autres, entre deux plaques de métal, vous les chargez jusqu'au lendemain pour vous en servir.

Manière de faire les empreintes. — Lorsque vous avez imposé votre page dans une ramette à mouler, ayez soin de vous assurer si le mobile est bien propre; après l'avoir taqué, vous le graissez légèrement avec une petite brosse, puis vous prenez votre flan, vous le posez sur un marbre l'œil en dessous, c'est-à-dire du côté du papier pelure; vous prenez alors un petit rouleau en bois ou en fonte, et vous roulez votre flan, à seule fin d'abattre les plis et de le glacer; vous le posez ensuite sur l'œil de la lettre du mobile dont vous devez prendre l'empreinte; vous prenez votre brosse à mouler et vous frappez dessus légèrement et avec aplomb. Lorsque vous voyez que le flan est prêt à se percer [1], vous étendez avec votre pinceau une couche de pâte, et vous mettez une feuille de papier collé; vous frappez de nouveau, et quand vous êtes assuré que l'œil de la lettre a pénétré assez profondément dans le flan, vous prenez un taquoir en bois dur et vous taquez avec soin; vous étendez une autre couche de pâte, puis une autre feuille de papier collé, vous frappez légèrement, seulement pour faire adhérer; vous donnez un bon coup de taquoir, et il ne reste plus qu'à poser dessus deux molletons et à mettre en presse pour faire sécher [2].

Fonte des empreintes pour obtenir des clichés. — Lorsque votre matière est fondue, vous en coulez quatre ou cinq plaques dans votre moule à clicher pour l'échauffer; puis, prenant votre empreinte qui doit être bien sèche, vous la faites chauffer jusqu'à ce qu'elle vous brûle les doigts, vous la mettez dans votre moule, et vous tâtez votre matière avec un papier collé; s'il jaunit un peu fort, votre matière est bonne à verser, et, lorsque vous voyez qu'elle est figée, vous ouvrez votre moule, et vous jetez de l'eau sur la matrice; quand elle s'en est bien imbibée, vous la mettez sur une plaque chaude, et un instant après vous l'enlevez facilement de dessus votre cliché.

Manière d'apprêter le moule pour fondre. — Il faut apprêter une certaine quantité de colle avec de l'eau, de manière qu'il n'y ait pas de grumelots;

1. Nous nous permettons d'engager *les débutants* à ne pas suivre trop rigoureusement ce conseil : lorsqu'on attend le moment où le flan *est prêt* à se percer, on attend souvent trop longtemps, et il se perce effectivement : il vaut mieux prévenir le déchirement et mettre une feuille de renforcement de plus pour ne pas avoir à recommencer.

2. Lorsqu'on veut se borner à prendre empreinte et que l'on n'est pas pressé par le temps, c'est-à-dire si l'on n'a pas besoin d'un cliché sur-le-champ, on peut à la rigueur se borner à laisser séjourner le flan sur la composition, après l'avoir placé sur une presse ordinaire où il aura subi une pression de quelques minutes. Le flan se sèche naturellement sans que l'on soit obligé d'avoir recours à un fourneau spécial; seulement, il faut avoir soin de le couvrir avec de la flanelle bien sèche.

en étendre sur la plaque qui se rabat sur les équerres, étendre ensuite une

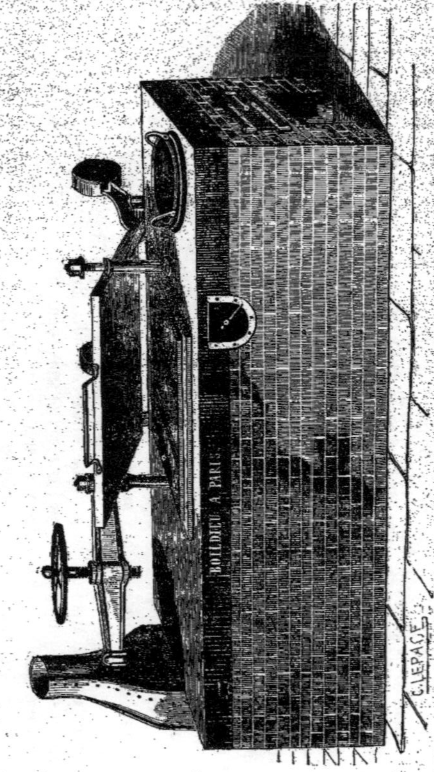

Fig. 4. — Presse à platine, pour faire les clichés, réunissant tout le matériel d'une stéréotypie.

feuille de papier demi-collée, afin que le dessous du cliché soit intact et sans soufflure. A la première fonte que vous ferez avec cette feuille, vous aurez soin de la blanchir avec du blanc d'Espagne bien sec, pour éviter de la brûler du premier coup.

Pour couler le cliché, il faut coller une feuille de papier sur la partie basse du flan, formant feuille de conduite pour la coulée de la matière.

Mélange du régule. — Faites fondre 100 kilos de plomb couleur cerise, mettez ensuite 16 kilos de régule, afin que l'alliage soit convenable pour la fonte du cliché.

Clichage de vignettes. — Apportez un grand soin dans la préparation des flans pour prendre l'empreinte des vignettes, laquelle empreinte nécessite beaucoup moins d'épaisseur que pour le mobile. Quand le flan est bien préparé, vous talquez avec soin votre vignette avec une brosse; mettez votre flan sur la vignette, mettez un peu de *talc*[1] sur le dessus de votre empreinte, frappez légèrement, donnez ensuite un bon coup de taquoir, refroidissez de nouveau et terminez par un coup de taquoir; prenez un blanchet ou des molletons pliés en double, et mettez le tout sous presse et à froid. Au bout de six heures, la matrice est sèche, et l'empreinte prise; enlevez-la avec précaution et achevez le séchage au séchoir chaud.

M. Boildieu ajoute des renseignements pour la correction des clichés, dont la reproduction nous entraînerait trop loin. Nous avons voulu nous borner à faire connaître à nos lecteurs une opération fort simple, et qui leur expliquera comment, grâce au clichage qui donne en peu de temps le nombre de matrices voulu, les journaux qui doivent paraître à heure fixe parviennent à produire, grâce aussi aux presses perfectionnées, un nombre considérable d'exemplaires dans un temps donné.

Mais la prise d'empreinte a encore une autre utilité, et c'est sur ce point que nous voulons insister. Comme nous l'avons dit à propos des tentatives d'Hoffmann, un auteur, un éditeur hésitent devant un tirage considérable : l'ouvrage publié peut avoir un écoulement rapide, comme il peut arriver que les destinées lui soient contraires : avec la prise d'empreinte, l'auteur et l'éditeur se borneront à tirer un petit nombre d'exemplaires. Ils verront si la faveur du public — inconstante comme la rose des vents — vient enfler leur voile; ils prendront empreinte et si le mistral leur est défavorable, ils n'auront à subir que des frais relativement peu considérables; si, au contraire, le public adopte leur livre, ils n'auront qu'à couler du métal dans leurs empreintes, et ils pourront à peu de frais faire de nouvelles éditions, sans recourir à une composition nouvelle.

CLICHÉS GALVANIQUES.

Notre étude serait incomplète si nous n'indiquions pas les procédés de la galvanoplastie appliqués à la typographie. Les principes, nous voulons dire les opérations fondamentales, sont les mêmes que celles qu'a indiquées notre éminent collaborateur, M. de Plazanet, dans son étude si remarquable et si remarquée sur la galvanoplastie (Tome II et tome IV). Mais nous avons cru qu'il y aurait une certaine utilité pour la typographie à réunir les données pratiques de cet art admirable, en ce qui concerne surtout les ouvrages illustrés.

Disons d'abord que c'est à M. Coblence qu'est due l'introduction en France des applications pratiques de la galvanoplastie. Nous savons que cette question a été fort controversée, mais nous nous appuyons sur le rapport officiel du jury mixte international de l'Exposition universelle de 1855 :

1. *Talc*, pierre transparente désignée dans le commerce sous le nom de poudre de savon

« M. Coblence, dit le rapport, est le premier qui, à Paris, ait appliqué effectivement la galvanoplastie, d'abord à la typographie, puis à d'autres industries.

« Ses titres à la priorité pratique sont constatés; ils sont *antérieurs de six ans* à l'Exposition universelle de Londres (1851.)

« M. Coblence était simple ouvrier compositeur dans une imprimerie de Paris.

« Il a aujourd'hui (1855) des relations commerciales non sans importance.

« Le désintéressement exagéré de M. Coblence égale son intelligence; il communique, sans hésiter, tous ses procédés à des confrères, à des concurrents que des ouvriers formés par lui contribuent chaque jour à instruire.

« Les notes et les renseignements qui constatent les différents titres de M. Coblence ont passé sous les yeux du jury; ils émanent des sources les plus honorables. »

A la suite de ce rapport, une médaille de première classe fut attribuée à M. Coblence, qui fut ensuite décoré de la Légion d'honneur.

Quant aux données pratiques employées par la galvanoplastie, c'est encore une fois à M. Boildieu que nous allons emprunter les renseignements qu'il a condensés sous forme de manuel opératoire.

Apprêt du bain. — Dans une cuve en bois, garnie de gutta-percha, et d'une contenance de 50 litres, vous mettez environ 42 litres d'eau douce; ensuite vous suspendez à travers la cuve un petit panier en osier qui doit baigner dans l'eau de cinq centimètres environ. Dans ce panier vous mettez, en cinq ou six fois, et à mesure qu'il se dissout, la quantité de 15 à 20 kilogrammes de sulfate de cuivre, puis dans le bain, un demi-litre d'acide sulfurique. Au bout de quelques heures le sulfate de cuivre est dissous. Le bain alors doit peser 18 à 24 au pèse-acide.

Imposition. — Avec une ramette à vis et des garnitures sur deux hauteurs, vous imposez la gravure ou l'objet dont vous voulez prendre l'empreinte, en ayant soin de bien garnir les vides avec de la gutta-percha un peu liquide. Si c'est un sujet qui a déjà servi à l'impression, il faut le nettoyer complétement et avec beaucoup de soin par le sulfure de carbone. Ensuite, à l'aide d'une brosse disposée pour ce travail, vous plombaginez soigneusement la gravure, et vous la laissez imposée dans sa ramette sur le marbre de la presse.

Apprêt de la gutta-percha. — Toute espèce de gutta-percha peut servir, pourvu qu'elle soit épurée, en petits ou en gros morceaux.

Pour la détremper et la ramollir, vous la faites chauffer au bain-marie et dans l'eau chaude. Lorsqu'elle est molle, vous en faites, à la main, une boule ou pelote que vous posez dans le moule disposé à cet usage, puis, après l'avoir couverte d'une légère feuille de zinc, dont la surface est mouillée, vous placez le moule sous la presse, et, avec une forte pression, vous obtenez une plaque de gutta, que vous coupez à la dimension de la gravure à l'aide d'un couteau spécial.

Prise de l'empreinte. — Le morceau de gutta étant coupé comme il est dit ci-dessus, vous le plombaginez des deux côtés avec la brosse, afin que la matière ne colle point aux doigts; ensuite vous le tenez au-dessus d'un petit fourneau rempli de charbon de bois bien allumé. Dans cette position, et avec les deux mains, vous le tournez en tous sens. Lorsque la gutta est devenue assez molle pour fléchir sous les doigts, vous la posez sur la gravure, vous posez une feuille de zinc mouillée comme il est dit plus haut, très-mince par dessus; vous poussez le tout sous la presse, et, vivement, vous lui faites subir une très-forte pression, que vous laissez durant quelques minutes, pour donner à l'empreinte le temps de se refroidir. Vous aurez eu le soin, préalablement, de placer la ramette au milieu de la presse, afin d'obtenir une pression bien égale.

Apprêt de l'empreinte avant de la mettre au bain. — Il faut couper ce qu'il y a de trop autour du moule, en ayant soin de laisser autour de l'empreinte un espace pour clouer les baguettes; ensuite vous percez deux trous en haut de l'empreinte pour y attacher un fil de laiton rouge recuit; ce fil sert de conducteur pour couvrir l'empreinte de cuivre et pour l'accrocher à la tringle. Quand c'est une empreinte très-grande, il faut mettre plusieurs attaches; activer le cuivrage. Après cette opération, ayez soin de graisser le bord de l'empreinte avec du suif, pour que le cuivre ne s'attache pas derrière le moule. Pour la tenir en équilibre dans le bain, attachez derrière l'empreinte un petit lingot de plomb entouré de gutta.

Amalgame des zincs. — Tenez le zinc debout dans un petit vase en grès ordinaire, appelé *terrine*, et, à l'aide d'un pinceau que vous trempez dans l'amalgame composé de mercure et d'acide sulfurique, vous donnez une légère couche en zinc. Cet apprêt se fait chaque fois que vous mettez au bain. Quand le zinc est neuf, il faut le nettoyer légèrement avec un peu d'acide sulfurique pour que l'amalgame prenne mieux.

Apprêt du diaphragme. — Vous mettez un diaphragme dans la cuve, après l'avoir rempli d'eau douce très-propre, 2 centimètres plus bas que l'eau de la cuve; vous y ajoutez un petit verre d'acide sulfurique, et, lorsque l'on n'aura pas eu recours au moyen d'amalgame indiqué ci-dessus, on se contentera de laisser tomber dans le diaphragme trois gouttes de sel à amalgame, composé à cet effet. Cela fait, le liquide du diaphragme doit peser trois degrés au pèse-acide.

Apprêt des tringles en cuivre se posant sur la cuve. — Ayez toujours soin de nettoyer les tringles en cuivre et de les tenir très-propres, surtout au moment de mettre au bain. Vous les posez sur la cuve et vous mettez votre diaphragme poreux au milieu de cette cuve, la tringle du milieu au-dessus du diaphragme. Après avoir amalgamé votre zinc, vous le fixez avec une griffe mobile à vis, et vous l'accrochez à la tringle en cuivre.

Mise en bain. — Vous remplissez la boîte en gutta-percha de sulfate de cuivre, accrochée dans le bain, du côté opposé à l'empreinte, et regardant l'œil du moule. Vous prenez votre empreinte, et vous la plombaginez complètement du côté de l'œil seulement. Ensuite vous prenez de l'alcool à 36 degrés, vous en mettez dans un verre et vous le laissez tomber sur l'œil de votre empreinte, de manière à bien humecter l'œil et également partout, le tout au-dessus d'un vase, à seule fin de ne pas perdre l'alcool.

Cette opération faite, vous l'accrochez à la tringle, l'œil regardant la pile, qui est le vase poreux, de manière qu'elle soit baignée entièrement sans toucher le fond du bain, et vous voyez tout de suite fonctionner votre pile, c'est-à-dire le dépôt se produire sur l'empreinte et se couvrir au bout de quelques heures. Si elle ne se garnit pas bien vous ajoutez deux gouttes d'alcool et vous la replongez dans le bain. Si la pile fonctionnait mal, vous mettriez deux gouttes d'amalgame dans le diaphragme, afin d'activer l'action de la pile. En la stimulant de cette manière et souvent, on peut obtenir une empreinte en douze heures de temps, mais cela devient coûteux. Pour obtenir économiquement un bel et bon produit, très-fort en cuivre, il faut de vingt à trente heures.

STÉRÉOTYPIE, POLYTYPE. 71

Au sortir du bain. — Vous présentez l'empreinte au-dessus d'un fourneau de charbon de bois allumé, ou la retournant avec les mains, soit dessus dessous,

aussitôt que la gutta est un peu chaude, la coquille cuivre se détache de la gutta.

Première garniture au blanc, avant l'étamage. — Délayez une certaine quantité de blanc d'Espagne ou de Meudon dans un peu d'eau pour former une

Fig. 5. — Galvanoplastie. — Pile et cuve en gutta-percha.

pâte malléable. Vous couvrez ensuite votre coquille en remplissant complétement l'œil et les creux pour les préserver de la filtration de la soudure.

Étamage de la coquille. — Avec la poêle à soudure, que vous posez sur le fourneau de charbon, vous faites chauffer la soudure à la fusion liquide; soudure ordinaire en baguette dont se servent les plombiers, les ferblantiers, mêlée avec moitié de plomb, etc. Vous tenez la coquille de cuivre au-dessus du fourneau avec des pinces et avec un peu d'acide chlorhydrique dans la coquille, du côté opposé de l'œil. Aussitôt que l'acide bout, vous prenez, avec une petite cuiller en fer à long manche, un peu de soudure dans votre poêle, que vous roulez de quart en coins, à droite et à gauche, afin d'étamer partout la coquille et de la jeter dans un seau d'eau.

Garniture de la coquille pour la remplir. — Vous dressez à la main votre coquille et vous clouez autour une baguette en bois blanc de peuplier, de 8 à 12 millimètres de large, sur sept à huit d'épaisseur, que vous clouez avec de petits clous à tête plate très-fine. On la pose sur un marbre en fonte pour river les clous et pour former un cadre autour de la coquille, afin de garantir la matière en plomb pour remplir la coquille.

Deuxième garniture au blanc pour remplir la coquille. — Vous prenez un peu de blanc d'Espagne ou de Meudon que vous délayez pour en former une même pâte, semblable à celle que vous avez faite pour l'étamage; vous garnissez de même en plus les petits joints du cadre où la matière pourrait filtrer et plomber l'œil du cliché galvanoplastique; vous prenez une petite réglette en bois dur; et lorsque le blanc mis sur votre coquille a bien séché, vous grattez avec votre petite réglette la surface de l'œil seulement, pour qu'il ne reste pas de pâte sur l'œil : sans cela la pression formerait des cavités à votre pièce.

Remplissage de la coquille. — La presse est disposée de manière à recevoir un marbre à remplir, bien droit, qui glisse entre deux tasseaux. Vous posez une feuille de papier registre sur le marbre à remplir qui est prêt à glisser sur la presse. Vous faites fondre de la matière un peu plus douce que celle d'imprimerie, chaude à la *fusion seulement*. Vous posez votre coquille en cuivre sur la feuille de papier registre; avec votre cuiller ou pochon, vous coulez cette matière dans la coquille en la tenant avec deux réglettes à la main, afin de la maintenir fixe. Aussitôt qu'elle est remplie au niveau des baguettes, vous glissez vivement le marbre sous la presse et vous faites une légère pression. Le plomb étant refroidi, vous retirez la coquille remplie.

A la scie circulaire, vous coupez les pourtours, autrement dits les baguettes, afin de laisser de quoi faire un biseau pour le montage du cliché.

Nettoyage du cliché galvanoplastique. — Vous trempez votre cliché dans un vase d'eau, et avec une brosse vous nettoyez le blanc; pour dérocher complétement, vous prenez une autre brosse avec de l'acide sulfurique, vous frottez l'œil du cliché jusqu'à ce qu'il devienne d'un rouge très-vif. Pour le sécher, vous le passerez dans la sciure de bois blanc.

Opérations finales. — Vous présentez une règle d'acier et vous voyez si le cliché est droit du côté de l'œil, et avec un marbre bien droit vous posez une feuille de papier registre sur le cliché, du côté de l'œil; avec un marteau spécial en dessous, vous renfoncez la matière avec des poinçons en acier faits à cet usage, c'est-à-dire carrés, ronds, droits ou triangulaires, afin de faire ressortir la partie droite de l'œil pour l'impression ; vous montez le cliché sur le tour, vous le réduisez d'épaisseur, en mettant l'œil du cliché sur le plateau du tour, avec une feuille de papier ; ensuite vous montez le cliché sur un bloc en bois ou sur un bloc en plomb ; de là vous le portez à l'impression.

Tels sont les renseignements clairs et précis que nous donne M. Boïldieu. Avec ces données, la prise d'empreinte, le clichage, la galvanoplastie sont à la portée de tout le monde ; et, il serait insensé de le contester, il y a eu un véritable progrès depuis les dix ou les quinze dernières années, sous le rapport de la rapidité de l'exécution, et du moyen offert aux auteurs et aux éditeurs de conserver des matrices qui permettent de rééditer un livre en épargnant les frais d'une nouvelle composition. Il y a là, disons-nous, un véritable progrès, parce que le clichage permet de donner des livres à meilleur marché, et de vulgariser ainsi les connaissances acquises. Mais tout en proclamant ce progrès, il convient de faire certaines restrictions. Le désir très-naturel de faire usage des clichés qu'ils possèdent empêche certains auteurs ou leurs éditeurs d'élever leurs ouvrages au niveau de la marche de la science, ou de tenir compte des événements. On fait une nouvelle édition d'un dictionnaire qui s'occupe des arts et métiers, et qui, au moment de sa publication, était au courant de tous les progrès de l'industrie : aujourd'hui, vingt ans séparent l'édition ancienne de la nouvelle ; les traités de commerce ont modifié les conditions économiques de la production, et, par suite, les frais de revient et de vente ; mais il faut utiliser les clichés que l'on possède, et l'on arrive ainsi à des anomalies étranges. Un autre dictionnaire qui, dans sa spécialité, renferme à la fois les mots de la langue et les événements historiques a été cliché, et il faut éviter une composition nouvelle : de cette nécessité, de cette économie, il résulte, par exemple, qu'en 1868, on imprime que le prince Louis-Napoléon est prisonnier au fort de Ham..... *On avait des clichés, il fallait s'en servir!*

Notre étude était terminée et prête à être mise sous presse, lorsque nous avons appris qu'un progrès considérable vient d'être réalisé par M. Coblence, inventeur des procédés de galvanoplastie que nous venons de décrire.

L'artiste s'était posé le problème de trouver les moyens de fabriquer des électro-types à bas prix. Il y est parvenu, car son procédé réalise une économie de 66 pour 100.

Jusqu'à présent on faisait des électro-types pour toutes les vignettes, quelquefois pour le texte, et plus rarement encore pour texte et vignettes, comme le *Magasin pittoresque*, qui depuis douze ans est ainsi électrotypé ; mais la dépense était trop élevé pour les ouvrages à tirage limité.

M. Coblence a commencé par abandonner la gutta-percha pour la remplacer par la cire, moulage qu'il a emprunté aux Anglais, qui le tenaient des Américains.

Le moulage à la gutta-percha est, il est vrai, aussi parfait que le moulage à la cire, mais il donne un retrait de 5 centimètres par mètre.

Il est nécessaire de faire le dépôt de cuivre assez fort pour qu'il ne soit pa faussé quand on le séparera du moule au moyen de la chaleur.

Voici la description du nouveau procédé :

Un bois gravé ou une forme typographique étant donnés, on prend un châssis de la grandeur nécessaire ; on le pose sur un marbre de niveau, et on y coule une solution de cire, de colophane et de térébenthine. Ce mélange se solidifie en se refroidissant sur une surface unie. On applique le côté gravé du bois sur cette surface, et on le soumet à une forte pression. L'empreinte ayant reçu préalablement une couche de plombagine qui la rend conductrice de l'électricité, on la place verticalement dans un bain galvanoplastique, accrochée à une tringle en communication avec le pôle zinc de la pile. En opposition, on suspend une plaque de cuivre à une seconde tringle qui communique avec le pôle charbon. L'effet de l'électricité se produit : la plaque de cuivre se dissout, et les molécules qui se détachent forment pour ainsi dire une espèce de courant de métal (cuivre) qui vient recouvrir l'empreinte, qui s'en empare et s'y solidifie. Cette feuille de cuivre ainsi obtenue, dont la durée de l'opération du bain limite l'épaisseur, prend le nom de *coquille*, et est la reproduction fidèle du relief de la gravure originale.

Pour donner ensuite au cliché la consistance nécessaire à l'impression, il faut le doubler d'un alliage composé de plomb et d'antimoine, le même que celui employé pour les caractères d'imprimerie. Le cliché étant doublé, on rogne les bavures du métal à la scie et au rabot, on le met d'égale épaisseur au moyen d'une machine spéciale, et on le cloue enfin sur une planchette qui lui donne la hauteur réglementaire des caractères d'imprimerie. Avec ce procédé, M. Coblence peut donner des clichés au prix de 1 centime le centimètre carré.

L'économie porte principalement sur la production du cuivre. En effet, si l'on retire la coquille cependant mince, ce qui ne peut se faire qu'avec le moule en cire, la dépense principale est diminuée considérablement, cette coquille n'étant restée au bain galvanique que douze heures au lieu de trente-six.

L'étamage, le doublage et le moulage ont aussi subi des modifications, mais moins intéressantes. Cependant nous ferons remarquer qu'une coquille mince ne pouvant se tenir à la main, il a fallu trouver le moyen de l'étamer sur un plan.

On nous signale certaines difficultés que rencontre le nouveau procédé. C'est une hardiesse qui excite la méfiance. Les conducteurs de machines croient que la force en cuivre est une nécessité absolue pour un grand tirage. C'est une erreur : le cuivre ne s'use pas par le passage des cylindres de la machine. Les planches de taille-douce elles-mêmes ne s'usent que par l'essuyage au chiffon. Telle est la cause du préjugé contre le cuivre mince. Nous avons d'ailleurs vu des ouvrages tirés à grand nombre, sans que texte ou figures fussent fatigués, au moyen des nouveaux électrotypes, entre autres le *Magasin pittoresque*, chez M. Best, et la *Mode illustrée*, chez M. Lainé.

Fig. 6. — Atelier d'électrotypie.

Les figures que nous reproduisons représentent des vues d'ensemble d'un atelier d'électrotypie et d'un atelier de stéréotypie.

Ajoutons que M. Coblence a aussi appliqué son système d'électrotypie à la fa-

Fig. 7. — Batteries électriques.

Fig. 8. — Stéréotypie ou clichés en matière d'imprimerie.

brication des timbres-poste, bien entendu pour l'étranger, puisque naturellement le gouvernement s'est réservé, en France, la fabrication de ces timbres. Notre figure ci-contre représente comme modèle un timbre de fantaisie.

Il nous reste à parler de deux systèmes qui se sont produits à l'Exposition de 1867 : le compositeur typographe mécanique litho-typographique de M. Flamm, et un système analogue sinon identique de l'Américain Sweet.

Voici quelques renseignements sur le compositeur-mécanique de M. Flamm :

Il ne renferme qu'un seul alphabet pour chaque caractère, et autant de variétés de caractères qu'il faut de casses complètes pour pouvoir composer un texte quelconque demandé. Ces types sont renfermés dans un réservoir qui, pivotant sur son axe, les entraîne tous dans un cercle. Le contenu du réservoir est gravé sur la jante d'un volant manipulateur. Il suffit de mettre un des signes gravés sur le volant, vis-à-vis d'un repère fixe, pour que le type demandé se trouve exactement sous le poinçon imprimeur; c'est le seul endroit du réservoir où le type peut s'abaisser et imprimer son œil sur le moule, lorsque le poinçon appuie sur le type. — Un chariot porte-moule se meut à volonté transversalement et longitudinalement sous le réservoir; le premier mouvement sert à la formation des lignes, et le second à l'alignement pour obtenir des pages. Sur ce chariot on dépose une pâte plastique apte à recevoir et à conserver les empreintes reçues.

Pour commencer une ligne quelconque on meut ce chariot en tournant une

vis; il entraîne dans sa marche une aiguille justificatrice qui indique sur une échelle graduée la marche accomplie du chariot. Lorsque cette aiguille est arrivée à la marge de la page à créer, on manipule le volant de la main droite, en appelant vis-à-vis du repère fixe une lettre quelconque; en attirant de la main gauche un levier moteur, la lettre s'abaisse, imprime son œil dans la pâte et rebondit dans sa position primitive; aussitôt après, le chariot se meut sous la volonté de l'ouvrier et présente une nouvelle portion de la pâte unie; une seconde lettre y implante son œil, et ainsi de suite pour toutes les lettres de la ligne. Pendant que l'ouvrier forme ainsi la ligne, il ne s'occupe que de sa copie, jusqu'à ce qu'un timbre l'avertisse de bien finir la ligne. Ici commence l'opération de la justification qui ne présente aucune difficulté, car, suivant que l'ouvrier est devenu plus ou moins adroit, il se fait avertir plus ou moins près de la fin de la ligne; il marque sur le cadran le point où est arrivée l'aiguille indicatrice, il débraye le poinçon imprimeur, et continue la composition comme si les types fonctionnaient. Arrivé à la fin de la ligne, il tombera juste ou il trouvera quelques points en moins ou en plus, dont il tiendra compte pour répartir cette différence entre les blancs des mots à composer; car, dès qu'elle est connue, l'ouvrier engrène le poinçon imprimeur, touche un bouton qui intervertit instantanément la marche du chariot de gauche à droite, le meut de sorte que l'aiguille indique exactement la fin de la ligne, et il compose à rebours les mots qui doivent entrer dans la ligne à achever.

Lorsque la page est finie, on enlève la plaque, qui représente un moule en creux de la plus grande netteté; quinze minutes suffisent pour le sécher et en tirer des clichés à la manière accoutumée. Les corrections n'offrent aucune difficulté, car la pâte conserve très-longtemps sa plasticité; on efface la ligne, la phrase ou le mot vicieux avec une spatule et l'on recompose de nouveau, en remettant la plaque exactement à sa place sur le chariot.

Le système de M. Flamm et celui de l'Américain Sweet qui n'en diffère que par quelques détails sont, on le voit, très-ingénieux; mais si le lecteur veut bien se reporter à la description que nous avons donnée des procédés de Hoffmann, de ceux de l'abbé Rochon, et surtout des modifications apportées par Hoffmann lui-même à son premier procédé, on verra qu'il n'y a rien d'absolument nouveau dans le principe des appareils qui se sont produits à l'Exposition de 1867, et qui peuvent exactement, comme celui de Hoffmann, se résumer en ces mots : « Se « servir de types au lieu de caractères, et former avec ces types une chose équi-« valente à ce que les fondeurs en caractères appellent des frappes ou matrices, « dans lesquelles ils fondent leurs lettres. »

Seulement le temps a marché et ce sont des moules propres à donner immédiatement des clichés que l'on obtient.

Nous devons cependant être juste : le mode d'opérer de M. Flamm est plus simple et plus rapide que celui de ses devanciers. Aussi nous le félicitons, non comme inventeur d'un procédé nouveau, mais pour avoir perfectionné un procédé qui existait depuis quatre-vingts ans, et qui avait cessé d'être en usage.

Le compositeur typographe-mécanique de M. Flamm pourra rendre de véritables services partout où il s'agira d'obtenir rapidement l'exécution de travaux de peu d'importance mais pressés, et cela d'autant plus que les empreintes obtenues peuvent, par une simple modification, être tirées aussi bien par les presses lithographiques que par celles employées dans la typographie.

Aug. JEUNESSE,
Secrétaire de la rédaction des *Annales du Génie civil*.

LITHOGRAPHIE

CHROMO-LITHOGRAPHIE AUTOGRAPHIE

GRAVURE SUR PIERRE, MACHINES A IMPRIMER

PAR D. KAEPPELIN
CHIMISTE INDUSTRIEL
MEMBRE CORRESPONDANT DE LA SOCIÉTÉ INDUSTRIELLE DE MULHOUSE

CHAPITRE V

La lithographie est un des arts industriels dont les applications usuelles sont sans contredit au nombre des plus importantes, des plus variées, je dirai même des plus nécessaires aux besoins de la vie sociale tels que les a créés la civilisation moderne.

C'est ainsi que l'habitant des campagnes, comme l'ouvrier des villes, doit à la lithographie de pouvoir, presque sans dépenses, orner sa demeure avec des images, des cartes géographiques, des dessins, des *fac-simile* de tableaux, qui, en lui rappelant un fait mémorable de l'histoire ou une légende poétique, lui ouvrent des horizons nouveaux et l'élèvent momentanément par la pensée au-dessus des rudes sentiers qu'il parcourt. Cet art industriel a donc ce premier mérite, quand on l'applique à la reproduction d'œuvres saines, de moraliser, d'instruire et de réjouir l'homme *par la vue*, ce qui est, comme chacun le sait, un des moyens les plus efficaces pour atteindre ce triple but. Nous voyons cette méthode primitive et si peu suivie autrefois se répandre aujourd'hui dans nos écoles, et surtout dans celles des peuples voisins dont nous avons quelques modèles dans le parc du Champ-de-Mars. L'école suédoise, installée dans la maison construite d'après celle qu'habitait Gustave Vasa, l'école prussienne et l'école américaine sont des modèles à suivre et nous montrent quels avantages découlent du principe que je viens d'énoncer, et que l'on peut surtout rendre applicable au moyen de la lithographie.

Cet art industriel sert aussi à propager à peu de frais le goût des beaux-arts dans toutes les classes de la population. En effet, et je ne parle pas ici de ces informes dessins coloriés qui ont été malheureusement trop répandus partout et qui sont la contre-partie, la négation de l'art, qu'y a-t-il de plus charmant que ces productions spirituelles où le génie de l'artiste se révèle tout entier? Ce n'est pas une copie plus ou moins servile de son œuvre, c'est elle-même dans toute son originalité. Il a pu se livrer à toute son inspiration, sans être arrêté par aucun procédé rebutant et aride, s'abandonner à la fougue de son crayon et conserver en même temps toutes les finesses de touche qui dévoilent sa pensée et lui donnent tout son relief.

La pierre lithographique reçoit donc comme le papier, comme la toile, tout ce que l'artiste lui confie. Mais de plus, elle peut servir à reproduire son œuvre sans altération, dans toute sa pureté, à plusieurs milliers d'exemplaires, et celle-ci au lieu de rester entre les mains d'un seul, se répand partout et le fait connaître à tous. Que d'artistes dont les œuvres ne seraient connues que de quelques-uns, sans la lithographie ! Que de tableaux des grands maîtres anciens et modernes qu'on ne peut admirer qu'en visitant les musées, et qui sont non pas reproduits, il est vrai, mais du moins copiés fidèlement par le lithographe ! Ces dessins, en étant mis à la portée de tous, font briller jusqu'au fond des plus humbles demeures comme un rayonnement de la pensée qui a présidé à d'immortelles créations.

Si je passe maintenant aux autres services d'un ordre moins élevé, mais d'une utilité plus directe que nous rend la lithographie, j'aperçois en première ligne l'impression des cartes géographiques, des plans des villes et des contrées les plus diverses, les plus éloignées, des tracés des lignes de fer qui sillonnent l'univers, et celle des routes maritimes aussi fréquentées que les voies de terre, etc., etc.; ces résultats des travaux et des recherches de nos ingénieurs, de nos géologues, de nos marins, nous pouvons nous les procurer aujourd'hui à des prix modiques, et l'économie que les procédés de l'autographie et de la gravure sur pierre ont introduite dans ces reproductions, permet d'en multiplier l'emploi à l'infini; les services que la lithographie rend aussi à nos écoles (pour la botanique, la minéralogie, l'anatomie, etc.), à nos grandes administrations, et par suite au public en général, sont donc d'une grande importance, et tendent à devenir plus considérables chaque jour.

Le commerce aussi s'adresse à tout instant à elle pour ses factures, ses étiquettes, ses bordereaux, ses registres, etc., et ici encore ses services sont préférés à ceux de l'impression en taille-douce, à cause du bas prix auquel elle peut exécuter ces différents travaux. Nos cartes de visites, nos lettres de faire part, tous ces écrits dont l'usage s'est répandu partout à l'infini, c'est encore à la lithographie que nous les demandons. Je crois donc que le lecteur ne sera pas indifférent à une étude sur cet art industriel qui se rapporte à tant de besoins, et dont l'Exposition nous montre en si grand nombre les produits les plus variés.

Je suivrai ici la même méthode que j'ai observée dans mes précédentes études, en procédant du connu à l'inconnu, et en donnant, autant que l'espace me le permettra, tous les détails nécessaires à l'explication des procédés et à la description des appareils les plus nouveaux. Ici aussi, comme en toute chose, il a fallu arriver à une production rapide et perfectionnée et marcher avec le fatal adage : *Time is money.*

HISTORIQUE

C'est *Aloïs Senefelder*, qui découvrit en 1798 l'art de la lithographie, et c'est en cherchant les moyens d'imprimer ses œuvres dramatiques sans payer les droits énormes que son peu de fortune ne lui permettait pas d'acquitter, et qui pesaient alors comme aujourd'hui sur l'emploi des presses typographiques, qu'il arriva, grâce à son esprit observateur et à sa persévérance, à ces merveilleux résultats dont l'ensemble constitua tout d'abord un art nouveau. Cet art devait en moins d'un siècle se répandre dans l'univers entier, et servir à son tour d'instrument docile à la civilisation moderne. C'est, comme on le dit de presque toutes les inventions, au hasard, que *Senefelder* dut sa découverte; c'est là une opinion généralement acceptée; mais il faut avouer que si le hasard offrait ces mêmes occasions à des esprits ordinaires, il risquerait fort de les voir négligées. Depuis l'époque d'*Empédocle*, de *Démocrite*, d'*Alcméon* et d'*Aristote*, qui sont les plus anciens chercheurs dont l'histoire nous ait conservé le souvenir, je crois qu'il en a été toujours de même jusqu'à nos jours pour toutes les inventions humaines, et que c'est au génie investigateur dont Dieu a doué certaines de ses créatures, que nous devons ces admirables découvertes dont les unes soulagent notre corps dans ses labeurs, et dont les autres élèvent chaque jour d'un degré les tendances et les aspirations les plus sublimes de notre esprit, en lui ouvrant de plus vastes horizons. N'attribuons donc rien au hasard, car c'est la dépréciation de tout ce qui est noble et grand, et c'est singulièrement rabaisser cet esprit divin qui vivifie l'humanité entière, que d'en faire dépendre le développement progressif de nos plus nobles facultés, et les résultats admirables auxquels l'homme est parvenu dans les sciences, dans les arts et dans l'industrie.

Senefelder cherchait donc, dans sa pauvreté, à soustraire le travail qui propage la pensée à travers tous les âges, aux exigences de la loi qui régissait alors l'imprimerie; il grava ses ouvrages à l'eau forte sur le cuivre, en réservant, au moyen d'une encre qu'il appela chimique, bien improprement il est vrai, les caractères qu'il traçait sur le métal; il imagina aussi de stéréotyper sur le bois et la cire à cacheter; puis enfin, il chercha à remplacer le cuivre par une pierre qu'il se souvenait avoir vue aux bords de l'Isère, et il inventa la gravure sur pierre pour les caractères de l'écriture et de la musique. C'est ici que l'on place l'anecdote suivante: on raconte qu'étant un jour fort occupé de son travail, il fut appelé par sa mère pour prendre note du linge qu'elle allait donner à sa blanchisseuse; il prit, au lieu de papier, une pierre dont il se servait pour ses essais de gravure, et il écrivit avec son encre chimique la petite note demandée. Rien de plus simple jusqu'alors, et, la part du hasard une fois faite, la découverte risquait fort d'être anéantie et perdue à tout jamais. Mais, en revoyant ce qu'il avait ainsi écrit sur sa pierre, *Senefelder*, qui poursuivait partout la réalisation de sa pensée constante, *acidula* la partie écrite de sa pierre, pour essayer de produire le relief de ses caractères comme il l'obtenait sur ses planches de cuivre; car, le relief produit, il ne s'agissait plus, se disait-il, que d'encrer et de procéder à l'impression.

En effet, son encre composée de cire, de savon et de noir de fumée, résista à l'action de l'acide, tandis qu'à côté de la trace qu'elle avait laissée sur la pierre, celle-ci n'étant pas préservée, se trouva attaquée parce qu'elle était calcaire, et en quelques minutes les lignes écrites se dégagèrent et acquirent un relief suffisant pour pouvoir être imprégnées d'encre.

C'est alors qu'il inventa un moyen d'encrer sa planche improvisée, en recouvrant d'un drap fin une petite planchette bien unie, et, en l'imbibant d'encre, il put en couvrir la surface de ses caractères sans en imprégner les interlignes; c'est ainsi qu'il imprima sur une feuille de papier, et sans employer une pression aussi forte que pour l'impression en taille-douce, sa petite note de blanchisseuse.

Ce fut là le début de son invention, et il appliqua cette nouvelle méthode à l'impression de la musique, en fondant à Munich, en 1796, une imprimerie avec *Gleissner*, musicien à la cour de Munich.

Senefelder continua ses recherches, et il put enfin en 1798 établir les règles de la lithographie proprement dite, et ce qu'il y a de plus merveilleux dans l'exposé de son système, c'est qu'il y prévoit presque tous les cas qui peuvent se présenter dans son application, et qu'il prépare la solution de la plupart des difficultés que l'art et l'industrie ont surmontées jusqu'à ce jour.

La description de ces procédés plus ou moins modifiés trouvera sa place plus loin dans cette étude.

Senefelder forma plusieurs élèves qui répandirent la connaissance de l'art de la lithographie en France, à Vienne en Autriche, à Rome et à Londres. En 1800, ce fut un jeune étudiant de Strasbourg, *Niedermeyer*, qui essaya de l'introduire en France. Deux ans après, *André d'Offenbach*, qui s'était associé avec *Senefelder* pour l'importation de ses procédés dans toutes les contrées de l'Europe, se rendit à Paris dans ce but; mais, après cinq ans d'essais, les résultats qu'il obtint étaient incomplets, et les *épreuves* qu'il put présenter, si défectueuses, qu'il quitta la France et qu'il vendit ses procédés à quelques artistes français qui ne surent pas en tirer un meilleur parti que lui-même. Mais l'éveil était donné, quelques esprits d'élite s'étaient épris en France de l'étude de cet art nouveau, qui leur semblait appelé à une brillante destinée, et c'est dans les rangs de l'armée française en Allemagne que nous les rencontrerons en premier lieu.

C'est à l'époque de l'occupation de Munich par l'armée française que le général *Lejeune*, M. *Denon* et M. *Lomet* s'occupèrent de cet art qui avait tant de peine à s'introduire dans notre pays. M. *Lomet*, après s'être fait initier à tous les secrets de *Senefelder*, voulait communiquer sa science nouvelle à quelqu'un qui aurait pu l'exploiter en France. Mais ses recherches à ce sujet furent vaines, et il dut partir pour l'armée d'Espagne, après avoir déposé au Conservatoire des arts et métiers une pierre dessinée, qui avait déjà servi au tirage de plusieurs milliers d'exemplaires. Cette pierre fut plus tard réunie à la collection du Jardin des Plantes, par M. *Lomet* lui-même, surpris non sans raison de l'abandon dans lequel on avait laissé cette preuve convaincante de la vitalité d'un art nouveau dont il avait compris l'importance future. Mais, à cette époque si glorieuse sous d'autres rapports, on ne favorisait pas beaucoup les industries qui avaient rapport à la publicité, et dix ans après l'insuccès de M. *Lomet*, en 1810, M. *Manlich*, artiste allemand, qui s'était acquis une réputation légitime dans son propre pays, n'obtint pas du gouvernement impérial l'autorisation d'établir une imprimerie lithographique à Paris, et ce ne fut qu'en 1815 que les premiers dessins sur pierre furent imprimés en France.

C'est à l'Alsace qu'appartient la gloire de cette introduction de la lithographie dans notre pays, et M. *de Lasteyrie* reconnaît lui-même dans un rapport qu'il fit à la Société d'encouragement, le 20 décembre 1815, que M. *Engelmann*, de Mulhouse, avait déjà imprimé plusieurs dessins lithographiques avant qu'il eût pu lui-même établir une imprimerie à Paris. Outre cette déclaration faite spontanément, le comte *Chaptal*, alors président de la Société d'encouragement, écrivit à M. *Godefroy Engelmann* pour le féliciter d'avoir obtenu le premier en France des dessins lithographiques de quelque valeur, et il fut aussi reconnu, dans un rapport émané en 1816 de l'Académie des Beaux-Arts de l'Institut de France, que M. *Godefroy Engelmann* avait créé le premier un établissement lithographique en France.

M. le comte *de Lasteyrie* doit néanmoins passer pour un des plus ardents propagateurs de cet art dans notre pays, et c'est déjà en 1812 et en 1814 qu'il s'était rendu à Munich pour y étudier l'invention de *Senefelder*. Il se livra à une étude sérieuse de cet art, s'astreignit aux travaux d'un simple ouvrier pour parvenir à en connaître toutes les difficultés, et, après plusieurs mois de recherches constantes et souvent pénibles, il revint en France et fonda vers la fin de l'année 1815 un établissement modèle à Paris. Ce fut autour de ses presses que se réunissaient nos plus célèbres artistes, tels que les *Vernet, Bourgeois, Isabey, Villeneuve, Michalon*, etc.

M. *de Lasteyrie* fut nommé, en récompense de ses services, lithographe du roi et du duc d'Angoulême. Ce titre honorait celui qui le donnait tout autant que celui qui le recevait, et c'était en même temps un hommage rendu à une puissance civilisatrice nouvelle, qui s'ajoutait à celle de l'imprimerie en réunissant tout ce que l'art du dessin et de la peinture renferme de grâce et de charme, à ce que l'impression typographique renferme de forces fécondantes.

On peut donc dire que M. *de Lasteyrie* fut avec *Godefroy Engelmann* le plus actif propagateur de la lithographie en France, mais c'est à ce dernier que nous devons la plupart des améliorations que subit cet art et les inventions les plus ingénieuses auxquelles il donna lieu.

C'est ainsi qu'en 1819, cet habile imprimeur inventa le *Lavis lithographique*, et qu'il parvint, en 1821, à *transporter* sur pierre les épreuves gravées sur cuivre. En 1856, il inventa la *Chromo-Lithographie*, c'est-à-dire l'art d'imprimer en couleurs les dessins que l'on n'avait pu qu'imprimer en noir jusqu'alors. C'est à cette admirable invention que nous devons une foule d'applications artistiques et industrielles, telles que les imitations de vitraux d'église, les vignettes et les étiquettes de luxe, les imitations de peintures, etc. Et c'est avec justice que nous pouvons dire que, si la lithographie est née en Allemagne, c'est au génie français que l'on doit attribuer les plus grandes innovations qui s'y sont produites, les améliorations les plus importantes qui s'introduisirent dans le travail mécanique et dans la construction des appareils et des machines lithographiques. Si cet art admirable a mis près de vingt ans à pénétrer en France, il y a grandi rapidement en acquérant un développement et une importance des plus considérables.

Nous devons encore à *G. Engelmann* le meilleur traité pratique et théorique de la lithographie. Il le publia en 1838, conjointement avec M. *Achille Penot* (docteur ès sciences), et cet ouvrage est resté le plus complet de tous ceux qui aient paru jusqu'à ce jour. Avant cette époque, il avait été publié d'autres ouvrages sur la matière, entre autres un mémoire de M. *Baucourt*, ancien élève de l'École polytechnique, dans lequel il donne des renseignements fort utiles, qui prouvent à quel degré de perfectionnement la lithographie était déjà arrivée en 1819, vingt ans à peine après l'époque de sa découverte.

C'est la même année que parut le traité pratique de *Senefelder*, dont j'ai parlé précédemment et qui contient tous les procédés qui sont de son invention et l'énoncé le plus complet des principes chimiques et physiques, qui formaient la base de ses travaux. M. *Houbloup* fit aussi paraître, en 1825, une petite brochure sur la lithographie, dans laquelle il explique les différentes phases du travail lithographique, et c'est à peu près à la même époque que *R. L. Bregeaut*, lithographe breveté du Dauphin, publia son manuel théorique et pratique du dessinateur et de l'imprimeur lithographe. M. *de Lasteyrie* publia plusieurs rapports intéressants sur la lithographie, et depuis lors il ne parut plus de travaux importants sur cet art, si ce n'est dans quelques journaux périodiques ou dans des ouvrages qui y ont trait d'une manière indirecte, comme dans le *Traité pratique de l'impression des tissus* de D. *Kaeppelin*, où la lithographie est examinée au point de vue de son application à cette grande et belle industrie. J'ai pu aussi examiner au palais de l'Exposition le grand travail de MM. *Pilotz* et *Loehlé*, qui est l'ouvrage le plus complet qui ait paru jusqu'à ce jour sur l'histoire de la lithographie. Le temps m'a manqué pour en faire la lecture entière, mais le grand nombre de matières qu'il renferme, en fait un livre précieux pour l'histoire du travail. La lithographie fut bientôt soumise à une épreuve redoutable dans sa lutte avec une des plus belles découvertes modernes. La photographie lui fit une concurrence formidable, et la menaça dans toutes ses productions. Mais quelques esprits inventifs découvrirent dans l'arsenal même de cette nouvelle arrivée, des armes pour la combattre, et en l'année 1858, MM. *Lemercier, Lerebours* et *Barcswill* firent connaître le procédé de photographie sur pierre lithographique, qu'ils avaient découvert au mois de juin 1852. Ce procédé consiste essentiellement à recouvrir la pierre d'un vernis impressionnable au bitume de Judée, à y faire paraître l'image que l'on voulait reproduire par l'action de la lumière, à travers un négatif sur verre ou sur papier, à dissoudre le vernis impressionné dans de l'éther sulfurique, puis à traiter l'image comme un dessin lithographique ordinaire.

C'est au fond le procédé de gravure héliographique que *Niepce* avait décrit précédemment. Un autre procédé que j'ai expérimenté moi-même, et qui m'a donné d'excellents résultats, consiste à enduire la pierre d'une dissolution de gomme arabique, à laquelle on a ajouté un peu de bichromate de potasse, de la gélatine et du miel, ou du sirop de sucre. Aussitôt que la couche gommeuse est sèche, on l'expose à l'action de la lumière, à travers le cliché que l'on veut reproduire. Il faut que cette action soit produite par les rayons directs du soleil, et qu'elle ait une durée de quelques minutes. On lave ensuite la pierre avec de l'eau savonneuse, puis on encre légèrement, on acidule, on encre de nouveau et on imprime. Le sel de chrome est décomposé par la lumière partout où elle a pu pénétrer sur la pierre à travers les parties claires du cliché, et il est rendu insoluble, — tandis que partout où les traits du dessin ont empêché la lumière de pénétrer, le sel de chrome n'a pas été décomposé, et quand on lave la pierre avec de l'eau savonneuse, cette dernière se sépare, en sa présence, de sa partie grasse qui se fixe dans la pierre, tandis qu'elle est sans effet sur les parties blanches, où le sel de chrome décomposé par la lumière ne peut plus agir sur elle. Les places qui ont ainsi absorbé la partie grasse du savon sont seules propres à prendre l'encre lithographique.

Ces procédés se sont multipliés depuis, et on est arrivé aujourd'hui à des résultats satisfaisants; mais cependant cette nouvelle industrie, à laquelle on a donné le nom de *Photo-Lithographie*, n'a pas eu dès son origine le succès auquel on devait s'attendre, et les quelques photographes qui s'en sont occupés les premiers à Paris, n'ont point trouvé dans son exploitation une rémunération suffisante de leurs travaux. Depuis lors, la photo-lithographie a trouvé une application sérieuse dans la reproduction des vieilles gravures, qui a toujours beaucoup préoccupé les hommes spéciaux. Le report sur pierre des épreuves fraîches imprimées en taille-douce a aussi été l'objet de sérieuses recherches. C'est à M. E. *Kaeppelin* que l'on doit les premiers beaux travaux exécutés en ce genre, et les services qu'il a rendus au ministère de la guerre, en opérant le transport sur pierre des cartes des départements que les officiers du génie militaire avaient tracées, furent d'une grande importance. Le général *Pelet* faisait grand cas de la direction intelligente que cet imprimeur avait donnée à ses travaux, et il tenait M. *Kaeppelin* en haute estime. Quant à la reproduction des vieilles gravures, des anciennes cartes, il était parvenu à livrer des épreuves d'une grande beauté, quand la maladie vint, après une vie consacrée tout entière à son art, l'enlever à ses nombreux et intéressants travaux. J'ai pu, pendant le temps que j'étais son associé, contribuer pour ma part à quelques perfectionnements dans cette partie si intéressante du travail lithographique, l'aider dans ses recherches, et m'instruire moi-même dans son art au contact de sa vieille expérience.

La lithographie, non contente de s'approprier tout ce qui, dans la gravure sur cuivre et la photographie, lui parut assimilable à la nature de ses travaux, prête aussi depuis quelques années son concours à la typographie pour le clichage des cartes qui doivent être imprimées à des centaines de mille épreuves, en même temps que les caractères du texte. Ce procédé doit son nom à *Gillot*, qui en est l'inventeur. Il consiste en un report d'une planche lithographiée sur une plaque de métal pour cliché ; le report opéré, on acidule la planche et on l'encre avec une encre résineuse. On fait ensuite mordre à l'acide, puis on lave après quelques minutes, on sèche bien la planche et on encre de nouveau en chauffant légèrement la planche. L'encre résineuse coule le long des figures tracées par le premier encrage et le premier acidulage, et elle forme ainsi une espèce de base pyramidale encore microscopique à cette espèce de taille en relief. On répète cette opération jusqu'à ce que le relief soit suffisant pour achever le travail de la manière suivante. On recouvre les parties ainsi bien mises en relief d'un vernis, on attaque la planche métallique au moyen d'une eau acidulée avec de l'acide nitrique à 10° ou 12° B. ; quand on veut avoir des parties bien dégarnies, bien creusées, on les enlève à la gouge ; on peut ensuite, quand l'épreuve lithographique a été ainsi transformée en planche gravée en relief, l'imprimer au moyen de la presse typographique, et par conséquent à des prix modiques. Il est évident que ce genre d'impression n'est pas comparable, pour la délicatesse et le fini du travail, à l'impression de la planche lithographique primitive ; mais le but qu'on se proposait, celui de produire rapidement et à bas prix, se trouve atteint par le procédé que je viens de décrire.

Quand on encre la planche du cliché, recouvert de son dessin transporté, avec une dissolution de caoutchouc dans l'essence de térébenthine, on voit la dissolution se concentrer le long des traits déjà tracés, et former un relief sensible. On peut alors aciduler cette planche et faire mordre la taille autant que l'on veut, sans crainte d'entamer les parties mises en relief. J'ai souvent des reports semblables à faire dans mes ateliers, et ce procédé est aussi le plus généralement employé pour les cartes, les plans ou tracés que l'on veut imprimer dans les journaux ou dans les ouvrages qui sont tirés à un grand nombre d'exemplaires. La gravure en chromo-lithographie a aussi fait quelques progrès, et, grâce au système de gravure de MM. *Avril* frères, nous pouvons imprimer aujourd'hui les beaux plans en couleur de Paris souterrain, et ceux de Paris en démolition que l'administration de la ville leur fait exécuter, avec un très-petit nombre de pierres. Ces graveurs produisent sur la même pierre, et pour les différentes gradations d'une même teinte, des hachures plus ou moins serrées ou plus ou moins profondes, et les tons différents d'une même couleur se produisant à l'impression et venant, selon les besoins du plan, se combiner avec les tons différents d'une autre couleur, on comprendra que l'on arrive à une grande multiplicité de teintes, avec une, deux ou trois pierres, au lieu de dix ou douze qui seraient nécessaires pour produire les mêmes effets. J'ai pu reconnaître moi-même la supériorité et l'économie ainsi apportées dans le travail, en faisant imprimer journellement dans mes ateliers (maison *Grandjean* et compagnie, à Paris) non-seulement les plans de Paris, mais encore toutes les cartes et plans d'archéologie et de géologie que ces habiles graveurs exécutent pour plusieurs sociétés savantes de Paris. C'est ainsi qu'a été exécutée la belle carte géologique du bassin de la Seine tracée par la main savante de mon ami *E. Collomb*, dont j'ai déjà fait connaître les travaux d'un autre genre dans ma précédente étude sur l'exposition des toiles peintes. Cette carte, qui est exposée dans la classe 13 de la galerie 2, donnera au lecteur une juste idée du talent de notre savant géologue et de la manière dont son travail a été rendu par les graveurs que je viens de nommer. D'autres cartes exposées par ceux-ci dans la même classe prouveront mieux que ce que je puis dire ici, l'économie très-grande qu'ils ont su apporter à l'exécution de ces travaux d'un aspect si compliqué.

La chromo-lithographie est surtout représentée à l'Exposition par les *Engelmann, Lemercier, Hongard-Maugé, Dupuy, Jaconnet*, etc., et je reviendrai sur leurs travaux en temps et lieu ; je dirai seulement que, sous le rapport vraiment artistique, les progrès réalisés en France, quoique réels, sont lents et que nous avons encore bien des efforts à faire pour arriver à la perfection du genre.

Les Anglais nous devancent dans les reproductions d'aquarelles par les procédés de la chromo-lithographie, et les Allemands sont devenus nos égaux pour les imitations des peintures de genre. J'ajouterai cependant que j'ai rarement trouvé dans ces dernières une exécution qui ne laisse pas percer encore le travail purement industriel ; on n'y sent pas assez la main de l'artiste véritable. Si nous quittons ces produits artistiques pour entrer dans le domaine de l'industrie proprement dite, nous sommes ramenés aux perfectionnements introduits dans la construction des presses, au moyen desquels on est arrivé aussi à produire, avec la rapidité que notre époque exige, les travaux qui ont rapport à tout ce qui touche aux œuvres industrielles. Le remplacement de la main de l'homme, comme force motrice, par la vapeur, est aujourd'hui un fait acquis, et les belles presses mécaniques que nous pouvons voir fonctionner dans la galerie des machines, laisseront dans notre souvenir les noms des *Voirin, Marinoni, Th. Dupuy, Alfred Maulde* et *Vibart, Hummel* de *Berlin*, et de tous ces constructeurs dont l'esprit inventif cherche à simplifier et à faciliter chaque jour davantage le travail de la presse lithographique. Ce travail, dans son principe, exigeait de l'ouvrier non-seulement un esprit observateur, un sentiment réel des arts, mais encore une force musculaire qui lui manquait souvent. Nous ne sommes plus, heureusement, au temps où la force brutale maîtrisait le monde, et le travail de la presse surtout méritait plus que tout autre de s'en rendre indépendant.

DÉFINITION ET EXPLICATION DU TRAVAIL LITHOGRAPHIQUE.

La lithographie est, comme son nom l'indique, l'art de dessiner sur la pierre des figures et des caractères que l'on peut reproduire, au moyen de l'impression, sur du papier ou des tissus. Cet art, primitivement inventé dans le but de remplacer l'imprimerie dans quelques-unes de ses applications, a, depuis son origine, étendu considérablement son domaine, et, comme je l'ai indiqué dans l'historique que j'en ai tracé, il a acquis une importance des plus grandes dans l'industrie et dans les beaux-arts.

Examinons d'abord le principe sur lequel il est fondé. Nous voyons que *Senefelder* s'est servi de pierres calcaires pour ses premiers essais de gravure, et que c'est à cette circonstance qu'il a dû sa découverte. Les pierres calcaires, c'est-à-dire composées plus essentiellement de carbonate de chaux, et qui sont cependant douées d'une force de cohésion assez grande pour résister à la pression à laquelle elles doivent être soumises, sont toutes propres à la lithographie. Ces pierres, en effet, sont susceptibles d'absorber les corps gras, d'être dissoutes dans les acides, et d'absorber l'eau, trois conditions nécessaires à la réussite des différentes opérations qui constituent la lithographie.

Les pierres qui possèdent au plus haut degré les qualités requises ont d'abord été retirées de la carrière de Solenhofen, près de Pappenheim, en Bavière. Les pierres de même nature que l'on retire des carrières françaises leur sont peut-être inférieures pour certains travaux, mais elles ont néanmoins trouvé un emploi considérable dans les ouvrages purement industriels, et dans ceux où la gravure est nécessaire. C'est à la maison *Touzé*, de Paris, que l'on doit l'exploitation de ces carrières, dont l'existence avait été précédemment signalée par MM. *Bré-geaut* et *Julia de Fontenelle*, préoccupés tous deux de la pensée qu'ils avaient de trouver dans notre pays toutes les ressources nécessaires au développement de l'art nouveau que le premier avait déjà illustré par de nombreux travaux. La France a été en effet longtemps tributaire de l'Allemagne (Bavière) pour la production des pierres lithographiques, et il existe même encore aujourd'hui des imprimeurs, des graveurs ou des dessinateurs sur pierre qui croient à la supériorité constante des pierres de Munich sur les pierres françaises. C'est cependant une erreur, car des pierres calcaires tout à fait identiques se trouvent en France, et il y a plus de trente ans que l'on exploite des carrières semblables dans l'Indre à Châteauroux, et à Avèze dans le Gard. Cette dernière carrière, la plus importante sans contredit, est exploitée par MM. Deplay, Jullien et Cie, successeurs de M. Touzé. On y rencontre des couches calcaires d'une grande épaisseur et parfaitement horizontales, et la grandeur des pierres qu'on en retire dépasse celle des pierres provenant de toutes les autres carrières d'Allemagne et de France. C'est ainsi que MM. Deplay et Jullien ont pu faire dessiner sur des pierres de 2 mètres 35 centimètres de hauteur de 1 mètre 35 centimètres de largeur les portraits en pied de l'empereur Napoléon III et de la reine Victoria. Ces portraits imprimés au moyen d'immenses presses, ont été exposés aux Expositions de Londres et de Paris. Les pierres les plus grandes de Munich ont à peine 1 mètre 20 centimètres de haut sur 90 centimètres de large, ce qui constitue une infériorité marquée, quand on les compare à celles qui sortent des carrières d'Avèze. Les pierres sont retirées de la carrière par l'opération du *délitage*, ou séparation par couches ou lits parfaitement planes et parallèles; 10 ouvriers carriers, 15 tailleurs de pierre et 30 polisseurs sont aujourd'hui employés au travail des carrières d'Avèze et extraient pour près de 100,000 francs de pierres par an. Cette production, primitivement de 50,000, a doublé en 10 ans et sa valeur est à peu près égale à celle des importations des pierres de Bavière. Ce qui prouve que l'industrie les apprécie chaque jour davantage.

Après le délitage des pierres, on procède à leur dressage, car quelle que soit la régularité des lits, il existe des éclats et des rugosités dans les pierres, et il est nécessaire de les faire disparaître. Il faut aussi couper les pierres par grandeurs égales, en abattre les angles et arrondir les coins qui en rendraient le maniement difficile à l'imprimeur; on opère ce dressage à la lime et à la scie. La surface des pierres, quelle que soit leur origine, doit être bien aplanie avant qu'elles soient mises entre les mains du dessinateur. Cette opération se fait en frottant deux pierres d'une même grandeur l'une contre l'autre et en leur donnant un mouvement de va-et-vient bien régulier, et après avoir préalablement placé entre elles du sable de grès mélangé avec un peu d'eau. Quand les pierres sont parfaitement planes, on leur donne un grain plus ou moins fort, selon la nature des dessins que l'on doit y tracer en recommençant l'opération dont je viens de parler, mais cette fois avec un sable plus fin, bien tamisé et mêlé avec de l'eau. On polit aussi les pierres au moyen de la pierre ponce, quand cela est nécessaire, comme pour la gravure par exemple.

La pierre ainsi *grainée*, l'artiste y dessine les objets qu'il veut reproduire, au moyen d'un crayon composé essentiellement de savon, de cire, de suif, de gomme laque qui lui donne de la dureté et de la résistance, et de noir de fumée qui le colore. On se sert aussi quelquefois de pinceaux et d'une encre d'une composition semblable à celle des crayons, et qu'on emploie après l'avoir broyée avec de l'eau.

Le dessin, une fois tracé sur la pierre, a besoin d'y être fixé pour pouvoir reparaître à l'encrage. Cette opération du fixage se fait de la manière suivante : on prend de l'acide nitrique que l'on étend d'eau jusqu'à ce qu'il marque 5° à 6° à l'aréomètre de Baumé, on y ajoute de l'eau gommée jusqu'à ce que le mélange marque 12° B. et on étend le mélange au moyen d'un pinceau sur la pierre dessinée. On se sert quelquefois d'eau acidulée sans mélange d'eau gommée, quand le travail du dessin exige une préparation plus énergique.

Partout où l'acide rencontre les parties non dessinées de la pierre, il y a décomposition du carbonate calcaire, dégagement de l'acide carbonique, et formation d'un nitrate de chaux soluble. La partie intérieure de la pierre est ainsi mise à nu et, par suite de cette désagrégation, elle est devenue plus sensible à l'action de l'eau, c'est-à-dire plus hygrométrique, ses pores étant plus ouverts, et sa surface moins polie. Partout au contraire où la composition acide a rencontré les parties dessinées, la pierre est restée insensible à son action, car la matière grasse du crayon ou de l'encre lithographique combinée avec elle l'a préservée de toute décomposition, et le savon lui-même qui entre dans leur formation pouvant être décomposé par le contact de l'acide, son alcali se combine avec ce dernier, et sa partie grasse rendue libre reste fixée dans la pierre, et rendra celle-ci plus susceptible encore d'absorber plus tard l'encre lithographique. L'effet de l'acidulation aura donc été double : décomposition partielle des parties non dessinées de la pierre, et par suite augmentation de leurs propriétés hygrométriques ; fixation dans la pierre d'une plus grande quantité de matières grasses, par la décomposition du savon qui fait partie du crayon ou de l'encre lithographique. La gomme que l'on mêle à l'acide sert à modérer, et à diriger plus facilement son action, quand on a des dessins d'un travail délicat à fixer, et elle forme même avec le sel calcaire un composé gommeux dont il reste des traces dans la pierre et qui n'est pas inutile à une bonne impression.

Aussitôt que l'on reconnaît que l'effet produit par l'acide est suffisant, on regomme la pierre au moyen d'eau gommée pure, c'est-à-dire sans addition d'acide. On laisse sécher la couche gommeuse, et douze heures après on l'enlève avec soin en lavant la pierre avec de l'eau pure. On enlève aussi la trace du dessin avec de l'essence de térébenthine, et la pierre présente alors l'aspect suivant : les parties dessinées y ont laissé une trace presque invisible, ou plutôt une empreinte grasse qui s'emparera facilement de l'encre lithographique d'impression, et repoussera l'eau dont on imbibera la pierre avant de l'encrer ; les parties non dessinées, et par conséquent attaquées par l'acide seront au contraire avides d'humidité, et une fois qu'elles en seront saturées, elles repousseront l'encre d'impression et conserveront leur couleur naturelle, et le dessin ressortira en noir, tel que l'artiste l'a composé. L'encre ou vernis lithographique qui sert à encrer les pierres dessinées, se compose d'huile de lin dégraissée et bouillie jusqu'à ce qu'elle atteigne la consistance d'un sirop ; on broie ce vernis avec du noir de fumée ou toute autre matière colorante, selon la couleur que l'on veut donner à son impression. On se sert d'essence de térébenthine pour éclaircir le vernis quand il est trop épais.

Voyons maintenant comment on procède à l'impression et de quelle manière s'opère ce travail. Je prendrai, pour exemple, une presse sortie des ateliers de MM. E. *Brissot* et compagnie, qui est exposée au palais de l'Exposition, et qui est représentée par la figure de la page suivante.

A représente une espèce de parquet sur lequel on dispose la pierre après la préparation qu'on lui a fait subir, comme je viens de le dire, et auquel on a donné le nom de chariot.

B est une charnière qui réunit le châssis CC DD au chariot et qui sert à l'élever plus ou moins selon l'épaisseur de la pierre.

CCDD est le châssis qui s'abat sur la pierre et qui doit être garni d'une peau de veau bien travaillée d'une épaisseur égale dans toutes ses parties, et que l'on peut tendre au moyen de vis et d'écrous qui sont à sa partie supérieure.

D, D sont les vis qui servent à hausser ou à baisser le châssis quand il recouvre la pierre, et à la mettre en rapport avec la charnière B.

E est le râteau qui est ajusté en double biseau et qui s'emboîte dans le porte-râteau FF.

G est une vis régulatrice qui sert à élever ou abaisser le porte-râteau suivant l'épaisseur des pierres.

H est le collier qui sert à retenir en place le porte-râteau après qu'il a été abaissé sur la pierre.

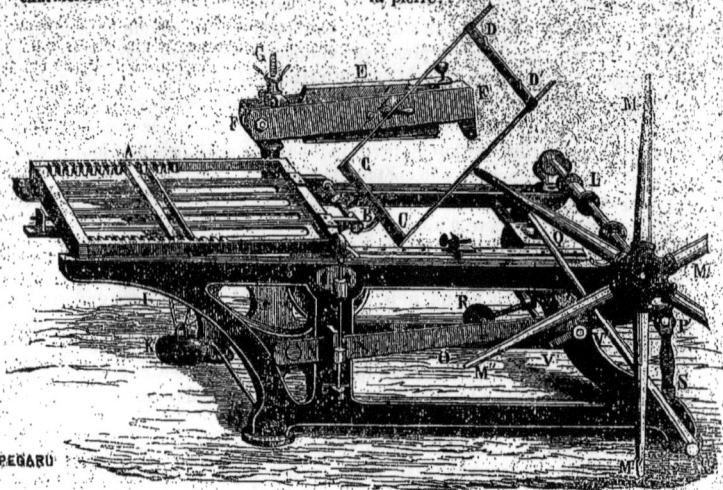

Fig. 1. — Presse lithographique de MM. Brissot et Cie.

I représente les cordes qui soutiennent le contre-poids K qui fait revenir le chariot à son point de départ.

L représente l'arbre que fait tourner le moulinet M, et autour duquel s'enroule une sangle fixée au chariot, et qui le fait avancer sous le râteau, à mesure que se produit l'enroulement.

M est le moulinet que l'ouvrier fait tourner au moyen des branches M, M', M'', M'''. Ce mouvement de rotation se communique à l'axe L et par suite au chariot.

N, boulon qui fixe l'extrémité de la barre de pression, tout en lui laissant le jeu nécessaire pour suivre le mouvement qui lui est imprimé par la barre de pression Q, Q'.

P est le point d'attache de la barre de pression au système de tige et de vis, qui se rattache à l'extrémité H du porte-râteau, et lui communique la pression voulue. On peut augmenter ou diminuer cette pression en diminuant la longueur du système.

Q, Q' représente la pédale qui tient aux patins de la presse par un boulon garni de son écrou. En abaissant cette pédale et en la maintenant avec son pied pendant qu'il tire à lui les branches de son moulinet, l'ouvrier abaisse en S la barre de pression, qui communique son mouvement de haut en bas, en P, au porte-râteau, fixé au sommet de la tige en H. Plus il y aura de différence entre les longueurs des deux bras de levier NP, et PP', moins l'ouvrier emploiera d'efforts pour donner une plus forte pression.

R est un contre-poids qui sert à faire remonter la barre de pression, au moyen de l'axe auquel il est fixé, et qui fait mouvoir le petit levier VV', dont l'extrémité V' soulève la barre.

La pierre placée en A sur le chariot est bien calée de manière à ne pas pouvoir être déplacée par le travail ; puis l'ouvrier l'humecte au moyen d'une éponge imbibée d'eau, et il procède à l'encrage au moyen d'un rouleau en bois (fig. 2), qui est recouvert d'une enveloppe de flanelle et d'un fourreau en peau de veau. Aux extrémités de ce rouleau R, R' se trouvent deux poignées P, P' en bois, bien arrondies et terminées en forme de cône ; c'est à ces poignées que l'on adapte des gaines en cuir C, dans lesquelles elles peuvent tourner quand l'ouvrier leur imprime le mouvement horizontal sur la pierre LL, sur laquelle on a délayé de l'encre lithographique. Le rouleau RR' s'imbibe de cette encre, et quand l'ouvrier le fait rouler ensuite à la surface de la pierre lithographiée, les parties grasses de celle-ci, c'est-à-dire les parties dessinées, s'emparent de l'encre, tandis que celles qui sont sans dessin, repoussent l'encre, saturées comme elles le sont de l'eau dont on les imbibe à chaque encrage. Cela fait, et le dessin paraissant bien venu dans toutes ses parties, l'imprimeur place sa feuille de papier humide sur la pierre, abaisse son châssis, puis le porte-râteau qu'il fixe en H (fig. 1), et il tire sa manivelle ; la pierre avance sur son chariot, recouverte de son châssis sous le râteau E ; celui-ci glisse sur ce dernier et imprime la pression voulue au papier, qui, sous l'influence de cette pression très-considérable, s'empare de l'encre de la pierre, et se recouvre du dessin tracé sur celle-ci.

Le chariot revient à sa place au moyen du jeu du contre-poids R. Après que l'ouvrier a soulevé le porte-râteau, il soulève le châssis, il enlève sa feuille imprimée, il donne un coup d'éponge à la pierre, l'encre derechef, et il procède à l'impression d'une seconde feuille de papier ou épreuve.

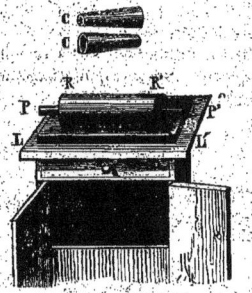

Fig. 2. — Encrage.

Chromo-lithographie. — Le travail de l'imprimeur lithographe étant bien compris du lecteur, je vais lui expliquer en peu de mots en quoi consiste la belle invention de la chromo-lithographie découverte, comme je l'ai dit au commencement de mon étude, par G. *Engelmann* de Mulhouse.

Le dessinateur en chromo a besoin de plusieurs pierres pour exécuter son travail. Sur la première il dessine les contours de toutes les parties colorées de son dessin, sans les accentuer par aucune ombre. Cette première pierre est donnée à l'imprimeur qui en fera sur d'autres pierres, autant de décalques que l'artiste lui en aura demandé. Ces décalques se font simplement en plaçant une épreuve fraîche sur une pierre préparée avec soin, c'est-à-dire bien grainée, et placée préalablement sur le chariot de la presse ; le côté imprimé de l'épreuve touche la surface de la pierre ; l'imprimeur abat son châssis et son porte-râteau, et donne plusieurs coups de presse ; il enlève ensuite l'épreuve, et le dessin se trouve décalqué sur la pierre. On répète cette opération sur autant de pierres que l'artiste l'aura jugé nécessaire, et, quel que soit le travail qu'il aura à exécuter sur chacune d'elles, il sera sûr qu'il cadrera parfaitement avec celui des autres, quel qu'en soit le nombre, puisqu'un seul et même tracé a servi à former tous les décalques. Ceux-ci sont donc naturellement tous égaux entre eux.

Le dessinateur ou peintre en chromo dessine ensuite au moyen du crayon lithographique ou avec l'encre, selon que le travail l'exige, chaque couleur sur chacune des pierres qu'il a choisies ; il pourra composer ses couleurs mixtes en faisant retomber une couleur sur une autre, c'est-à-dire en dessinant sur une pierre la couleur dont l'impression, retombant sur l'impression d'une autre pierre, produira la nuance voulue. C'est ainsi qu'une impression en rose retombant sur une impression bleue, produira une teinte violette. Quand il aura achevé ce travail, qui demande des études spéciales et un grand talent, ses pierres seront reportées chez l'imprimeur qui leur fera subir les mêmes préparations que j'ai précédemment décrites, et qui les imprimera tour à tour sur la même feuille de papier, avec la couleur que l'artiste aura assignée à chaque pierre ; de sorte que chaque couleur devra, à l'impression, se retrouver à sa place, et que l'épreuve finale représentera le dessin colorié dans toutes ses parties, avec la plus scrupuleuse exactitude. Les couleurs d'impression pour la chromo se composent de vernis lithographique broyé avec du jaune de chrome, de la terre de Sienne, du bleu d'indigo, du bleu de Prusse, du bleu outremer, de la laque de garance, de la laque de cochenille, des couleurs d'aniline dissoutes dans l'alcool, etc., en un mot de toutes les couleurs susceptibles de se mêler intimement avec de l'huile de lin cuite, et de l'essence de térébenthine. La gamme en est donc très-étendue, et l'imprimeur en chromo n'est jamais embarrassé pour composer les tons les plus variés de son coloris. Le travail délicat du repérage qui se faisait primitivement au moyen de points de repère marqués sur la pierre et sur les épreuves, et que l'ouvrier faisait rapporter ensemble avec une épingle, a été facilité par l'invention de la machine à repérer de M. *Engelmann*. Ce petit appareil qui se fixe au-dessus de la pierre, a la disposition suivante :

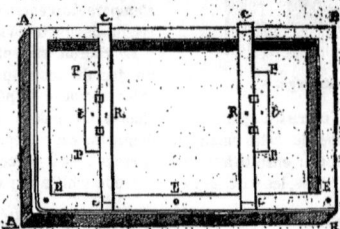

Fig. 3. — Machine à repérer.

AABB représente le cadre qui se fixe sur le chariot de la presse par-dessus la pierre lithographique. CC, CC sont les règles mobiles, glissant suivant AB, BA, et s'arrêtant aux points déterminés par la grandeur de la pierre elle-même, et par la place qu'elle occupe dans l'intérieur du cadre. R, R sont les pointures de repérage qui pénètrent dans le papier et le maintiennent constamment dans la même position, une fois qu'elles sont recouvertes par les platines PP, qui sont percées de trous *t*, *t*, aussi petits que possible, et dans lesquels viennent se placer les pointures. Aux quatre coins du cadre se trouvent fixés des vis qui, quand on les tourne, poussent vers le haut, vers le bas, à gauche ou à droite, les cales en bois qui fixent la pierre, jusqu'à ce que celle-ci occupe la place nécessaire sous les pointures de repérage, c'est-à-dire jusqu'à ce que la couleur imprimée cadre parfaitement avec les couleurs précédentes. C'est donc au moyen de ces vis, que l'imprimeur qui les fait tourner au moyen d'une clef, trouve la place qui convient à sa pierre pour le repérage de son dessin.

Les points de repérage bien établis, le travail de l'imprimeur devient aussi simple que pour les impressions à une couleur. En effet, la première difficulté vaincue, qui consiste à trouver la position de la pierre convenable à un bon repérage, l'ouvrier soulève le cadre de son châssis à repérer, mouille la pierre, l'encre avec la couleur voulue, y place sa feuille, abaisse le cadre, les platines, puis le châssis et le porte-râteau, et il donne la pression comme d'habitude ; en procédant ainsi pour chaque nouvelle pierre, c'est-à-dire pour chaque nouvelle couleur, il peut imprimer autant de couleurs que l'exige le coloris du dessin à reproduire. C'est à cette disposition si simple que l'on doit de pouvoir exécuter les admirables impressions en chromo-lithographie que le visiteur peut admirer dans les galeries de l'Exposition.

Les impressions en bronze, argent, or, appartiennent aussi à la chromo-lithographie et se font avec la plus grande facilité de la manière suivante : on imprime un vernis dans lequel on a mêlé un peu de jaune de chrome ou de blanc d'argent, et à mesure qu'on l'imprime, on le recouvre soit d'une feuille d'or, soit de poudre d'or, d'argent ou de bronze, et quand les épreuves sont bien sèches, on les nettoie avec un peu de coton ou une brosse douce qui enlève toutes les parcelles d'or qui nuisent à la pureté de l'impression. Je ne parlerai ici que pour en faire mention, du travail du dessin sur la pierre à l'encre, au grattoir, au tampon ou lavis lithographique et à l'aqua-tinta, et j'arriverai immédiatement à la gravure sur pierre qui est si généralement employée aujourd'hui et dont l'exposition française nous montre de si magnifiques spécimens.

La chromo-lithographie a aussi trouvé une application nouvelle dans l'impression des foulards de soie, et c'est à la maison Dopter, déjà remarquable par ses travaux d'imagerie, que l'on doit ce genre d'impression, qui, en se mariant avec celui des impressions ordinaires, produit des effets d'une grande richesse, que l'on ne peut rendre par aucun autre moyen. Je l'ai introduite en Russie, et à l'époque où je dirigeais le grand établissement d'impression sur tissus que j'avais créé à Moscou, j'appliquai l'impression lithographique et chromo-lithographique à la fabrication des foulards riches. On procède à ce beau travail en tendant le tissu sur une feuille de papier avec lequel il fasse corps, de manière à ne pas déranger le raccord des différentes parties dessinées sur les pierres que l'on doit successivement imprimer. Après l'impression de ces couleurs, on fait sécher l'étoffe, puis on procède à l'impression des couleurs ordinaires que l'on fixe à la vapeur, comme je l'ai dit dans ma précédente étude. Ce genre d'impression a eu la vogue, mais aujourd'hui, il est peu appliqué à l'industrie des foulards imprimés. C'est surtout aux petits sujets légers que l'on ne peut rendre sur le tissu au moyen des impressions ordinaires, que l'on doit le réserver, car, dans les dessins chargés, il empâte trop le tissu, et lui enlève la légèreté et la souplesse qui lui sont conservées dans la fabrication ordinaire.

GRAVURE SUR PIERRE. — Ce genre de gravure plus économique que la gravure sur acier ou sur cuivre, est généralement employé pour les cartes et les plans, et on s'en sert fréquemment dans les grandes administrations telles que celles du Dépôt des cartes des ministères de la guerre et de la marine, de la Ville de Paris, des chemins de fer, etc. On procède de la manière suivante à la gravure des cartes: on polit bien la pierre lithographique que l'on veut graver, on l'acidule de la même manière que je l'ai indiqué pour préparer une pierre dessinée, puis on applique à sa surface, au moyen d'une éponge fine, une dissolution de gomme arabique assez épaisse et colorée avec un peu de noir de fumée ou de sanguine. Quand ce vernis est bien sec, on décalque sur la pierre le plan ou la carte à graver, et on grave les parties décalquées au moyen du burin. La gravure se détache en blanc sur le fond du vernis gommeux. Quand la planche est entièrement gravée, on huile au moyen d'une petite éponge toutes les parties qui ont été mises à nu par le burin, on encre au rouleau, et quand la taille légère de la gravure est bien imbibée d'encre, on lave la presse pour la dégommer, on encre au rouleau et au chiffon, et on procède à l'impression comme pour les pierres dessinées.

TRANSPORT SUR PIERRE D'ÉPREUVES IMPRIMÉES AU MOYEN DE PLANCHES EN CUIVRE OU EN ACIER. — L'impression lithographique des gravures transportées a été surtout perfectionnée par E. *Kaeppelin*, qui lui a donné une grande importance par l'économie immense qu'elle a introduite dans le travail des cartes du Dépôt du ministère de la guerre. Les planches en cuivre sur lesquelles on avait opéré la gravure ne servaient plus qu'une fois pour ainsi dire, car au moyen du transport sur pierre, cet habile lithographe reproduisait les planches avec une pureté de traits si grande, qu'on ne pouvait presque pas distinguer un tirage sur pierre, d'un tirage direct sur la planche primitive.

L'opération si délicate du *report* sur pierre dépend surtout de la qualité de l'encre de report. Celle-ci doit conserver aux traits de la gravure toute leur finesse première, et c'est donc dans sa composition que résidait la grande difficulté à résoudre. — La composition suivante donne d'excellents résultats :

    15 grammes de gomme élémi.
    15   —   styrax.
    15   —   spermaceti.
   125   —   suif épuré.
   100   —   cire jaune.
    15   —   savon animal.
    15   —   térébenthine de Venise.

On chauffe le mélange des matières à 40° centigrades jusqu'à la parfaite liquéfaction et en l'agitant avec une spatule; on le passe au tamis et on y ajoute 375 grammes d'encre d'imprimerie en chauffant légèrement pour bien opérer le mélange des matières.

On imprime au moyen de cette encre la planche métallique gravée en taille-douce, sur une feuille de papier de Chine collée à l'avance avec de l'empois d'amidon, comme le papier transpositeur. Après l'impression, on transporte la feuille sur une pierre lithographique placée sur la presse, et on opère le décalque en faisant passer une ou plusieurs fois le râteau sur le châssis. La pierre prend ainsi au papier de Chine l'empreinte de la gravure, on la laisse bien sécher, puis on la prépare à la gomme et on l'encre comme pour les dessins ordinaires. Le report de dessins au crayon peut aussi se faire de la même manière, mais les résultats obtenus jusqu'à ce jour sont très-incomplets, et les impressions produites par ce moyen sont toujours empâtées, lourdes, et sans finesse.

On a dû aussi se préoccuper du transport des vieilles épreuves de gravures sur la pierre lithographique, et c'est encore à E. Kaeppelin que l'on doit des essais nombreux dirigés vers ce but, et couronnés d'un succès qui, quoique complet, dépend de trop de circonstances pour qu'on puisse faire une application industrielle de son procédé. Cependant, en le modifiant, je suis arrivé à des résultats assez satisfaisants : on trempe l'épreuve dans un bain d'acide acétique, puis on la place sur une pierre, on la lave et on l'encolle à l'endroit avec une dissolution d'eau gommée à laquelle on ajoute un peu de sucre blanc et d'amidon. Cela fait, on encre l'épreuve elle-même avec de l'encre de report à laquelle on a mêlé un peu de potasse caustique, du vernis lithographique épais et de l'essence de lavande; on étend cette encre sur l'épreuve avec soin, en la liquéfiant avec de l'essence de térébenthine quand cela devient nécessaire, et quand l'encrage est parfait on tamponne à la main pour enlever le trop-plein, on rince ensuite l'épreuve à grande eau en la plaçant sur une planche bien propre, puis on la fait sécher entre des feuilles de papier sans colle, jusqu'à ce qu'elle ait atteint le degré d'humidité voulue pour un bon décalque. Ce dernier se fait sur une presse poncée à sec et au moyen d'une seule pression; on enlève l'épreuve, on laisse sécher la pierre pendant quelques heures, on la gomme et on l'encre avec un peu d'encre grasse, on l'acidule légèrement et on encre au rouleau comme d'habitude, pour procéder à l'impression d'épreuves nouvelles.

Autographie. — Les impressions autographiques se font au moyen du report de dessins autographiques faits directement par l'artiste sur du papier encollé, comme je l'ai dit pour les reports lithographiques. On se sert pour ce genre de dessins d'encre autographique composée de cire, de savon de suif, de suif, de mastic en larmes et de noir de fumée. Le transport sur pierre se fait, comme je l'ai indiqué précédemment, en plaçant la feuille dessinée sur la pierre; on la mouille légèrement, on la recouvre de feuilles de papier à maculer, on abat le châssis, le porte-râteau, puis on donne deux ou trois pressions, on enlève ensuite le papier de la surface de la pierre en ayant soin de le mouiller légèrement pour faciliter le travail. On laisse ensuite sécher la pierre, on l'acidule et on l'encre. — On obtient de cette manière des dessins originaux tracés par la main d'artistes qui n'ont pas besoin de connaître le travail du dessin sur pierre. Les plans obtenus par le moyen de l'autographie se font parfaitement bien, et l'habileté de certains dessinateurs ou écrivains en autographie est devenue si grande à Paris, que le résultat du travail est peu éloigné de celui que l'on obtient au moyen de la gravure sur pierre. Il a sur ce dernier un avantage immense, pour tous les ouvrages d'un prix peu élevé, c'est qu'il coûte peu et qu'une planche dont la gravure reviendrait à 400 francs, par exemple, ne coûtera que 100 francs par le procédé autographique.

ZINCOGRAPHIE. — Le zinc a été reconnu par E. Kaeppelin comme pouvant aussi se prêter aux mêmes exigences que la pierre de Munich au travail lithographique, et il a mis cette propriété à profit pour l'impression de grandes planches, qu'il exécutait par le moyen de transport sur des feuilles de zinc, et auxquelles il donnait toute la longueur voulue. Ces feuilles étaient préparées et encrées comme les pierres; elles passaient recouvertes des feuilles à imprimer, de leur papier à maculer, et du châssis sous un râteau presseur ou sous un cylindre tournant sur lui-même, et auquel on pouvait donner la pression voulue, soit au moyen d'une vis, soit au moyen d'un levier, comme pour la presse en taille-douce. Ce genre d'impression ne peut convenir qu'à des travaux communs et sans finesse, car le métal ne possède pas au même degré que la pierre les propriétés d'hygrométrie et d'affinité pour l'encre lithographique, qui sont nécessaires aux travaux lithographiques; les impressions s'épaississent après quelques épreuves, et les tirages perdent de leur qualité première.

Telles sont en résumé les plus importantes applications industrielles et artistiques de la lithographie. Le court examen que je viens d'en faire suffira pour faire comprendre au lecteur la variété immense de travaux de tous genres auxquels la lithographie a donné lieu, et, par suite, l'importance qu'elle a prise dans l'industrie et les arts. Je vais maintenant parcourir avec lui les différentes salles de l'exposition pour jeter un coup d'œil sur les différents produits de la lithographie et sur les machines ou presses lithographiques dont la construction méritera notre attention.

GROUPE II, CLASSES 6, 8.

SPÉCIMENS D'IMPRESSIONS LITHOGRAPHIQUES.

France.

Ce qui frappe les yeux du visiteur qui s'arrête devant les spécimens d'impressions lithographiques de la galerie française, c'est la beauté des impressions en noir, et le cachet tout artistique de leurs compositions. Le nombre de nos dessinateurs lithographes n'est peut-être pas très-grand, mais ils se distinguent par l'habileté avec laquelle ils manient leur crayon, et par l'immense parti qu'ils tirent des ressources que leur offre la lithographie. Leurs œuvres sont souvent comparables aux plus belles gravures, et leur crayon n'a rien à envier au plus habile burin. C'est ainsi, je puis le dire, que les noms des *Sirouy, Jacott, Mouilleron, Leroux, Ciceri, Fichot, Sabatier, Bayot, Soulange, Tessier, David, Regnier, Morlon*, et de tant d'autres qui ont reproduit sur pierre les œuvres de nos peintres les plus célèbres, ou qui ont composé eux-mêmes leurs dessins, resteront dans le souvenir de tous ceux qui s'occupent des choses de l'art, et qui retrouvent dans ces reproductions le style, je dirai même le coloris des maîtres. Le mérite de l'artiste ne doit pas faire oublier l'industriel et le simple imprimeur qui ont su conserver à son dessin la touche qui lui est propre. En effet, la pierre une fois dessinée est exposée à bien des accidents, et il suffit qu'une seule des opérations que j'ai décrites soit manquée pour que l'épreuve soit mauvaise. Aussi, quand c'est une œuvre d'art véritable, choisit-on le meilleur imprimeur de l'atelier, celui qui est le plus intelligent. Il saura donner avec son rouleau encreur plus de ton aux premiers plans, plus de douceur aux fonds; il comprendra l'intention de l'artiste, et s'identifiera avec lui. Ce n'est qu'en réunissant toutes ces qualités qu'il pourra exécuter avec succès le travail qui lui sera confié. M. *Lemercier* lui-même doit une partie de la réputation de sa maison à l'habileté de son frère qui a été comme lui-même un des premiers imprimeurs dont la main intelligente ait su conserver à ses épreuves toutes les qualités qui donnent de la valeur au dessin d'un artiste. De tels ouvriers ne sont plus aussi rares aujourd'hui; et, parmi les plus habiles, je me plais à citer, pour leur rendre pleine justice et reconnaître leur talent et leur intelligence, les noms des ouvriers imprimeurs en noir : *Langlois, Godard, Artus, Amster, Bance, Boisseau* et *Tamisier*; et de ceux en chromo : *Romette, Higelin, Gascart, Morel, Rey, Blanchard, Brioude* et *Fourneau*. Si nous nous arrêtons aux produits de la chromo-lithographie, je dirai que les procédés de cet art se sont vulgarisés, mais que les œuvres dignes d'être remarquées sont encore rares; cependant, parmi les artistes qui peuvent être rangés dans le nombre de nos plus habiles aquarellistes, je me plais à citer en première ligne, *Preziori* dont j'examinerai les charmantes productions en parlant de l'exposition de la maison *Lemercier*.

Il faut bien le reconnaître, la chromo-lithographie est surtout utile à la reproduction des travaux d'archéologie, et à la nouvelle industrie des imitations des anciennes peintures sur verre; à la fabrication des étiquettes de luxe, si fréquemment employées dans le commerce aujourd'hui; et enfin, à la reproduction des peintures à l'aquarelle. Mais, quand elle s'attaque à la reproduction ou à l'imitation des tableaux peints à l'huile, elle ne peut s'élever à la hauteur d'un art véritable. Les difficultés matérielles que présente ce genre de travail sont trop grandes, les retouches presque impossibles, et il faut prévoir d'une façon trop positive le résultat des applications successives des teintes des diverses pierres que l'on doit imprimer, pour que de grands artistes s'astreignent à cette étude ingrate. J'approfondirai cette dernière question en résumant les observations que nous aurons faites à la vue des expositions étrangères et françaises.

Passons maintenant en revue les œuvres exposées par nos imprimeurs et nos éditeurs, et arrêtons-nous d'abord devant les impressions de la maison *Lemercier*.

Elle a tenu à maintenir son rang en exposant des épreuves d'une grande beauté de chromo-lithographies, d'autographies, et de lithographies au crayon. Le reproche que je ferai à cet imprimeur, comme à presque tous nos exposants, sera de ne pas avoir indiqué au bas de chaque épreuve le nom de l'artiste et celui de l'ouvrier imprimeur. Il serait juste d'accorder à chacun la part de mérite qui lui revient en une occasion si solennelle.

Sa grande épreuve photo-lithographique, produite au moyen du procédé Poitevin, est très-belle et d'une réussite parfaite.

Ses *Gavarnis* sont parfaitement exécutés en chromo d'aquarelle, et *ses épreuves en noir* des portraits de l'empereur ne laissent rien à désirer.

Ses planches de minerais, imprimées en chromo, sont très-bien faites, et font honneur à la peinture de M. Faguet et au talent de M. Regamey dans l'art de la chromo-lithographie. Mais ce qui frappe le plus dans l'exposition de la maison *Lemercier*, ce sont les quatre épreuves en chromo de *Preziori* où rien ne rappelle le travail industriel. Ce sont là de véritables aquarelles, chaudes de ton, transparentes et légères de touche, et où l'artiste vit tout entier.

Le talent du dessinateur y est uni à celui du coloriste, qui a su observer le caractère des paysages de l'orient ; le ciel y est d'une profondeur lumineuse et chaude, et les détails qui abondent aux premiers plans sont parfaits d'exécution. On y sent peu le travail, je le répète, et ces planches semblent dues à un pinceau habile et non pas à l'impression successive de plusieurs pierres.

Ces marchandes d'oranges se détachent bien sur le ciel du désert ; j'en dirai autant des deux Arabes assis sur des ânes et traversant les sables de l'Égypte. Quant aux deux vues qui représentent des rues d'une ville d'Orient, elles sont aussi parfaitement exécutées : la vie y abonde, la foule y circule, et la palette dont s'est servi l'artiste, tout en étant fort sobre, n'en est pas moins riche de tons. L'ouvrier qui a imprimé ces quatre planches mérite aussi notre éloge, car il a bien compris le travail qui lui a été confié.

On peut encore remarquer quelques reports de dessins autographiés qui sont parfaitement réussis. En somme, l'exposition de la maison *Lemercier* est digne de l'ancienne réputation de son fondateur, mais elle doit surtout son éclat au talent des artistes qui lui confient l'impression de leurs pierres.

MM. A. *Bry et fils* ont exposé de très-belles épreuves sorties de leurs presses. L'*Enfer du Dante* (d'après Yvon), lithographié par *Jacott*, fait honneur au crayon de ce dernier qui s'est montré habile dessinateur, amoureux de la forme, sachant allier à une fermeté peu commune une légèreté de touche qui était nécessaire à la reproduction des tableaux du peintre.

Quatre sujets religieux (d'après Magaud), un Christ et la Vierge (d'après Ribeira), et l'*Adoration des Mages*, d'après Rubens, ainsi que la Vierge de Murillo, forment quatre belles lithographies dues au crayon de M. *Sirouy*. Le talent de cet artiste n'a pas été au-dessous de la tâche qu'il a entreprise, et il a su conserver dans ses reproductions les qualités qui font reconnaître les maîtres. Son crayon est large et lumineux, et l'expression des figures est parfaitement rendue.

Il a prouvé la facilité et la diversité de son talent en lithographiant aussi le tableau d'*Aillaud*, l'*Attaque de Sébastopol*.

MM. *Bry* ont aussi exposé une belle lithographie de *Raffet*, dessinée sur pierre par ce grand artiste.

L'impression de ces planches est très-soignée et fait honneur à leurs presses.

M. *Bertauts* a exposé : quelques lithographies de l'habile artiste *Mouilleron*, d'après les tableaux de *Decamp*, *Béranger* et *Guignet*; des lithographies de *Leroux*, d'après les peintures de *Delacroix*, de *Decamp*, et de *Bodemer* ; quelques lithographies dues au crayon facile de *Nanteuil*, d'après les tableaux d'*Isabey* et de *Chaplin*, et une lithographie de notre grand paysagiste *Français*, qui a prouvé que le maniement du crayon ne lui était pas moins connu que celui du pinceau.

Becquet. Cet imprimeur a exposé quelques lithographies en couleurs : un sujet de chasse de *Regner*, à cinq couleurs, quelques planches d'anatomie à cinq et six couleurs, par *Lakerbauer* et *Duhène*, et une planche d'histoire naturelle, par *Mesnel*. La *Femme au perroquet*, lithographié par *Lasalle*, d'après *Courbet*, et quelques lithographies en noir.

Engelmann et Gaf. Cette maison, dont le fondateur a créé la chromo-lithographie et qui a importé la lithographie en France, a exposé plus particulièrement des impressions en chromo. Les sujets de sainteté pour livres de messe sont imprimés avec une grande pureté de tons ; ses imitations de vitraux d'église sont d'une exécution admirable, et leur bas prix relatif permet aujourd'hui à la plus modeste église de village d'avoir cet ornement qui n'était réservé autrefois qu'aux plus anciennes et aux plus riches cathédrales. Ce sont des impressions en chromolithographie, exécutées sur des papiers préparés *ad hoc*, et placés entre deux plaques de verre parfaitement parallèles entre elles, et avec lesquelles elles ne forment plus qu'un tout.

Hangard Maugé. La monographie de la cathédrale de Chartres, exécutée en chromo-lithographie et publiée sous les auspices du ministre de l'instruction publique, est l'œuvre capitale sortie des presses de cette maison. *La Cène* est aussi une belle planche bien réussie.

Bourgerie-Villette. Cette maison se fait remarquer par la variété de ses genres d'impressions en chromo, et parmi les artistes qui ont composé ses dessins, je citerai les noms de MM. *Baron, David de Noter, Duverger, Fortin, Thurwanger, Cesar Dell'acqua*; les jolis petits sujets qui sont dus à leur travail ne manquent pas d'un mérite réel; les imitations d'aquarelle de César Dell'acqua ont de la transparence; les fleurs et fruits de Couder sont bien exécutés et font honneur au talent de M. *Thurwanger*.

Testu et Massin. Lithographie artistique. Les *fac-simile* de peinture laissent, comme tous les *fac-simile* de cet art difficile, beaucoup à désirer sous le rapport de l'art véritable, mais sont bien exécutés au point de vue industriel.

Je citerai encore parmi les imprimeurs en chromo-lithographie qui livrent au commerce ces belles étiquettes de luxe, si généralement employées dans une foule d'industries : MM. *F. Appel, Bouisseron, Mayoux et Honoré, Baulard aîné, Badoureau, Omer, Henry, Reibel, Feindel et Nissou, Romain et Palezart, Duvergé Dubois*, etc. Les expositions de ces imprimeurs sont faites avec tout le luxe que comporte ce genre d'impression.

J'ai remarqué les jolies petites imitations d'aquarelles exécutées sur les presses mécaniques de la maison *Dupuy*, et la légèreté de ces impressions, la transparence des tons sont la preuve de ce qu'on peut faire en ce genre avec le travail mécanique.

L'*Imprimerie impériale* a exposé de magnifiques cartes gravées et imprimées en chromo, entre autres un fragment de la carte géologique détaillée de la France, qui donne une juste idée de la beauté et de la grandeur de ce gigantesque travail; une belle carte oro-hydrographique de la France; une carte géologique de la Moselle, etc., toutes exécutées dans les ateliers impériaux. Cette exposition, quelle qu'en soit la beauté, ne fera cependant pas pâlir les belles cartes de MM. *Avril frères*. Ces habiles graveurs ont exposé un très-beau plan de Paris avec plusieurs spécimens de cartes géologiques imprimées en chromo, par M. *Grandjean* et par M. *Janson*. Ce dernier imprimeur a son exposition particulière où j'ai remarqué la belle carte géologique des environs de Paris de notre savant géologue *E. Collomb*, gravée pour la chromo par le procédé de MM. Avril que j'ai précédemment décrit.

M. *Erhard Schieble*, graveur habile, a exposé une belle carte de la Gaule, un plan de la ville d'Orléans en chromo, et un plan de Paris aussi en chromo.

M. *Kautz*, graveur sur pierre, a exposé un très-beau plan topographique des mines de Thèbes, un plan de la ville de Honfleur et de la nécropole de Memphis. La gravure de ces différentes cartes est très-soignée et ne laisse rien à désirer sous le rapport de la finesse du trait et de la sûreté de la main.

M. *Delamarre* a gravé une carte du Pérou, illustrée par *J. Férat*, qui est d'une bonne exécution. Ce graveur, quoique très-consciencieux, travaille à des prix modérés qui permettent d'appliquer la gravure à des plans qui ne peuvent supporter de grands frais et qui cependant ne seraient pas assez bien exécutés au moyen de l'autographie.

Je pourrais encore citer les noms de beaucoup d'artistes, de graveurs et d'imprimeurs qui mériteraient d'être dans les rangs des exposants, mais l'étude que je viens de faire des travaux lithographiques qui s'exécutent à Paris seulement, suffit pour faire apprécier par le lecteur l'importance que cet art industriel a prise dans notre pays; si nous pouvions joindre à cet aperçu une revue des produits de nos presses départementales, nous en donnerions une mesure plus exacte encore, mais je ne pourrais citer que les noms de quelques maisons qui aient envoyé au Palais de l'Industrie, des spécimens de leurs produits. C'est ainsi que M. *Silbermann*, de Strasbourg, a exposé de très-belles impressions en chromo (typographiques et lithographiques), qui prouvent que cet habile imprimeur ne recule devant aucun des genres nombreux et difficiles de son art; j'en dirai autant de la maison *Mame* de Tours, si remarquable par la variété et l'importance de ses produits; la maison *Berger-Levrault* a aussi envoyé quelques spécimens qui prouvent qu'elle n'ignore aucun des progrès réalisés jusqu'à ce jour.

Pays étrangers.

La lithographie artistique est brillamment représentée dans la galerie anglaise par les maisons de *Vincent Brooks* et *Georges Rowney* et Cⁱᵉ.

Le premier a exposé deux magnifiques paysages napolitains exécutés en chromo-lithographie, par *Richardson*. Ce sont de véritables œuvres d'art qui donnent une haute idée du talent de cet artiste qui a su approprier à l'industrie et plier à ses nombreuses difficultés une habileté de pinceau que lui envieraient bien des peintres d'aquarelle.

J'ai aussi remarqué à cette exposition une belle étude académique par *Wilm*, et une jolie imitation d'aquarelle d'*Albert Frepp*. Je me suis arrêté longtemps devant le bel ensemble de l'Exposition de la maison *Rowney* et Cⁱᵉ; les charmantes reproductions d'aquarelles d'après *Fisher*, *Prout*, *Earl*, *Bachouse*, sont dignes de ces artistes aimables dont le talent est plus apprécié de nos voisins d'outre-mer qu'il ne le serait en France ou en Allemagne. Ces aquarelles sont d'une exécution parfaite, et nous montrent quels immenses progrès les artistes anglais ont encore faits dans cette voie; nous n'avons, comme je l'ai déjà fait remarquer, presque rien à leur opposer dans ce genre, dans lequel ils sont passés maîtres aujourd'hui. En passant dans la section belge, je fus frappé à la vue de la magnifique Exposition d'épreuves héliographiques et photolithographiques de MM. *Simoneau* et *Toway*. Ces nombreuses épreuves de reproductions de vieux manuscrits, de tableaux et de dessins anciens sont d'une grande perfection. Les 14 planches de vieilles gravures, les reproductions de l'ouvrage intitulé : *Instrumenta ecclesiastica*, et des paysages de *Philibert Stevens* font aussi honneur à M. *Toway* qui est l'inventeur du système photolithographique au moyen duquel tous ces différents travaux ont été exécutés. En parcourant les galeries des autres pays j'ai vu peu de choses dignes de remarque et je ne ferai que citer les produits de la maison *Schwenzens* de Christiania, qui a exposé quelques cartes imprimées en chromo : les lithochromies de *A. Lundquist* de Stockholm ; les fac-simile de peintures fort médiocres, de *Müller* de Stuttgardt ; les imitations de peintures en chromo de *Gérold* à Berlin ; les tableaux en chromo de *Becker*, de Munich ; une très-belle carte topographique de l'Europe en 403 feuilles éditée par *Flemming*, imprimeur à Glogau en Prusse. Cette magnifique carte a été dressée par *G. D. Reymann*, *O. W. Oesfeld* et *Hande*; quelques chromo-lithographies de *Kiorn* de Nuremberg; des épreuves de lithographies et de chromo-lithographies des imprimeries de *Neumann*, *Paterno*, *Reiffenstein* et *Roesch*, *Sieger* et *Son* de Vienne en Autriche ; quelques portraits lithographiés de *Gliboff* de Saint-Pétersbourg ; des épreuves en chromo-lithographie très-médiocres de *Fajans* à Varsovie ; des spécimens d'impressions lithographiques de MM. *Doyen*, *Prospérini*, *Cabella*, *Gibelti*, *Petlas* frères, *Frauenfelder*, *Aurichella* et *Richring* en Italie ; et un tableau de chromo-lithographie de M. *Broga* à Rio-Janeiro ; la magnifique carte de la Suisse du général *Dufour*, qui est la base topographique d'après laquelle M. *Théobald* a fait sa belle carte géologique du canton des Grisons, si remarquable pour son exécution. Sur une des feuilles de cette carte, on peut distinguer jusqu'à trente-huit teintes qui indiquent les différents terrains, sans bariolage et sans confusion.

Après cette nomenclature rapide des expositions étrangères, passons à l'examen des presses lithographiques mécaniques, qui nous offriront un puissant intérêt. Je n'aurai qu'à m'occuper des exposants français, les constructeurs étrangers n'ayant envoyé au palais du Champ de Mars, aucune presse qui soit digne de remarque ; et si j'en juge d'après les étiquettes de vente suspendues à toutes les presses françaises, je puis affirmer que les industriels étrangers ont trouvé en elles des perfectionnements ignorés des constructeurs de leur pays, et c'est là le signe le plus certain de la supériorité que nos mécaniciens ont acquise dans ce genre d'industrie.

GROUPE VI, CLASSE 59.

MATÉRIEL D'IMPRESSION LITHOGRAPHIQUE MÉCANIQUE.

La lenteur du travail lithographique a depuis quelque temps surtout beaucoup préoccupé nos constructeurs de presses, et les besoins de notre époque ont encore stimulé leur esprit d'invention. La beauté des tirages typographiques exécutés en chromo et la rapidité de ce genre de travail ont dû les avertir du danger qu'il y avait pour leur industrie, à rester au-dessous du progrès réalisé par son aînée de plusieurs siècles. La lithographie avait donc à lutter contre les impressions en couleur réalisées à des prix inabordables pour elle, il y a quelques années à peine, et il lui fallait, pour sauver son existence, sortir de la lutte qu'elle allait engager, sinon victorieuse, du moins l'égale de sa rivale. L'Exposition du Champ de Mars nous prouve que les efforts qui ont été tentés par plusieurs de nos constructeurs dans cette voie nouvelle, n'ont pas été vains, et chacun de nous a pu y voir fonctionner de très-belles presses mécaniques qui réalisent pour la plupart les avantages que l'industrie réclamait.

On comprend bien que le travail mécanique ne peut être avantageux et ne devient nécessaire que quand il s'agit de tirages nombreux, et qu'un imprimeur ne peut se décider à faire l'achat comparativement coûteux d'une presse mécanique, pour l'exécution de travaux qui n'exigent qu'un petit nombre de tirages. Mais aussitôt que la demande devient considérable, et que le chiffre des tirages s'élève à 3, 4, 5, 10, 20 et 30 mille et au delà, comme cela arrive pour certaines impressions commerciales, la presse mécanique devient l'instrument indispensable, et elle seule peut suffire à une production régulière, rapide, sûre et économique.

C'est à M. *Huguet* que l'on doit les premières presses lithographiques mécaniques qui aient satisfait à toutes les conditions nécessaires à une bonne impression. C'est en 1853 qu'il construisit sa première presse pouvant livrer 500 épreuves à l'heure. En 1862, il était parvenu à construire des presses pouvant imprimer de 800 à 1,200 épreuves à l'heure.

Depuis cette époque les constructeurs de Paris firent de nouveaux efforts pour perfectionner le nouveau système inauguré par M. *Huguet*, et parmi les nombreuses presses exposées, celle de M. *Voirin* est la première qui ait fixé mon attention, pour la facilité avec laquelle elle fonctionnait, la précision de ses mouvements et du mode de repérage des planches. Les presses de M. *H. Marinoni*, de M. *Alauset*, semblent posséder les mêmes qualités et au même degré ; puis viennent celles de M. *Dupuy*, sur lesquelles on imprimait sous les yeux du public de charmants petits dessins en chromo, à 4 couleurs ; de M. *Brisset* dont j'ai parlé précédemment ; de M. *Huguet* qui, comme je l'ai dit, a été le premier à inventer le système qui a donné l'éveil à nos constructeurs et les a guidés dans la voie si habilement parcourue par quelques-uns d'entre eux ; de MM. *Kocher* et *Housieux*, qui ont exposé une presse circulaire, c'est-à-dire à pierres lithographiques taillées en cylindre et pouvant par conséquent imprimer à la manière des machines employées par les indienneurs. Ce système paraît sans doute le plus rationnel pour les travaux qui demandent une exécution rapide, mais il se passera bien du temps encore avant qu'on ait trouvé le moyen de donner aux pierres lithographiques la solidité nécessaire, pour résister à la pression à laquelle elles sont soumises pendant le travail. Cet essai doit être encouragé car le jour où les impressions en chromo pourront être exécutées sur des presses à pierres cylindriques, le progrès le plus grand aura été réalisé.

Je ne m'arrêterai ici qu'à la machine de M. *Voirin*, *fig.* 4, que j'ai eu l'occasion de voir fonctionner plusieurs fois depuis, et qui me semble mériter plus particulièrement l'attention du lecteur.

Fig. 4. — Presse de M. Voirin.

P représente le plateau sur lequel repose la presse lithographique. Ce plateau est soutenu à toute sa surface inférieure, au lieu de n'être porté qu'aux quatre coins par des vis. Cette disposition l'empêche de fléchir sous la pression et d'occasionner la fracture des pierres. Ces dernières peuvent être relevées ou abaissées au moyen d'une seule vis, et leur calage s'opère avec la plus grande facilité.

Quatre ressorts R, en agissant sur les coussinets du cylindre CC', communiquent à la pierre une pression élastique qui l'empêche de se briser, comme cela arrive souvent avec un autre système de pression. Cet inconvénient si grave est évité même quand le calage n'est pas fait avec une précision parfaite, ou quand la pierre n'est pas suffisamment plane.

mm' sont des rouleaux garnis de molletons

de coton placés derrière le cylindre à l'opposé des rouleaux encreurs; leur disposition permet de mouiller la pierre deux fois à chaque impression, puisque celle-ci, dans son mouvement de va-et-vient, passe deux fois sous eux avant l'impression.

E représente l'encrier qui contient l'encre d'impression qui est entraînée par les rouleaux et étalée sur la table p d'une manière égale. Ces rouleaux sont appelés distributeurs.

Cette table p est ensuite mise, par le mouvement de la machine, en contact avec les rouleaux toucheurs t, t, t qui s'imprègnent de couleur et la transportent sur la pierre destinée à son passage sous eux.

Ces toucheurs sont eux-mêmes mis en mouvement par le chariot, au moyen de galets fixés à leurs extrémités.

Ces galets roulent sur une bande de cuir b posée sur les côtés du marbre, et qui est assez large pour permettre le déplacement transversal des rouleaux toucheurs. M. Voirin a emprunté aux machines typographiques la disposition de ses rouleaux toucheurs. Il leur a donné une petite dimension et les a placés sur deux rangs superposés, de sorte que les rouleaux inférieurs, en contact avec le marbre, communiquent le mouvement aux supérieurs. Les galets facilitent la rotation des toucheurs en leur faisant surmonter la résistance que leur oppose la presse lithographique avec laquelle ils sont mis en contact pendant l'encrage.

T est la table sur laquelle on marge les feuilles à imprimer. Son inclinaison doit être telle que le plan de sa surface supérieure étant prolongé, il serait tangent à la surface du cylindre presseur, à l'endroit où les pinces saisissent la feuille. Cette inclinaison facilite le travail de la marge et celui du repérage.

p, p sont les pinces qui saisissent la feuille à imprimer. Elles peuvent être placées à l'intérieur de la circonférence du cylindre, ce qui offre l'avantage de pouvoir imprimer des compositions qui ne recouvrent pas la surface de la pierre et qui laissent beaucoup de marge. Mais ce système ne convient plus quand il s'agit d'impressions en chromo, qui se font, comme l'on sait, sur des feuilles sèches et qui ne peuvent en effet porter sur le chanfrein, sur lequel les pinces doivent les serrer. Celles-ci en se fermant dérangeraient la feuille, et après une ou deux pointures, les trous de repérages s'élargiraient, et la feuille serait froissée, sinon déchirée.

Pour éviter ce grave inconvénient, M. Voirin a disposé sur le bord du cylindre et à la moitié de sa longueur, des pointures intérieures mues par un ressort et qui n'apparaissent qu'au moment où le margeur en a besoin. Ces pointures disparaissent aussitôt que la feuille est maintenue par les pinces, de sorte que, quel que soit le nombre de couleurs à repérer, les trous ne s'élargissent jamais, le travail de l'impression se faisant sans que la pointure y reste.

Pour les machines à grand format, tel que le colombier ou le grand aigle, le diamètre du cylindre permet de disposer une autre pointure intérieure qui perce la feuille par-dessous, lorsqu'elle est étendue à la surface du cylindre, où des cordons la maintiennent avant l'impression. Ces pointures rendent le repérage aussi exact que sur les meilleures presses à râteau, et comme j'ai pu m'en assurer moi-même à l'Exposition, et dans les ateliers que j'ai visités à ce sujet, les tirages à 8 couleurs sont d'une exécution irréprochable.

La conduite des feuilles ne peut se faire, comme pour les machines typographiques, au moyen de lames mobiles qui détachent chaque feuille de la surface du cylindre et la font glisser sous les cordons, ce qui en rendrait le rangement plus facile. En effet, ces cordons s'imprègnent d'encre au contact des épreuves, et surtout quand la marge est trop petite ; il faut donc se contenter d'enlever les feuilles à la main dans la plupart des cas. Mais alors, l'apprenti, chargé de ce travail, déchire souvent le papier ou du moins élargit le trou fait par la pointure. Cet inconvénient est évité au moyen de la pointure intérieure, inventée par M. Voirin.

Il a aussi imaginé un receveur à pinces qui saisit la feuille au bord de la gorge du cylindre, et la place sur une table au-dessus des rouleaux toucheurs.

Tel est l'aspect général de la machine de M. Voirin qui a, par quelques dispositions nouvelles et ingénieuses, donné plus de précision à tous les mouvements, et a ainsi détruit les objections que l'on opposait encore à l'emploi des presses mécaniques. Cette machine ne diffère de celles des autres exposants déjà nommés que dans les détails : elles reposent toutes sur le même principe et leur genre de construction se rapproche de celui des machines typographiques.

La France a presque seule exposé des presses lithographiques qui soient dignes d'arrêter notre attention, et en parcourant la grande galerie des machines je n'ai remarqué dans les sections étrangères que la presse de M. Hansez de Liége ; celle de MM. Heine frères à Offenbach dans la Hesse, et enfin celle de M. Sandiner à Prague. Ces machines n'offrent rien de particulier, et leur petit nombre ne donne qu'une idée fausse de l'importance de cette industrie dans des pays qui comme l'Allemagne, l'Angleterre et l'Amérique livrent au commerce des produits innombrables sortant des presses lithographiques qui y fonctionnent partout. Les nombreux spécimens de ces impressions que j'ai examinés plus haut, sont la meilleure preuve de la vitalité de la presse lithographique dans tous ces pays, et nous n'en regrettons que davantage l'abstention observée par leurs constructeurs en cette grande occasion ; c'est là une lacune qui ne devrait pas exister chez ceux surtout qui se glorifient de l'origine même de ce grand art industriel.

CONCLUSION

L'impression que j'ai éprouvée en parcourant les différentes galeries qui renferment les productions que nous venons d'examiner, peut se résumer en quelques lignes, et l'opinion que cette étude me permet d'émettre sera, je l'espère, partagée par tous ceux qui auront pu, *de visu*, comparer entre eux les spécimens exposés par les artistes, les imprimeurs et les constructeurs des différents pays représentés au palais du Champ-de-Mars.

Si nous nous arrêtons à la galerie des machines, nous voyons tout d'abord et surtout après un mûr examen que les améliorations les plus importantes dans la construction des presses, et les inventions les plus nouvelles ont été réalisées par les constructeurs français qui ont tous rivalisé de talent dans les recherches consciencieuses qu'ils ont faites pour rendre le travail de la presse facile, rapide et économique. Les résultats qu'ils ont obtenus sont considérables, et les mérites reconnus de leurs machines ont assuré la réputation de l'industrie française dans les pays les plus lointains, et lui ont ouvert des débouchés nouveaux. Les *Marinoni*, les *Voirin*, les *Alauzet* et tant d'autres voient déjà maintenant leurs presses recherchées par les imprimeurs étrangers, et ce légitime succès ne peut que les encourager à marcher dans la voie des améliorations futures, car l'expérience nous prouve aujourd'hui que l'industrie qui reste stationnaire est bientôt dépassée par ses rivales.

Je ne puis en dire autant des résultats obtenus en chromo, dans le domaine purement artistique. Les Anglais sont plus que nos rivaux sérieux, ils sont restés nos maîtres pour les reproductions de la peinture à l'aquarelle, et si nous n'avions sous les yeux les belles épreuves chromo-lithographiques de Preziori exposées par la maison Lemercier, nous serions entièrement désarmés devant les magnifiques et brillants fac-simile d'aquarelles des Richardson, des Rowney et Cie, que les maisons Vincent Brooks, Rowney et Cie ont exposés en grand nombre dans les galeries anglaises, et devant lesquelles je me suis arrêté longtemps avec le lecteur qui a bien voulu me suivre dans cette étude.

Nous avons à lutter peut-être contre l'opinion du public en France, et à faire son éducation. Les préjugés qu'il nourrit contre ce genre en ont empêché le développement, et ce n'est qu'en lui montrant avec quelle perfection on peut reproduire les aquarelles des plus grands maîtres, qu'on introduira chez nous le goût de ces compositions si appréciées en Angleterre.

La voie est donc ouverte à nos artistes, et il ne tient qu'à eux de se livrer aux études que nécessite cet art encore nouveau et qui est destiné à vulgariser les œuvres des maîtres. Tout le monde ne peut se donner le luxe d'un Troyon, d'un Français, d'un Rousseau ou d'un Rosa Bonheur, mais si l'on pouvait livrer au public à des prix modiques des reproductions en chromo-lithographie des œuvres de nos meilleurs aquarellistes, n'aurait-on rien fait pour répandre le goût de l'art véritable? Les Kellerhoven, Thurwanger, Pralon, Gohen, Painlevé forment une pléiade d'artistes qui ont su se faire un nom dans le genre de la chromo-lithographie pour les illustrations des livres, les images de sainteté et les reproductions d'anciennes peintures décoratives; tandis que la chromo-lithographie commerciale est parfaitement représentée par MM. Valter, Leroux, Bauer, Levié, qui joignent un esprit fertile en compositions ingénieuses à une habileté de main véritable, et c'est surtout dans cette voie que la chromo-lithographie a trouvé sa véritable application, son emploi industriel. Nos artistes et nos imprimeurs lui ont donné tout l'éclat désirable en exposant leurs nombreuses et attrayantes productions. Les Allemands ont visé plus haut dans la reproduction des œuvres d'art, et ils ont voulu imiter la peinture à l'huile. Aussi ce genre d'impression est-il largement représenté dans les galeries de la Bavière et de la Prusse. La France a aussi, comme nous l'avons vu, une exposition considérable de reproductions semblables, mais je ne partage pas la foi que possède une partie du public dans l'avenir de ce genre de reproduction, et quoique quelques-unes des œuvres ainsi exposées aient un mérite réel, le plus grand nombre d'entre elles ne font aucune illusion. Répandre le goût de la peinture dans toutes les classes, même les moins fortunées, est sans doute une belle mission, mais il faut pouvoir la remplir avec quelque espoir d'atteindre le but qu'on se propose. L'exposition de cette année nous montre combien ce genre est difficile, par la grande médiocrité du résultat, et il faudra de nombreux efforts, le dévouement de véritables et grands artistes avant qu'on soit arrivé à des productions appartenant à l'art véritable. L'avenir seul peut nous montrer si ce résultat est réalisable.

Si nous nous arrêtons aux lithographies au crayon, nous éprouvons une vive et complète satisfaction en voyant les résultats admirables obtenus par nos artistes et nos imprimeurs qui ont maintenu notre vieille suprématie dans cette branche de l'art lithographique.

J'ai cité précédemment les noms des plus habiles d'entre eux, et j'ai pu constater leur supériorité, le talent qu'ils possèdent à rendre, au moyen du dessin sur pierre, les effets que l'on croyait ne pouvoir être produits que par la gravure en taille-douce.

Les productions lithographiques qui appartiennent à l'industrie des plans gravés ou autographiés, des cartes géographiques, etc., sont surtout dignes de toute notre attention, et nous pouvons être fiers des résultats obtenus par nos graveurs, nos autographes et nos imprimeurs dans cette branche de l'industrie si utile à l'instruction publique.

La photographie est devenue depuis quelques années une auxiliaire presque indispensable de la lithographie, et c'est surtout grâce à elle que, comme nous l'avons vu, le problème si difficile de la reproduction des vieilles gravures, des estampes de prix, des dessins rares ou inédits, se trouve si complétement résolu. C'est là une invention toute française, de même que la chromo-lithographie et précédemment le lavis lithographique, etc., et cette nouvelle conquête de l'industrie moderne m'autorise à dire, en terminant cette étude, ce que j'ai déjà énoncé dans l'historique que j'ai essayé d'esquisser, c'est-à-dire que si la lithographie a son origine en Allemagne, c'est en France surtout qu'elle s'est développée avec tout le cortége des brillantes et ingénieuses inventions qui en font aujourd'hui un des arts industriels les plus utiles et les plus charmants.

D. KAEPPELIN.

ÉTUDE SUR LA GRAVURE

Par M. Henry GOBIN.

CHAPITRE VI.

Sommaire. — Préliminaires. — Coup d'œil rétrospectif. — Calcographie. — Gravure au burin. — Gravure à l'eau forte. — Gravure de la manière noire. — L'aqua-tinte et le lavis. — La gravure en couleur. — Gravure imitant le crayon. — Gravure sur bois. Paniconographie. — Néographie. — Gravure par les procédés physico-chimiques. — Gravure mécanique. — Gravure par l'électricité.

PRÉLIMINAIRES.

Le mouvement qui nous entraîne invinciblement vers la science et l'industrie ne se trahit pas seulement par la découverte soudaine de puissances encore inconnues, comme l'électricité dynamique, la vapeur ou la photographie; souvent une application nouvelle d'un principe usé révèle d'une façon inattendue de nouveaux moyens de progrès.

La gravure, jadis confinée, à peu d'exceptions près, dans sa spécialité artistique, s'est, pour ainsi dire, démocratisée en descendant au niveau des exigences modernes. La collaboration du burin avec la plume des écrivains spécialistes a produit une force nouvelle, en mettant au service de l'œuvre de la vulgarisation l'exemple joint au précepte, la figure en regard de la description. Ce n'est pourtant pas une nouveauté, la gravure appliquée à l'éclaircissement du texte : car nous trouvons à partir du seizième siècle bon nombre d'ouvrages de science enrichis de figures et souvent même de très-bonnes figures. Ainsi, pour n'en citer que quelques-uns, les travaux de topographie gravés par Ortellius d'Anvers, les *Modèles, artifices de feu et divers instruments de guerre* de Boillot, de Langres, ingénieur, architecte et graveur (1598); le *Recueil d'estampes pour servir à l'histoire des plantes*, d'Abraham Bosse; les magnifiques *figures des métamorphoses des insectes de Surinam* de Sybile de Meryen, les belles figures de De Seve dans le *Buffon* de l'imprimerie royale, les figures gravées par Mlle Jurine de Genève, pour les *Mémoires d'Huber*, etc. Mais le prix de revient des planches, les difficultés de l'impression de la taille douce, en augmentant le prix de ces livres, en faisaient des ouvrages de luxe accessibles seulement aux gens de science et aux riches amateurs. Ce ne fut que vers le commencement de notre siècle que le besoin général fut satisfait par la publication de livres illustrés, dont le prix, relativement assez faible, fut obtenu par les modifications apportées à la manière de graver et par les progrès récemment accomplis dans la pratique de l'impression.

Tout en passant en revue cette branche presque industrielle de la gravure, nous ne dédaignerons pas de nous occuper des œuvres exposées dans la galerie consacrée aux beaux arts. Si par l'élément artistique ces œuvres échappent à notre critique, elles nous appartiennent par le procédé.

Une étude sur la gravure ne peut du reste être bornée par le classement des œuvres, car, de quelque côté qu'on se tourne, on ne voit au Champ de Mars que gravures : gravures dans les livres, gravures sur les murs, gravures sur les prospectus, gravures spécimens distribuées à profusion, sans compter l'exposition permanente aux vitrines des marchands d'estampes de tout Paris.

Coup d'œil rétrospectif.

Jusqu'au moment où l'imprimerie vint révéler l'importance de la gravure, l'histoire de son développement est simple et facile à résumer ; mais à partir du quinzième siècle, les différents procédés apparaissent comme des rameaux s'élançant du tronc d'un arbre généalogique, et leur entrelacement ne permet guère de présenter clairement leur développement presque simultané. Il nous semble plus naturel de faire précéder la description de chaque genre de gravure des principaux faits historiques qui s'y rapportent, et de nous contenter de jeter ici un coup d'œil rétrospectif sur le rôle de la gravure dans le passé, avant de juger les œuvres du présent.

§ 1.

Depuis son origine jusqu'au jour où l'idée vint d'en tirer une épreuve par la pression, la gravure n'est, en définitive, qu'un procédé de dessin. Comme lui elle remonte à l'enfance du monde. Après l'architecture, créée pour mettre l'homme à l'abri des intempéries, vint la sculpture, qui, immortalisant la figure des héros et des rois, consacrait pour les adeptes des religions naissantes le simulacre des divinités qu'ils devaient adorer. Bientôt, lorsque le génie humain eut moins à se dépenser en luttes contre les obstacles matériels, le niveau des idées s'éleva de lui-même, et un nouvel art parut, d'un ordre plus élevé que la sculpture : le dessin.

Il y a, en effet, entre la sculpture et le dessin, la différence qu'on retrouve entre l'imitation instinctive et l'imitation intelligente et réfléchie. Il suffit de posséder par la vue la forme réelle d'un objet pour le *reproduire par le modelage*; mais il faut, pour *dessiner* le même objet, une appréciation intelligente des plans, une faculté d'interprétation des formes, qui ne peut résulter que d'une somme de connaissances d'un ordre relativement assez élevé.

La fragilité du dessin conduisit promptement à la recherche d'un procédé qui pût transmettre, comme le faisait la sculpture, les enseignements d'une génération aux générations qui devaient la suivre ; de là vint la *gravure*. A dater de ce progrès, la tradition orale, messagère souvent infidèle, perdit la voix, et l'histoire, armée du fameux « *burin* » commença son livre gigantesque dont les pages de granit, de marbre et « d'*airain*, » sont presque toutes arrivées jusqu'à nous.

Les plus anciens spécimens de la gravure sont ces inscriptions chinoises, égyptiennes, assyriennes, etc., qui nous ont servi de bases pour reconstruire le passé.

Avec ces inscriptions nous citerons deux épaves d'une autre nature, toutes deux gravées sur pierre. L'une, trouvée à Denderah, représente les signes du zodiaque; elle est surtout connue pour avoir, lors de son arrivée à Paris, en 1822, servi de thème à une discussion sur les monuments antédiluviens. La seconde, moins ancienne sans doute, nous semble plus intéressante. Elle se compose de fragments d'un plan ou *Ichnographia* de la Rome des empereurs, gravé sur les dalles qui servaient jadis de pavé au temple de Romulus et de Remus. Ces précieux débris, conservés au Capitole, permettent de supposer que l'ensemble formait un guide où chaque rue, chaque édifice, peut-être même chaque maison, était à sa place et dessiné avec un détail suffisant pour en bien montrer l'emplacement et la forme. Quoique exécuté à une époque voisine de la décadence (probablement sous Septime-Sévère), ce travail permet de juger du talent de dessinateur des anciens architectes, qui, aussi bien que ceux d'aujourd'hui, savaient par des contours très-simples indiquer les formes d'une construction. Toutes ces gravures sont incisées, c'est-à-dire que les traits sont tracés en creux dans la pierre ; ce qui prouve que la gravure en creux est le plus ancien des procédés, si on considère la gravure au point de vue graphique, tandis que nous allons voir, au contraire que c'est le procédé le plus moderne quant à la multiplication du dessin par l'impression. Que des tentatives aient été faites pour atteindre ce dernier but avant la décadence romaine, cela ne surprendra personne, d'autant plus que l'usage des caractères mobiles ne leur était pas complètement étranger [1].

Certaines petites boîtes, contenant des caractères en bois et en cuivre assez semblables à ceux dont on se sert pour marquer le linge, et qui furent exhumées à Pompéi, feraient supposer qu'eux aussi sentaient déjà le besoin de remplacer la main de l'écrivain par un moyen mécanique plus rapide. Quant au procédé de reproduction au moyen duquel Varron *illustra* un livre avec les portraits de *sept cents personnages*, nous ne pouvons que regretter la discrétion de Pline qui n'avait pourtant pas l'excuse du brevet.

Nous omettons volontairement ce qui concerne la gravure sur pierres fines et l'ornementation des bijoux. La glyptique appartient plutôt à la sculpture qu'à la gravure, et l'orfèvrerie qui conduisit à la gravure en taille douce, malgré la similitude des procédés, est en dehors de notre étude par la nature de ses produits.

Tandis que les populations européennes accomplissaient, à la suite du démembrement de l'Empire romain, ce tassement qui devait limiter à chacun sa place au soleil, les peuples de l'extrême Orient, plus à l'aise sur leur immense territoire, se préoccupaient déjà de la multiplication des documents scientifiques, et cherchaient l'imprimerie.

Au sixième siècle, selon M. Stanislas Julien, les Chinois pratiquaient la xylographie, que l'Europe ne connut qu'au dixième siècle. Pendant les neuvième, dixième et onzième siècles, les Chinois et les Japonais appliquèrent la gravure sur bois à la reproduction des dessins et des caractères d'écriture ; les Indiens paraissent avoir imité leurs voisins dans le cours du treizième siècle.

En Europe, les enlumineurs de manuscrits continuent, durant tout le moyen âge, leur fastidieux travail, dessinant et coloriant au patron les ornements de leurs manuscrits. Doit-on voir, dans l'emploi de ce patron, l'idée première de la xylographie, comme l'assure Breitkop? Non sans doute ; et tous les historiens s'accordent à voir dans l'imagier qui fit les premières cartes à jouer, l'inventeur de la xylographie. Nous disons l'inventeur, car, en dépit de ceux qui affirment le contraire, il est victorieusement prouvé, aujourd'hui, que l'invention de la gravure en relief, sur bois, par les Chinois, est un fait isolé, particulier à l'Asie, et dont l'Europe n'eut connaissance qu'à une époque où ses produits étaient déjà

---

1. Voir l'Étude intitulée *l'Imprimerie et les livres*, 9e et 10e fascicules, par M. A. Jeunesse, page 328 (tome II des *Etudes*).

bien supérieurs à ceux de la xylographie chinoise. Après avoir succédé à l'emploi des patrons pour l'impression des cartes à jouer (1420) et des images, la xylographie fut appliquée à l'impression des caractères et servit à imprimer les quelques livres qui précédèrent l'emploi des caractères mobiles, c'est-à-dire, l'avénement de l'imprimerie telle que l'avait rêvée l'inventeur. La gravure sur bois se trouva dès lors spécialement consacrée à l'*illustration* des livres imprimés par ce nouveau procédé, ou à exécuter des séries de sujets religieux ou philosophiques. La *Bible des pauvres*, dont les sujets gravés sur bois avant 1430 sont accompagnés d'un texte manuscrit, prouve que les lecteurs du moyen âge appréciaient comme ceux d'aujourd'hui, l'introduction des images dans les livres.

§ 2.

Vingt-neuf ans après la première estampe xylographique, de date authentique, c'est-à-dire en 1452, un orfèvre florentin applique l'impression à la gravure en creux sur métal, qui, avec des procédés identiquement opposés à ceux de la gravure sur bois, donne des produits supérieurs comme finesse. Or, tandis que la xylographie intimement liée à la typographie par la similitude des moyens d'impression, fait cause commune avec les livres, la gravure en taille douce, plus apte à rendre les travaux artistiques, devient une branche importante des beaux arts.

Mais le temps presse, et entre les mains de tous ces artistes de la Renaissance, pris de la rage de produire, les inventions se succèdent et l'*eau-forte*, plus rapide que la taille-douce, d'une exécution plus facile, vient la suppléer dans les travaux rapides ou tout au moins abréger sa tâche. On essaya encore à cette époque d'obtenir des reliefs sur cuivre, mais la longueur du travail fit renoncer à ce procédé.

Le quinzième siècle aurait assez fait pour la gravure, quand même il ne nous eût pas laissé les estampes de Mantegna et de Martin-Schœn; mais le siècle suivant peut fournir assez de noms de graveurs célèbres pour en former un calendrier. En Allemagne, pour ne citer que quelques noms, nous trouvons Albert Dürer, Lucas de Leyde, Aldegraver, Altdorfer, Beham, Meyer, Pentz et Wenceslas d'Olmütz, qui passe pour l'inventeur de la gravure à l'eau-forte. Dans les Pays-Bas, Ortellius d'Anvers, applique la gravure à la reproduction des cartes topographiques. En Italie, le Parmesan et les Carrache alternent le pinceau avec le burin, tandis que Marc-Antoine Raimondi, s'inspirant de Raphaël, élève la gravure à la hauteur des chefs-d'œuvre du plus haut style. La France, — en retard cette fois sur l'Allemagne, — n'a guère à citer que Jean Duvet, Noël Garnier et Nicolas Béatrizet; et encore leurs œuvres, inférieures à celles des maîtres étrangers, ne doivent-elles être considérées que comme un point de départ, comme des essais dont le principal mérite est de fixer la date du début de la gravure dans notre pays.

Le dix-septième siècle qui vit les plus beaux jours de la gravure en taille douce (burin et eau-forte), vit aussi commencer la décadence de la gravure sur bois. Rembrandt, Van Dyck, Callot, Abraham Bosse, Salvator Rosa, emploient l'eauforte à produire des chefs-d'œuvre. Puis, arrive le règne pompeux de ce roi qui n'aimait pas les *magots* en peinture, et qui n'eût pas trouvé les eaux-fortes de Rembrand de meilleur goût que les buveurs d'Ostade et de Brauwer. L'art porte perruque et le *burin*, l'historique burin, est seul assez noble pour interpréter les grandes « *machines* » de Lebrun, les batailles d'Alexandre, toutes resplendissantes de la gloire de Louis ^{XIV}. Aussi le genre familier de la xylographie est-il complétement abandonné; l'eau-forte elle-même est, pendant cette période boursouflée, l'humble servante du burin, ou considérée comme un genre sans importance. C'est l'époque où Mellan grave sa *Sainte Face* d'un seul trait en spirale, où Gérard Audran redessine les batailles d'Alexandre et les grave d'une si admirable façon. La France prend sa revanche du siècle précédent avec Nanteuil, Drevet, Masson, Silvestre, Pesne, Roullet, les Poilly, etc. Les Pays-Bas seuls peuvent, à cette époque, rivaliser avec nous. Si l'altière volonté du roi-soleil a suffi pour créer des illustrations de tous genres, un autre monarque, non moins brillant, Rubens, le roi de la couleur, a fait éclore aux rayons de son exubérant génie une école tout entière de graveurs de grand mérite : Edelinck, Luc Vosterman, Paul Pontius, Bolswert, les Wischer, Hendrick Snyers, etc.

Somme toute, au dix-septième siècle la gravure est, on peut le dire, arrivée à son apogée, et si nous voyons dans le siècle suivant son niveau s'abaisser graduellement, c'est que l'excès d'habileté a toujours perdu bon nombre de graveurs.

En effet, à part les derniers représentants de la forte école du siècle précédent, la plupart des graveurs du dix-huitième siècle ont fait une large place à leur individualité. A l'aspect magistral des grandes pages, succèdent des œuvres où la recherche du travail, l'habileté du burin, l'ostentation du métier, en un mot, s'accuse plus qu'il ne le faudrait dans une œuvre sérieuse. Néanmoins, la première moitié de ce siècle tant décrié produisit de bonnes gravures signées de Lebas, de L. de Chatillon (les *Sept Sacrements* d'après le Poussin), de Thomassin, issu d'une ancienne famille de graveurs distingués qui firent école depuis la fin du dix-huitième siècle et furent les maîtres de J. Callot, de Dorigny et de Cochin. P. Drevet, de Lyon, qui grava d'admirables portraits d'après Hyacinthe Rigaud, qui eut pour continuateurs son fils et son neveu Claude, la famille des Simonneau, qui fournit trois bons graveurs; enfin Balechou dont la *Tempête*, d'après J. Vernet, est entre autres œuvres de mérite un morceau irréprochable, furent encore de grands maîtres.

Mais dans la seconde moitié de ce siècle, à côté des œuvres de Laurent Cars, qui fut presque le rival de Gérard Audran dans le grand genre, à côté de Wille, de Raphaël Morghen, de Berwic, de Castellan, de Massard, combien de mesquineries, d'afféteries, de petites estampes de Marillier, de Duclos, de petites vignettes d'après les gouaches de Baudouin, les dessins de Moreau ou de Saint-Aubin!

Enfin, la réaction arrive, puissante, radicale, foudroyante. Aux fêtes brillantes, reproduites si élégamment par Cochin, succèdent les *eaux-fortes* de Duplessis Bertaux. Entre l'œuvre de ces deux graveurs il y a tout le cataclysme révolutionnaire. Puis vient l'école de David avec ses tendances à l'austérité artistique, et dont les tableaux semblent appeler le burin. Berwic, Audouin, Richomme, Avril, etc., se remettent à l'interprétation des maîtres oubliés sous le règne de Boucher. Quoique rares, les bonnes gravures ne sont pas introuvables à cette époque qui vit aussi, citons-le en passant, la découverte de la gravure imitant le lavis, découverte dont Charpentier et Bonnet se disputent la priorité. Depuis lors, la gravure au burin, entre les mains habiles de nos contemporains, s'est, sinon perfectionnée, du moins maintenue au niveau de la peinture moderne ; mais, suppléée, dans les œuvres destinées au commerce, par des moyens plus rapides, aqua-tinte ou lithographie, remplacée parfois même par la photographie, elle trouve plus rarement sa place. Si les œuvres importantes exécutées au burin deviennent de jour en jour plus rares, en revanche, les procédés rapides et économiques sont en faveur : manière noire, aqua-tinte, genres mixtes, eau-forte, etc., abondent de tous côtés en concurrence avec la gravure sur bois, la lithographie et la photographie.

§ 3.

Dès la fin du dix-huitième siècle (1775), un artiste anglais, Thomas Berwic, réussit à remettre en faveur la gravure sur bois abandonnée depuis près d'un siècle, et lui ouvrit une ère nouvelle de prospérité en renouvelant sa partie technique. Les résultats obtenus par les nouveaux procédés, supérieurs à ceux qu'on avait obtenus précédemment, firent le succès des premiers livres illustrés, dont la vogue fut bientôt générale, non-seulement en Angleterre, mais en Allemagne, et en France où, la révolution littéraire et artistique de 1830 aidant, les illustrations devinrent une nécessité. D'un autre côté, la lithographie, entrevue en 1738 par le physicien Dufay, et inventée en 1799 par Aloys Senefelder, commençait à se répandre en Allemagne, en Italie et en France dès les premières années de ce siècle.

Ce genre de dessin, qui a l'immense mérite de supprimer le traducteur de la pensée du dessinateur et de fournir au commerce des épreuves à un prix fort inférieur à celui de la gravure, a puissamment aidé au développement des tendances artistiques et scientifiques qui caractérisent notre siècle. Le présent ouvrage, pour ne citer qu'un exemple, nous montre l'autographie luttant de précision dans d'innombrables figures, souvent fort compliquées, avec la pureté de la taille douce et les qualités solides de la xylographie, et permet d'apprécier les services rendus chaque jour à la science par ces moyens graphiques. Néanmoins le dernier mot n'est pas encore dit, et la preuve c'est que chaque année voit éclore un certain nombre de procédés plus ou moins pratiques qui tendent à un même but.

1° Faire sinon mieux, du moins aussi bien que la gravure sur bois.
2° Présenter les mêmes facilités d'impression typographique ;
3° S'exécuter plus rapidement et à moins de frais ;

C'est-à-dire réunir les trois qualités essentielles, aptitude, rapidité, économie.

L'héliographie, qui du reste se prêterait peu à l'impression typographique, est encore à l'état de problème et ne trouvera peut-être pas d'ici à longtemps une solution pratique.

La paniconographie de M. Gillot, qui n'est pas sans mérite, ne remplit pas encore toutes les conditions.

La néographie de M. X. Comte, beaucoup plus pratique, n'est pas encore aussi répandue qu'elle devrait l'être.

Le procédé de MM. Salmon et Garnier, de Chartres, n'a jamais été pratiqué en grand, que nous sachions du moins.

Nous ne parlons ni du relief Marchandeau, ni du procédé Belot, ni de tant d'autres procédés qui ne sont que des variantes plus ou moins pratiques de procédés connus.

Un dernier procédé nous reste, celui de M. Dulos, qui est entré dans une voie toute nouvelle, au bout de laquelle on doit trouver une issue. Mais tous ces moyens, il faut l'avouer, ne sont pas complets, et chacun d'eux ne réalise que deux termes sur les trois fixés par le programme : aptitude, rapidité, économie. Il y a là matière à recherches pour les esprits aventureux, et ce ne sera pas une mince gloire, de trouver le *dernier mot de la gravure*.

1. Nous n'entrons dans aucun détail sur l'origine et les progrès rapides de la lithographie, une étude spéciale devant être consacrée à cet art par un de nos collaborateurs.

[Le travail sur *la Lithographie, la chromo-lithographie, l'autographie, la gravure sur pierre, les machines à imprimer,* etc., par M. D° Kœppler, est publié dans les 26° et 27° fascicules des *Études*. — E. L.]

L'ensemble des divers procédés de gravure forme trois groupes naturels, déterminés par le but auquel ils doivent atteindre. Le premier groupe se compose des procédés ayant rapport à la gravure en creux sur métaux ou *chalcographie*; le second n'a trait qu'à la gravure sur bois ou *xylographie*. Dans le troisième nous réunirons les essais, plus ou moins réussis, tentés surtout depuis quelques années, pour produire, au moyen d'agents chimiques ou autres, des planches destinées à la reproduction du dessin par impression.

PREMIÈRE PARTIE.

Chalcographie.

La gravure en creux, sur métal, dans sa forme primitive, c'est-à-dire comme simple décoration, remonte à une époque très-reculée, ainsi que nous l'avons dit. Aux cachets gravés, mentionnés par les auteurs de l'antiquité, succèdent au moyen âge, les *nielles*. Au douzième siècle le moine Théophile, dans son livre: *Principalium artium schedula*, s'étend longuement sur les procédés de la *niellure*. Marseille, sous les rois de la première race, excellait dans cette spécialité. En 646, un abbé, Leodebod, léguait, par testament, à un monastère, deux coupes en argent doré, ornées de nielles. Les romans de chevalerie du douzième siècle parlent d'armes et d'étriers niellés. Ce genre d'ornement était tombé en désuétude lorsque Benvenuto Cellini le remit en honneur. (Voir son *Trattato dell' Oreficeria*.)

Le procédé généralement employé était celui-ci : On gravait au burin un dessin sur fond d'or ou d'argent, et l'on remplissait les entailles formant les traits de ce dessin au moyen d'un mélange de plomb, de cuivre et d'argent fondus avec du soufre [1]. Souvent, les figures dont les traits intérieurs étaient indiqués le plus légèrement possible, s'enlevaient sur un fond noir formé par le mélange ci-dessus (*nigellum*, *noirâtre*). Les plus grands nielles connus à cette époque n'ont pas plus de 0^m.10 dans leur plus grande dimension.

C'est en exécutant une de ces pièces d'orfèvrerie que Thomaso Finiguerra, orfèvre florentin, élève, selon quelques biographies, du peintre Masaccio et du sculpteur Gibherti, découvrit l'impression sur papier de la gravure en taille-douce.

En 1452, la Société des ouvriers commerçants en laine lui avait commandé une *Paix*, plaque gravée, destinée à recevoir dans les cérémonies religieuses le baiser de paix. Suivant les usages ordinaires, il prit pour se rendre compte de sa gravure, avant de la terminer, une première empreinte d'argile qui lui donnait l'inverse de son travail, c'est-à-dire des reliefs pour des creux; puis une seconde empreinte en soufre qui, redressant les choses, lui donnait l'image exacte de son dessin. Dans les sillons de cette épreuve, on coulait du noir de fumée qui permettait de juger en détail des traits. L'idée lui vint d'appliquer sur cette contre-épreuve une feuille de papier humide, sur laquelle le travail du burin se trouve reproduit en noir. Il recommença l'essai sur la plaque de métal,

---

1. Le mélange avait lieu dans les proportions suivantes : argent, 38 parties; cuivre, 72; plomb, 50; borax, 36; soufre, 386, fondus au creuset puis lavés dans de l'eau ammoniaquée. La planche gravée était chauffée au rouge brun, et on y appliquait l'émail à la consistance de pâte. On revenait ensuite avec la lime douce pour enlever l'excès de nielle et donner de la netteté aux traits de la gravure.

et obtint une épreuve encore plus pure : l'impression en taille-douce était trouvée en même temps que la plus précieuse application de la gravure.

Cette première épreuve de l'impression en taille-douce dormit longtemps dans le carton du Cabinet des estampes de Paris, où elle fut découverte, en 1797, par l'abbé Zani ; les deux empreintes prises par Finiguerra existent encore : l'une à Gênes dans la collection Durazzo, l'autre au British Museum de Londres. Cette *Paix* représentait le Couronnement de la Vierge.

A peine Finiguerra avait-il divulgué sa découverte, que l'Allemagne produisait déjà des estampes imprimées par ce procédé. Divers écrivains, frappés de ce fait, ont cherché à établir que cette invention avait été simultanée dans les deux pays. Il faudrait alors, ne fût-ce que par esprit de justice, reconnaître les droits à la priorité des Chinois qui, au dire du voyageur vénitien Marco Polo, imprimaient par ce procédé, au treizième siècle, sur papier de mûrier, des assignats gravés sur cuivre.

Albert Durer, qu'on trouve au début de tous les progrès graphiques de cette époque, s'était emparé en maître de la gravure en taille-douce, et lui avait fait faire tant de progrès du premier coup, que ses œuvres sont encore, pour les graveurs d'aujourd'hui, un sujet d'études instructives. Le caractère de son œuvre, au point de vue pittoresque, étant l'impression forte qu'il cherchait à produire par l'effet de la scène qu'il représentait, le porta à donner à chaque détail sa valeur propre dans l'ensemble. Aussi, au travail uniforme du nielle, qu'avait jusqu'à un certain point conservé Andréa Mantegna, dans son *Triomphe de César* et ses *Bacchanales*, il substitua cette variété de moyens qui accentue chaque détail au profit de l'effet général. Prenons pour exemple son *Saint Jérôme*, daté de 1714, et cherchons la cause de l'intérêt qui nous saisit devant cette scène si simple. Un intérieur éclairé de deux petites fenêtres, dont les carreaux projettent sur l'embrasure de la croisée l'ombre affaiblie de leur armature de plomb ; un vieillard courbé sur un livre dans un rayon de lumière, et au premier plan, sur un plancher de sapin, dont les veines sont trop apparentes, un lion et un renard, puis quelques ustensiles, notamment une gourde suspendue au plafond. Rien n'est moins historique qu'une semblable composition ; mais le maître y a tracé les principes auxquels se sont conformés tous ceux qui depuis ont tenu un burin. Chacun de ces détails insignifiants, en apparence, a été traité d'une façon spéciale : les murs, le personnage, le plancher, les animaux, dont la différence de pelage est admirablement indiquée par un travail souple et ondoyant pour le renard, et par des traits plus roides pour le lion ; la gourde elle-même, traitée de manière à bien rendre sa surface arrondie et luisante, nous retiennent devant cet intérieur de vieux savant que justifie si peu le titre de l'estampe. A Durer revient donc l'honneur d'avoir enseigné comment, par la variété des procédés, on imite la variété des substances.

Lucas de Leyde, moins puissant que Durer, introduisit dans la gravure la perspective aérienne qu'avait tant négligée son illustre devancier. Il adoucit, dans ses arrière-plans, le travail du burin, de façon à faire sentir les couches d'air interposées entre ses fonds et l'œil du spectateur. Son estampe de *Virgile suspendu dans un panier* servit de point de départ à ce second perfectionnement ; mais la gravure en taille-douce reste entre ses mains ce qu'en avait fait Albert Durer, un genre un peu trop familier, que Marc-Antoine devait épurer pour la rendre propre à la reproduction des œuvres les plus élevées de la peinture.

Marc-Antoine Raimondi, qui avait d'abord imité Durer et ses élèves, modifia sa manière sous l'influence des œuvres de Raphaël. Épris surtout du caractère noble des œuvres de l'École romaine, il créa, en gravure, l'École du style ; c'est-à-dire qu'il chercha à produire la plus forte impression possible par l'élévation et la prédominance du dessin. Son œuvre, froide et un peu monotone, est le type classique de la gravure au burin. Quoi qu'il en soit de ses défauts, nous ne pouvons lui refuser le mérite d'avoir réagi contre le genre un peu trop terre à terre des vieux maîtres allemands, et d'avoir élevé le niveau de la taille-douce en accordant au dessin le pas sur la couleur, et en préférant la beauté à la richesse.

La dernière amélioration matérielle dont la gravure avait besoin pour interpréter la peinture se produisit sous l'influence du grand maître de la couleur, Rubens, comme sous celle de Raphaël, l'introduction du style. Ce furent les élèves du grand peintre flamand qui, les premiers, cherchèrent à rendre la couleur dans la gravure, en tenant compte, dans le travail de burin, de l'effet produit par les qualités d'absorption ou de réfraction des différentes couleurs, soit dans la nature, soit dans les tableaux. Sous l'influence du maître, Luc Vosterman, Paul Pontius, les deux Bolswert, Frédérick Snyers, etc., produisirent ces estampes si puissantes de burin, où la forte couleur des maîtres de l'École se lit presque aussi distinctement que sur une copie peinte. Ce fut le dernier miracle de la gravure. Depuis lors, la technique de l'art n'a pas fait de progrès importants. Que peut laisser à désirer, du reste, sous ce rapport, une œuvre consciencieuse : Durer nous enseigna la variété des travaux du burin ; Lucas de Leyde, la perspective aérienne ; Marc-Antoine, la pureté du style dans le dessin ; Rubens, la couleur. Réunissez ces quatre qualités, et vous aurez un chef-d'œuvre ; c'est pourquoi nous avons cru devoir nous en occuper avec plus de détails peut-être que notre cadre ne l'eût comporté ; mais sans ces principes généraux, l'application des préceptes matériels qui suivent serait inutile.

I

Gravure au burin.

Le burin des graveurs est, à peu de choses près, l'outil des orfèvres du moyen âge, c'est-à-dire une petite barre d'acier d'une trempe très-fine, et dont une extrémité présente une section de forme variée, suivant le genre de travail auquel il est destiné. Les formes les plus usitées pour la gravure en taille-douce sont le carré et le losange, plus ou moins aigu. Le burin carré sert spécialement à tracer les traits circulaires, et le losange à tracer les traits rectilignes. Un complément indispensable de cet instrument, c'est une pierre du Levant sur laquelle on dresse l'extrémité du burin plus ou moins obliquement, relativement à l'axe de l'instrument, de façon à obtenir la section nécessaire. Ajoutons à ces burins variés et en nombre suffisant quelques pointes ou fortes aiguilles munies d'un manche de bois, un grattoir et un brunissoir, ordinairement réunis par un manche commun, un tampon de feutre chargé de noir pour faire apparaître au besoin les lignes tracées par le burin dans le cours du travail, une loupe et quelques petits étaux à main, et nous aurons, à peu près complet, l'outillage d'un graveur en taille-douce.

Suivons-le dans son travail. Il a d'abord arrêté sa composition en copiant exactement sur le papier le tableau qu'il doit reproduire au crayon, ou plus généralement à l'estompe ; un second travail, ordinairement un calque, lui fournit les premiers éléments de son travail de burin, c'est-à-dire qu'il transporte la charpente de son dessin sur la plaque de cuivre ou d'acier, préalablement polie, brunie et nettoyée au blanc d'Espagne, en marquant, par une suite de points interrompus, les contours des objets, et, de plus, l'endroit où doivent s'arrêter, dans les milieux, les masses d'ombre et même les demi-teintes. Ce travail préparatoire se fait légèrement avec la pointe sèche. Alors il commence le laborieux travail du burin, tantôt levant le poignet pour faire pénétrer plus profondément la pointe dans le métal et obtenir un trait large et gras, tantôt le baissant, au contraire, pour affleurer seulement la surface de la planche qu'il fait souvent pivoter de la main gauche pendant que la main droite guide le burin dans les courbes qu'il décrit pour rendre le modèle. Ce premier travail a pour but de masser les ombres et d'établir l'effet, ce qui s'obtient généralement en conduisant les traits du burin, qu'on appelle, dans ce cas, *premières tailles*, suivant le relief des formes. Quoique certains graveurs se soient écartés de ce principe classique, il est facile de se convaincre, d'après la majorité des bonnes estampes que les premières tailles ont scrupuleusement suivi ; en les accentuant selon l'effet de la lumière, les saillies et les rentrées des muscles, des plis de draperies, aussi bien que des autres surfaces : c'est ce qu'on appelle des *tailles enveloppantes*. Cette esquisse, ou plutôt cette préparation, est généralement pâle ; et si c'est de l'intelligence avec laquelle elle est exécutée que dépend le plus souvent la gravure, comme effet, c'est du travail des secondes et des troisièmes tailles que résulte le charme de l'exécution.

Sur les indications établies par ce premier travail le graveur revient patiemment, éteignant le blanc que donneraient à l'impression les espaces compris entre les tailles lorsque ces parties doivent être dans l'ombre, mais choisissant avec tact (et c'est là que gît la difficulté), le moyen le plus convenable ; car, dit avec raison M. Ch. Blanc : « Copier les contours avec sentiment, bien mettre à leur place l'ombre et la lumière, exprimer la nature visible des surfaces, la dégradation des plans, l'inégalité des reliefs, ne suffit pas au graveur. Il importe que l'expression soit obtenue par tel procédé plutôt que par tel autre ; et c'est le choix du procédé qui constitue l'étroite spécialité de son art. »

Ces procédés, du reste, sont peu nombreux, et c'est par leur combinaison intelligemment ménagée qu'on parvient à la vérité du rendu en évitant les écueils de la monotonie ou du papillotage, le Charybde et le Scylla des graveurs inexpérimentés.

Rentrer la taille, c'est repasser le burin dans les premiers sillons qu'il a tracés pour renforcer certaines parties [1], augmenter le modelé en remontant le ton dans la partie la plus accusée des ombres ou des demi-teintes.

L'entre-taille est un trait léger glissé parallèlement entre deux tailles pour adoucir le contraste un peu rude du noir encadrant un espace blanc. Le luisant des surfaces polies est parfaitement rendu par ce moyen que la roideur de son parallélisme forcé rend moins propre à l'imitation des surfaces mates et des matières plus souples.

Les tailles qui viennent en se croisant renforcer le travail de la mise à l'effet laissent entre elles et les premières, selon leur degré d'inclinaison, des carrés blancs plus ou moins oblongs, des losanges plus ou moins pointus. Lorsqu'une troisième taille est nécessaire pour donner aux noirs leur valeur, il en résulte de petits triangles. La forme de ces réserves blanches qui, amenant la lumière dans les ombres, les empêchent de s'alourdir, n'est pas sans importance au point de vue général ; nous indiquerons plus loin quelques cas où leur emploi spécial est établi en règle générale.

Les points, employés, soit pour terminer les tailles qui avoisinent les endroits fortement éclairés, et adoucir le passage de l'ombre à la lumière, soit pour rem-

---

[1]. On dit aussi : aviver une taille, c'est-à-dire la creuser pour la rendre plus vigoureuse, mais ceci s'entend plutôt dans le sens plus restreint d'un travail qui consiste à produire un effet brillant dans quelques endroits seulement du dessin.

placer les *contre-tailles* dans les ombres proprement dites, servent aussi comme correctifs de la netteté du burin dans les parties qui exigent de la douceur, du flou.

Quoique l'exemple ait prouvé maintes fois qu'en dehors des règles générales un artiste de talent pourrait trouver le salut, la majorité des graveurs s'est rencontrée dans l'identité des moyens employés pour rendre les chairs, les draperies, etc. Aussi en disséquant un certain nombre de gravures types, peut-on arriver à formuler les quelques règles générales suivantes.

Chairs. — Lorsque les circonstances exigent de la délicatesse, les premières tailles ne doivent guère accuser que les masses d'ombre, pas de contre-tailles autant que possible, mais des points dans des losanges tenant le milieu entre le carré qui serait lourd et le losange oblong qui serait sans souplesse, beaucoup de points pour former les demi-teintes aux approches de la lumière.

L'habile Goltzius, pour avoir abusé en certains cas de la taille enveloppante, a parfois donné à ses chairs un brillant métallique; mais il savait aussi faire jouer aux premières tailles un rôle mystérieux, en les sacrifiant, dans l'effet général, aux secondes et aux troisièmes tailles. Edelinck, qui eut le bon esprit d'imiter cette finesse, sut aussi profiter dans les ombres de la richesse et de la douceur de ton que produisaient ces tailles sacrifiées, tandis que le travail qui les recouvre détruit toute apparence de monotonie.

Les carnations vigoureuses, le modelé plus saillant que dans le cas précédent permettent l'emploi des tailles carrées engraissées par des points plus longs que ronds, mêlés dans les tailles et employés en demi-teintes. Abraham Bosse dit que ces points « se doivent arranger à peu près comme les briques d'un mur *plein sur joints.* » Cette règle n'est certainement pas de rigueur; car Bolswert, dans le magnifique *Couronnement d'épines*, d'après Van Dyck, pas plus que G. Audran dans les *Batailles d'Alexandre*, ni J.-B. de Poilly dans une série d'estampes que nous avons sous les yeux, ne se sont pas conformés à cette régularité et ne sont pas des exceptions. Généralement ces points sont disposés de façon à accentuer le modelé, et semblent couler dans le sens des formes.

Les draperies présentent, outre leur variété de couleurs qui forcent le graveur à se ménager des ressources pour une gamme de tons des plus variés, la question du tissu dont on ne peut sortir qu'en variant le travail; ainsi la soie, avec ses reflets chatoyants et ses lumières brusques, n'est bien rendue que par des tailles nourries, garnies d'entre-tailles interrompues brusquement dans les lumières. Les draperies de lin ou de coton s'interprètent plus facilement avec une simple taille un peu serrée. Les draperies lourdes, comme la laine et le drap, par un travail large et souple qui enveloppe bien le modelé des plis et des tailles croisés, au besoin dans les parties noires. Les graveurs du dix-septième siècle ont excellé dans la gravure de draperie. Exemples : les gravures de portraits de Drevet d'après Rigaud, et surtout celui de Bossuet ; Edelinck, dans certaines gravures, d'après Raphaël, etc.

L'une des grandes difficultés de la gravure au burin est le rendu de la *chevelure*, lorsqu'elle n'est pas lisse surtout. Edelinck, Nanteuil et bien d'autres n'ont donné qu'un à peu près, et sous ce rapport nous sommes en progrès. Nous attachant moins à la vérité absolue qu'à l'interprétation intelligente, nous savons éviter ces affreuses coiffures en fil de fer qui déshonorent tant de portraits d'ailleurs excellents. Les graveurs d'aujourd'hui, Henriquel-Dupont entre autres, les traitent par masse, détaillant quelques mèches sur l'ensemble, et leur laissent la transparence et la légèreté que la peinture leur donne.

Quant au *paysage*, presque toujours préparé à l'eau-forte, il trouve, ce nous semble, une place plus naturelle sous la rubrique de ce procédé.

8

L'architecture, à part quelques exceptions, sert ordinairement de fond aux personnages; aussi est-elle souvent sacrifiée. Son rôle, dans ce cas, doit être rendu par un travail sobre, tranquille, peu détaillé. On fait ordinairement converger le plus possible les tailles vers le point de fuite, afin d'ajouter à la perspective.

Somme toute, les règles, si pratiques qu'elles soient, ne seraient rien pour un graveur qui ne joindrait pas à une connaissance parfaite du métier une science profonde du dessin, et cette faculté d'invention qui caractérise les vrais artistes et leur permet d'exécuter, avec les plus infimes matériaux, les plus hautes créations du génie. A l'intérêt résultant de la manière dont l'estampe est incisée dans le métal doit se joindre une intime assimilation de l'œuvre des maîtres et la plus incroyable puissance de transformation; car « les travaux qui rendront bien un tableau de Raphaël ne conviendront pas pour graver un tableau du Corrége; Rubens ne doit pas être gravé comme Carrache, ni Rembrandt comme Titien. »

II

Gravure à l'eau-forte.

Jusqu'au dix-septième siècle, l'histoire de la gravure à l'eau-forte peut se résumer par quelques dates : 1496, date d'une eau-forte de Wenceslas d'Olmutz, conservée au Musée de Londres (authentique?); 1515, eau-forte d'Albert Durer. Francesco Mazzola ou Mazzuoli (le Parmesan), né en 1503, est donc considéré à tort, par les Italiens, comme l'inventeur de ce procédé. Il est le premier cependant qui l'ait introduit dans sa patrie, et les légers croquis qu'il grava ainsi soutiennent la comparaison avec les eaux-fortes de tous ceux qui ont précédé Rembrandt. Avec le grand maître du clair-obscur, l'eau-forte se transforme. Ce n'est plus un simple croquis prestement enlevé, un contour indiqué à main levée : c'est un tableau peint avec du noir et du blanc, où l'ombre mord hardiment sur la lumière, où les traits se heurtent, se croisent, bavochant sur le bord, moins semblables à des traits qu'à des coups de griffe, mais d'une griffe de lion. Il y a loin de là à la pureté du burin, quoique les graveurs classiques en soient venus à employer l'eau-forte, comme préparation, pour abréger un peu leur fastidieux travail. Mais le caractère vrai de ce genre de gravure a été clairement déterminé par l'application qu'en firent Rembrandt, Ostade, Karel-Dujardin, Berghem, Callot, à la reproduction des scènes familières ou rustiques, où le réalisme emprunte un piquant attrait à la manière indépendante et capricieuse dont la pointe joue avec la pensée de l'artiste. Van Dyck lui-même a *croqué* de magnifiques esquisses de portraits que le burin n'a pas osé *terminer*.

Le travail du graveur à l'eau-forte n'est guère plus compliqué, au point de vue du métier proprement dit, que celui du graveur au burin; néanmoins l'action se divise en deux parties : 1° le dessin; 2° la morsure.

Les opérations préliminaires consistent, une fois qu'on a choisi et nettoyé une plaque bien homogène, à la recouvrir d'un vernis inattaquable aux acides.

Pour étendre le vernis, on expose, sur un réchaud à feu doux, cette plaque, maintenue dans un étau à main par le bord; puis au moyen d'un petit tampon, on égalise sur la surface le vernis que la chaleur a suffisamment fondu. On expose ensuite à la fumée de plusieurs brins de bougie tordus ensemble, la surface vernie pour la noircir.

Ce vernis, outre la propriété de résister aux acides, doit présenter assez de corps pour que l'instrument du graveur y laisse une trace nette, sans cependant y trouver une résistance qui rendrait le travail long et pénible, et lui enlèverait cette liberté de traits qui plaît dans l'eau-forte. Callot se servait de *vernis fort*, dit *vernis de Florence*, ainsi composé : on fait chauffer, dans un vase de terre vernissée, de l'huile de lin ; on y ajoute, en quantité égale, du mastic en larmes réduit en poudre ; on remue pour faire le mélange, après quoi on passe à travers un linge. On doit conserver ce vernis dans un bocal hermétiquement bouché. Le vernis de Callot est aujourd'hui remplacé plus communément par le vernis suivant, dont la composition est due à M. Lawrence :

Cire vierge...............................	335
Asphalte en poudre.......................	335
Poix noire................................	165
Poix de Bourgogne.......................	165
	1,000

On le prépare en faisant fondre, comme dans le précédent, la cire et la poix, auxquelles on ajoute l'asphalte pulvérisée. On l'essaye en faisant refroidir une goutte, qui doit casser en se pliant ; alors on retire du feu, et après l'avoir formé en boule, on le conserve à l'abri de l'air.

C'est donc ce vernis que le dessinateur doit enlever sur le cuivre, dans les endroits où il veut faire mordre l'acide, c'est-à-dire dans les parties correspondant aux traits du dessin, ce qui a lieu au moyen de *pointes* et d'*échoppes*. La pointe est une forte aiguille emmanchée, et l'échoppe une pointe dont l'extrémité est aplatie en forme de biseau.

Selon le travail auquel se livre le graveur, préparation pour le burin, ébauche de paysage ou eau-forte proprement dite, sa pointe doit procéder différemment.

S'il prépare une gravure devant être terminée au burin, son travail doit être pur, ses traits symétriquement disposés ; en un mot, il doit se conformer aux lois de la gravure au burin.

S'il ébauche un paysage, il doit faire en sorte que son premier travail ne domine pas lorsque la gravure sera finie. Néanmoins il est certaines parties qui gagneront à être vigoureusement mordues ; tels sont les rochers que les hachures carrément croisées rendront bien, les troncs d'arbres, les terrains et souvent les herbes du premier plan, qui doivent être traités en grignotis. En un mot, toutes les choses d'un aspect rude et fruste gagneront à être vigoureusement entamées à l'eau-forte. Le feuillé des arbres lui-même a été, dans certains cas, admirablement rendu par le travail libre de ce procédé.

Mais s'il s'agit d'une de ces eaux-fortes dites de *peintres*, où le burin n'a rien à voir, toutes les audaces sont permises au graveur ; Rembrandt est là pour donner l'absolution ; et c'est le cas où jamais d'appliquer le précepte dangereux ailleurs : « Tout moyen est bon qui arrive au but. »

Lorsque le travail du dessinateur est terminé, il faut visiter la planche pour s'assurer si le vernis n'a pas été éraillé involontairement, et boucher les faux traits s'il y a lieu. Pour cela, on dissout dans de l'essence de térébenthine assez d'asphalte en poudre pour former un vernis qu'on applique au pinceau sur les trous à boucher, après quoi on passe à la morsure.

La morsure se fait en plusieurs fois : on commence par former autour de la planche un rebord de 2 centimètres de haut, avec de la cire à modeler, en ayant soin de ménager dans un des coins une espèce de canal qui doit servir à verser l'eau-forte. Selon la profondeur des tailles que l'on veut obtenir, la composition du mordant doit varier ainsi que la durée de la morsure ; pour une action énergique, on emploie :

Eau... 1000
Acide nitrique................................. 500
Nitrate de cuivre.............................. 60

Pour une action plus douce :
Eau... 1000
Acide nitrique................................. 250

Callot employait pour terminer ses planches dans les parties délicates :
Vinaigre fort................................. 8 parties.
Vert de gris.................................. 4 —
Sel ammoniac.................................. 4 —
Sel marin..................................... 4 —
Alun.. 1 —
Eau... 16 —

On a beaucoup travaillé cette question des mordants. Les artistes anglais, qui avancent le plus possible leurs travaux à l'eau-forte, sont arrivés à des résultats très-satisfaisants, dans la morsure des planches d'acier, dont la gravure fut longtemps une spécialité acquise pour eux.

En France, nous avons surtout cherché à modifier la composition de l'eau-forte, de manière à obtenir une taille aussi profonde que possible sans altérer la finesse des traits.

Nous avons dit que le dessinateur devait, dans le cas où le burin aurait à intervenir, subordonner son travail à celui du burin. Ainsi, dans un paysage, le ciel, s'il est mouvementé, l'horizon, les eaux et les derniers plans doivent être traités assez légèrement pour que le travail du burin puisse les recouvrir en les adoucissant, en les unissant, tout en leur conservant leur valeur ; mais les premiers plans, et surtout tous les objets frustes, troncs d'arbres, rochers, terrains ravinés, etc., doivent être traités en grignotis. Les eaux des premiers plans d'une marine, quand la mer est agitée, gagnent de la profondeur et de la transparence à une préparation vigoureuse et hardiment traitée. Quant au feuillage des arbres de premier plan, l'eau-forte peut y jouer un grand rôle ; mais l'habileté de la main et la science du dessinateur étant ici seules en jeu, le meilleur conseil que nous puissions donner, c'est de chercher les moyens employés par Woolett, Vivarès, Ph. Le Bas, et par nos meilleurs graveurs modernes.

La préparation à l'eau-forte d'une scène historique est soumise aux mêmes exigences, et nous n'en pouvons fournir une meilleure preuve que de citer celle qu'a exposée M. Henriquel-Dupont. Cette planche, une des plus avancées que nous ayons vues, contient le dessin des figures, avec l'indication du modelé, même dans les demi-teintes. C'est le squelette de l'estampe, avec les muscles, que le burin va bientôt recouvrir d'un fin épiderme. C'est une heureuse idée qu'a eue M. Dupont d'exposer ce joli travail, dont l'habile réussite ne peut surprendre aucun de ceux qui connaissent son talent. On peut mesurer, par la distance qui sépare ce travail préparatoire des fines demi-teintes du *Mariage de sainte Catherine*, d'après le Corrége, de la souplesse à laquelle peut arriver un burin habile. Entre toutes ses gravures, celle-ci nous plaît infiniment, et nous croyons que l'admirable tableau du Corrége trouvera difficilement une interprétation plus fidèle et plus parfaite. La *Charité* d'André del Sarte est aussi pleine de nuances charmantes, et M. Salmon semble vouloir serrer de près le chef de notre école de gravure. M. Bertinot, engagé dans la même voie, a, dans sa *Vierge au donataire*, de Van Dyck, et surtout dans l'*Amour fraternel*, de M. Bouguerau, joint une grande richesse de burin à un dessin élégant et correct.

M. Flameng, élève de Calamatta, est toujours à la poursuite des demi-teintes insaisissables. Rien de vaporeux comme son burin. *La Source* et *l'Angélique* d'Ingres, le *Saint-Sébastien* de Léonard de Vinci, la *Naissance de Vénus* de M. Cabanel, ont tous la même valeur de ton dans leur ensemble. Si nous ne trouvions, mêlées parmi ces pâleurs, quelques noires eaux-fortes telles que le *Marino Faliero* d'après Delacroix, on pourrait supposer que M. Flameng ignore l'existence du noir. Somme toute, c'est un parti pris auquel on commence à s'habituer, sous prétexte de distinction, et quoiqu'il y ait beaucoup à dire contre cet affaiblissement volontaire, nous sommes tout prêt à admettre les exquises finesses qui s'y trouvent. M. Martinet, qui n'est pas de la même école, ne cherche pas à atténuer les noirs quand il en trouve dans le modèle, et nous aimons assez sa traduction de la peinture coloriée de M. Gallait : *Les comtes d'Egmont et de Horn*. Ses autres gravures sont de grandes qualités de finesse, mais nous semblent moins brillantes. Sa *Nativité de la Vierge*, d'après le Murillo du Louvre, rapprochée de celle qu'expose M. Massard, gagne en correction ce qu'elle peut perdre comme brillant.

Après l'*Antiope* du Corrége, dont nous connaissons de meilleures traductions, M. Blanchard a exposé le *Congrès de Paris*, d'après Dubuffe, dont nous ne dirons pas grand'chose et le *Jour du Derby à Epsom*, d'après M. Frith. Si la signature de l'artiste français manquait au bas de cette gravure, on l'attribuerait facilement à un Anglais, tant il a su imiter la manière de nos voisins ; mais nous connaissons peu de graveurs anglais qui eussent rendu d'une manière si nerveuse et si franche les anglicismes de ce tableau. Amour-propre national à part, nous félicitons M. Blanchard d'avoir été ainsi engager la querelle avec les graveurs anglais sur leur propre terrain, et de leur avoir démontré avec une telle franchise de burin, que le miroitage et les petits effets de gravure avantagent moins la peinture anglaise qu'une manière franche et sans artifices, et lui donnent une apparence sérieuse qui ne manque pas de charmes.

Citons encore : le *Couronnement de la Vierge*, d'après Fra Angelico, d'un archaïsme plein de finesse de M. François. La *Suzanne au bain*, d'après le Corrège par M. Thévenin, dont le dessin nous a paru un peu négligé pour un burin si habile, et l'*Idylle* par M. Danguin, d'après M. Bouguereau, dont, au contraire, le burin nous a paru plus faible que le dessin. Certes, nous passons sous silence de très-bonnes choses, mais nous avons hâte d'arriver à l'eau-forte.

En première ligne nous trouvons une superbe gravure de madame Browne : la *Robe de Joseph*, d'après Bida, aussi colorée, aussi vigoureuse à coup sûr que l'original, et travaillée avec un sentiment pittoresque si hardi, d'une pointe si libre que le nom de Decamps vous vient à la mémoire.

Nous retrouvons là, aussi, quelques-unes de ces belles vues de M. de Rochebrune, que tout le monde commence à connaître, si vigoureuses, si fermes, qu'un autre nom, celui de Meryon se présente à la pensée. Le fait est que même après ce petit chef-d'œuvre : la *Pompe Notre-Dame*, et les quatre *Vues de Paris* exposées non loin de là par M. Meryon, les eaux-fortes de M. de Rochebrune semblent encore belles, ce n'est pas là un mince mérite.

Les eaux fortes de M. Carey, d'après Meissonnier, sont, à tout bien prendre, de vraies gravures au burin très-consciencieusement traitées.

M. Ch. Jacques est depuis longtemps reconnu pour un maître et ne compte plus ses chefs-d'œuvre. Sa pointe, tantôt ferme comme celle de Callot, tantôt capricieuse comme celle de Rembrandt, est toujours guidée par un sentiment pittoresque du meilleur aloi. Son habileté comme graveur est à la hauteur de son mérite comme peintre, peut-être même dans l'ensemble de son œuvre les gravures sont-elles préférables à la peinture.

Un rival sérieux pour lui, c'est M. Daubigny, qui sait imiter jusqu'à l'illusion la manière forte et rustique des vieux maîtres flamands. Le *Buisson*, d'après Ruysdaël, quoique un peu poussé au noir dans certaines parties, ne serait pas désavoué par l'émule d'Hobbema, et si les animaux du *Gué* sont d'un dessin un peu trop primitif, l'effet vigoureux et le travail large et hardi prouvent que M. Daubigny pratique la gravure avec l'autorité d'un maître. Cette eau-forte fait partie de l'exposition de la Société des Aqua-fortistes où nous trouvons encore : la *Vue prise du pont Saint-Michel*, de M. Lalanne, un des plus habiles et des plus brillants parmi ces habiles croquistes et quelques autres épreuves, non sans mérites, de MM. Ponthus-Cinier, Brunet-Debaines, etc. Enfin, pour terminer la revue de l'exposition française, citons les *vases* gravés par M. Jacquemard qui, pour être moins intéressants comme sujet, n'en sont pas moins remarquables comme travail.

En Belgique, on n'a exposé que le dessus du panier. D'abord deux beaux burins: la *Belle jardinière* et *Jeanne la folle*, par M. Bal, d'après Gallet; une série de onze planches par M. Franck, toutes fort belles, surtout la *Vierge au Lys*, d'après L. de Vinci et la *Première Culotte*, d'après Kretzschmer, et enfin un délicieux petit chef-d'œuvre de M. Biot : le *Miroir* d'après M. Cermack. Ni la France, ni l'Angleterre n'ont, selon nous, rien produit de comparable comme gravure ; le dessin, le modelé en sont d'une exquise finesse, l'effet d'un brillant incroyable, malgré l'unité de l'ensemble. Une collection de dessins très-consciencieux d'après les maîtres et destinés à servir de modèles pour la gravure, sont là, pour attester les sérieuses études de M. Biot. Nous regrettons vivement qu'il n'ait pas cru devoir exposer un plus grand nombre de gravures ; nous aurions eu plaisir à comparer son œuvre à celle M. Henriquel-Dupont, dont il se distingue par un travail moins magistral peut-être, mais auquel il ne nous a pas semblé inférieur dans certaines parties exquisement nuancées que l'auteur de l'*Hémicycle des Beaux-Arts* n'eut certainement pas mieux traitées.

Que dire de l'exposition prussienne où le prix exorbitant de 1,200 francs jure au-dessous d'une épreuve de *la Dispute du Saint-Sacrement*, par le professeur Keller? — sinon qu'elle aura, selon nous, peu d'amateurs en France. Quant aux gravures de M. F. E. Eichens, d'après les fameux cartons de Kaulbach, elles portent bien l'empreinte de la manière allemande, mais comme exactitude la moindre photographie ferait mieux l'affaire de tout le monde. Ce qui caractérise ces gravures historiques, c'est ce manque d'attrait qui résulte de la manière dont le burin a incisé le métal et qui équivaut à la touche de la peinture à l'huile. M. Hermann Eichens qui, quoique Prussien, est un des graveurs les plus connus en France, n'a envoyé que deux épreuves : la *Martyre*, d'après P. Delaroche, et *Florinde*, d'après Winterhalter, très-connues et disons-le très-communes.

La famille des Girardet est française par le talent, et les brillantes peintures de Knauss ont trouvé en M. Paul Girardet un interprète à la hauteur du peintre. Au moyen du mélange de l'eau forte, de l'aqua-tinte et du burin, il est arrivé à graver ce merveilleux *Escamoteur* qui attire la foule non loin de là, et cette non moins charmante *Cinquantaine* dont on se souvient encore. Dire que la gravure est aussi amusante que le tableau n'est ici que la vérité. M. Édouard Girardet, plus sobre, a exposé quelques reproductions des dernières esquisses de Paul Delaroche où le procédé rend admirablement toutes les tristesses qui recouvrent comme un voile de crêpe les scènes de *la Passion*.

M. Ballin, un Danois de Paris, emploie aussi le genre de gravure mixte, pour reproduire les tableaux modernes, et nous aimons presque autant son *Baptême* d'après Knauss que les reproductions d'après le même de M. Girardet. Les deux épreuves, d'après M. Brion : *la Noce* et *le Benedicite* sont aussi deux bonnes choses que nous préférons à ses tailles douces, et à sa manière noire surtout dans le *Louis XVI dans son atelier de serrurerie*, d'après Caraud.

La Russie a quelques eaux-fortes d'un joli effet de M. Mossolof, entre autres un *Saint Sébastien*, d'après Salvator Rosa. La gravure au burin y est moins brillante.

L'Italie, la patrie de la taille-douce, n'a rien de bien remarquable, à part une *Vierge à la Chaise*, de Calamatta, enjolivée d'un entourage, charmant peut-être, mais dont il nous a semblé qu'elle se passerait volontiers; et une très-brillante eau-forte de M. Cuccinotta : la *Sortie de l'Arche*, d'après le tableau de M. Palizzi. Le reste de l'exposition nous a semblé fort ordinaire.

Le caractère de l'exposition anglaise, c'est l'habileté et peut-être aussi la rapidité. Ici on voit peu de burin proprement dit, mais un mélange de procédés, un genre mixte employé le plus souvent d'une façon intelligente. Ainsi, il est certain que le graveur Stephenson a déployé un grand talent dans sa gravure d'*Ophelia*, d'après Millais, et franchement peu de personnes regretteront la triste couleur du peintre, devant cette reproduction infiniment plus complète, selon nous, que le tableau, sous le rapport du dessin. La peinture anglaise gagne du reste à la gravure, et sir Edwin Landseer, malgré son incontestable habileté, en profite tout le premier.

M. Thomas Landseer, lorsqu'il travaille d'après son homonyme, est d'avis que tous les moyens sont bons pour arriver au but. « Tout est bien qui finit bien, » a dit Shakspeare, et nous sommes de son avis. La machine à graver produit rapidement des tons gris d'une facile dégradation, et forme de bons dessous pour certaines parties, l'eau forte accentue bien le poil des animaux. Somme toute, la manière mixte est admirablement adaptée à ce genre de reproductions.

Les Anglais ne sont pas à beaucoup près aussi heureux dans l'emploi de l'eau forte, proprement dite, et à part l'épreuve intitulée *la Classe de Dessin*, effet bizarre et hardiment rendu, nous ne trouvons rien qui puisse lutter avec les productions des aqua-fortistes français.

Somme toute, sans vouloir enfermer chaque pays dans une trop étroite spécialité, on pourrait conclure, que la France est, comme toujours, un pays d'éclectisme où tous les genres sont pratiqués avec un succès évident. Que la Belgique brille surtout dans le genre du burin; et que l'Angleterre a, sinon la spécialité, du moins une supériorité incontestable dans la manière mixte. Quant à l'eau-forte, nous croyons que, tout bien pesé, c'est encore en France qu'elle donne les plus brillants résultats. Elle semble y être une conséquence de notre école de paysage, si nombreuse et si remarquable. Le sens pittoresque, développé par la fréquentation assidue de la nature champêtre, étant l'âme de l'eau-forte telle que la pratique les peintres.

L'application de la gravure en taille-douce aux sciences et à l'industrie a produit les grandes figures des ouvrages d'architecture de la maison Morel, et surtout les *palais, châteaux* et *hôtels de France*, de Sauvageot et les figures de la *Botanique appliquée à l'ornementation*, de Ruprich Robert, éditées par Dunod. Les *figures d'architecture*, de M. César Daly, nous ont surtout paru dignes d'éloges.

Il serait trop long de parler avec détail des œuvres de ce genre individuellement peu importantes exposées par la Belgique; nous y avons remarqué, seulement, une collection de dessins gravés d'après Lienard, d'une assez jolie exécution. Quant à l'innombrable quantité d'impressions en taille douce pour billets de banque, exposées par tous les pays du monde, il suffira de dire que nous n'y avons trouvé rien de remarquable ni surtout de nouveau. L'Angleterre, seule, a, selon nous, exposé quelques gravures, avec leurs réductions fort exactes, obtenues certainement par des procédés physico-chimiques. Mais, ces quelques spécimens de taille-douce sont comme noyés au milieu d'un océan de lithographies.

Enfin, pour en finir avec la taille douce, nous donnerons les plus grands éloges au *Sceau du Roi de Siam* gravé par M. Gerbier, pour M. Stern, dont les gravures pour vignettes, billets de banque et de commerce ont été jugées dignes d'une médaille d'or. Il est probable que son magnifique plateau gravé à l'eau forte et représentant *Saint Georges terrassant le dragon*, n'est pas étranger à cette récompense.

Nous bornons là notre étude sur la gravure en taille douce appliquée aux impressions commerciales ; la lithographie empiète chaque jour sur ce terrain, et tout le monde s'en apercevra en constatant l'énorme disproportion qui existe entre le nombre des spécimens des deux genres qui figurent à l'Exposition. La gravure en taille-douce a maintenant une tendance à se réfugier, sinon dans des travaux artistiques, du moins dans les travaux soignés dont la large rémunération permet seule la dépense de temps inhérente aux longueurs du métier.

III

Gravure à la manière noire.

La rapidité d'exécution de ce genre de gravure, jointe à son aptitude à reproduire les effets les plus fantastiques, lui ont donné, il y a quelque dix ans, une renaissance de vogue aujourd'hui tombée.

Inventée par un officier au service du Landgrave de Hesse-Cassel, Louis de Siegen, elle passa promptement en Angleterre, où l'introduisit le prince Rupert (Robert), palatin du Rhin et neveu de Charles Ier. Les écrivains anglais, H. Walpole entre autres, voulurent faire hommage de l'invention de ce procédé au prince, et imaginèrent une petite histoire fort intéressante, que malheureusement les faits viennent contredire. C'est le cas de dire : « Se non è vero, è bene trovato. » Le jeune prince aurait un jour remarqué un soldat qui, pendant sa faction, tentait d'enlever une tâche de rouille sur le canon de son mousquet ; s'étant approché avec l'intention de le réprimander sur son manque de tenue sous les armes, ses yeux auraient été frappés des traces laissées par la rouille, et il aurait, en partant de ce point, conçu l'idée d'un nouveau genre de gravure. Malheureusement pour le succès de cette fable, la date de 1463, du portrait de la Landgravine Amélie-Élisabeth de Nassau, veuve du Landgrave Guillaume V, vient infirmer la date de 1469, que Walpole assigne à l'épisode qu'il raconte. Il est supposable que le prince Rupert avait connu, en Allemagne, Louis de Siégen, en avait appris les nouveaux procédés, et s'en était servi peu de temps après, à son arrivée en Angleterre, aidé dans ces essais par son pensionnaire le peintre Walerad Vaillant. Quoi qu'il en soit, le cabinet des estampes de Paris possède une épreuve de la gravure qu'il fit, d'après le tableau de Ribera : *Bourreau tenant la tête de saint Jean*. Cette admirable estampe prouve que, s'il n'est pas l'inventeur de la manière noire, il était du moins digne de l'être, et qu'il a tout au moins puissamment contribué à la mettre en pratique.

Les plus célèbres graveurs à la manière noire appartiennent presque tous à l'Angleterre, et leurs œuvres sont extrêmement connues : l'un d'eux, G. White, introduisit l'usage de l'eau forte dans la pratique de ce procédé. Valentin Green a tiré parti de l'aptitude de ce procédé à rendre les effets un peu sombres, en gravant différents portraits de Rembrandt. Les peintures fantastiques de Martinn conservèrent, grâce à la manière noire, ces ombres effrayantes, à travers lesquels on devine de si terribles apparitions. Reynolds reproduisit aussi par ce procédé le *Naufrage de la Méduse*, d'après Géricault.

Les défauts de ce genre de gravure étaient, autrefois surtout, la petite quantité de bonnes épreuves que pouvait fournir une planche; aujourd'hui, on peut aciérer les planches et tirer un grand nombre d'épreuves satisfaisantes. Ce genre présente, néanmoins, de grandes difficultés à l'impression, manque de fermeté, et ne peut s'appliquer qu'aux effets sombres, ou tout au moins présentant de grandes masses obscures.

Les procédés en sont très-simples : on prépare la planche au *berceau*, instrument de forme convexe, dont la surface est striée comme une lime, mais assez profondément pour former des dents saillantes et très-fines. Cet instrument est promené dans tous les sens en croisant ses directions, horizontale, verticale, diagonale, de façon à creuser la planche et à en faire surgir un grain égal, qui donnerait à l'impression une plaque d'un noir velouté. Cette opération, autrefois très-longue, puisqu'il fallait, en moyenne, repasser vingt fois le berceau sur toute la surface, se fait aujourd'hui mécaniquement.

Une fois le grain satisfaisant obtenu, on décalque le dessin, et, au moyen de brunissoirs, de grattoirs, on abat le grain en proportion du ton qu'on veut exprimer. Le dessin, dans ce procédé, s'exécute comme s'exécuterait un dessin au crayon blanc sur papier foncé, c'est-à-dire en attaquant d'abord les grandes masses de lumière dont on adoucit les passages à l'ombre. L'emploi de l'eau-forte vient heureusement corriger le défaut de fermeté et diminuer la lourdeur qui résultait du manque de détail dans les ombres. Certaines épreuves de genre ressemblent à des lavis à l'encre de chine relevés d'un travail de plume.

IV

Gravure à l'aqua-tinte ou au lavis.

Selon certains auteurs, ce serait Jean-Adam Schweikard, de Nüremberg, qui aurait, à Florence, en 1750, le premier pratiqué ce genre de gravure. Les moyens qu'il employait ne nous sont pas connus, mais ils doivent avoir une grande analogie avec ceux dont se servit Jean-Baptiste Leprince qui, en 1760, obtint des résultats si semblables à des lavis que les amateurs de cette époque s'y laissèrent prendre. Ces procédés, qui ne furent divulgués qu'après sa mort, arrivée en 1781, ont été modifiés par un grand nombre d'artistes, selon leurs besoins, et tantôt seuls, tantôt unis à l'eau-forte ou au burin, produisent des œuvres agréables, qui sont au burin ce que l'aquarelle est à la peinture à l'huile.

La rapidité du travail, les ressources qu'il offre à une main exercée, en font le moyen le plus usité pour la gravure dite de commerce, pour ce genre d'estampes qui touche à l'art par le sérieux des objets qu'elles reproduisent, et que leur bas prix rend accessibles à tout le monde presque autant que la lithographie.

Chaque artiste, pour ainsi dire, a sa manière de graver à l'aqua-tinte. Dans la variété des procédés, nous allons en décrire deux ou trois dont les moyens diffèrent du tout au tout.

Dans le premier, après avoir verni la planche, on trace, à la pointe, son dessin, puis on dissout le vernis dans les parties qui doivent recevoir du grain, en y appliquant, au moyen d'un pinceau, une composition d'essence de térébenthine, d'huile d'olive et de noir de fumée. Le vernis s'enlève avec un linge. On répand ensuite, au moyen d'un appareil spécial, une couche très-légère de résine en poudre fine, on fait chauffer la plaque légèrement pour fixer, après quoi on fait mordre à l'acide. Cette opération est renouvelée autant de fois qu'il est nécessaire pour obtenir le ton voulu.

Le second procédé exige aussi un premier dessin à la pointe; mais celui-ci doit être soumis à l'action du mordant, après quoi on nettoie la planche avec un charbon de saule et de l'eau.

On applique, au pinceau, du vernis sur les parties qui doivent rester blanches. Puis, après avoir bordé la planche avec de la cire à modeler, on y verse de l'eau-forte plus ou moins étendue d'eau, selon l'intensité de la teinte qu'on veut obtenir. En répétant cette opération, en multipliant les réserves, on arrive, en superposant dans les ombres, ces teintes égales et d'un grain mat, à rendre certains travaux imitant parfaitement le lavis.

Pour obtenir des effets plus vigoureux, on emploie généralement un procédé tout différent. Après avoir étendu une couche épaisse de vernis ou de colophane sur la planche chauffée à un degré suffisant pour maintenir l'enduit à une consistance sirupeuse, on répand, d'une certaine hauteur, du sel marin purifié et bien sec : ce sel doit pénétrer jusqu'au métal. On renverse vivement la planche pour faire tomber l'excédant du sel, et on expose le tout à une chaleur un peu plus forte; on verse alors sur la planche, avant de la laisser refroidir, une assez grande quantité d'eau pour dissoudre le sel, et on renouvelle cette eau jusqu'à sa complète disparition. Cette opération a pour but de dégarnir de vernis le cuivre sur une multitude de points, et de permettre ainsi la morsure qui se fait par les procédés ordinaires. Chaque fois qu'une partie paraît assez attaquée par l'acide, on doit laver la planche et recouvrir cette partie avec du vernis mou composé d'asphalte en poudre dissous dans de l'essence de thérébenthine.

A. Jazet, qui a gravé à peu près complétement l'œuvre immense d'Horace Vernet à l'aqua-tinte, et dont les œuvres peu appréciées des artistes ont fait le bonheur des bourgeois de son époque, a montré une grande habileté à manier ce procédé. Revenant sur sa planche avec un pinceau, comme le graveur à la manière noire, au moyen du brunissoir, il modifiait l'effet à l'aide d'un mordant et parvenait ainsi à imiter jusqu'aux empâtements de la peinture à l'huile.

Du mélange de l'aqua-tinte et de l'eau-forte naît un genre très-propre à l'interprétation du paysage; mais de tous les artistes qui ont employé ce genre mixte, Goya est, à coup sûr, celui qui l'a le mieux su plier à son caprice. Ce puissant humoriste, dont M. Charles Yriarte vient de nous révéler la physionomie complète, a su donner à ce procédé une couleur incroyable. A propos de ses *tauromachies*, où l'aqua-tinte joue un rôle si bizarre, M. Ch. Blanc écrit : « On dirait d'un Vélasquez, qui, enivré de fureur, aurait emprunté pour un jour les acides de Rembrandt et son génie. »

V

Gravure en couleur.

La gravure en *fac-simile* d'aquarelle dont les résultats, généralement assez tristes, ont inutilement fait concurrence à la chromo-lithographie, n'est autre chose que la gravure à l'aqua-tinte, imprimée en planches superposées, de couleurs différentes, de façon à imiter le travail du pinceau. Ce travail étant absolument le même, quant à la disposition des couleurs et à leur effet, que celui de la chromo-lithographie; nous renvoyons à l'article *Lithographie*, pour les détails techniques.

M. Himely, qui, s'il n'est pas l'inventeur de ce procédé, est un des plus anciennement connus de ceux qui le pratiquent, n'a pas exposé lui-même; mais les imprimeurs, entre autres Sarrazin, ont cru devoir remettre sous les yeux ces agaçantes reproductions de Lepoitevin et Aug. Delacroix que tout le monde ne connaît, hélas! que trop. Combien nous leur préférons une simple imitation d'aquarelle anglaise, imprimée avec une richesse de tons incroyable et d'un travail si simple et si habilement déguisé que bien des gens n'ont pas soupçonné la reproduction et ont cru avoir sous les yeux une aquarelle véritable!

L'impression, nous le savons, est une difficulté double ici, en ce sens que l'exactitude des tons doit être, pour ainsi dire, mathématique; et, ensuite, que cet important travail doit être exécuté par un ouvrier, qui, quelque habile qu'il soit, n'est cependant pas infaillible, là surtout où la difficulté de se rendre compte de l'effet des tons superposés mettrait plus d'un peintre dans l'embarras. C'est donc plutôt à l'imprimeur qu'au graveur qu'incombe la responsabilité de ces *fac-simile* si infidèles dont les journaux de demoiselles ont tant abusé. Le talent de l'artiste chargé de la gravure consiste à combiner l'impression des planches, de façon à obtenir l'effet le plus riche avec le plus petit nombre possible de tons.

La gravure en camaïeu est une gravure en couleurs, imprimée à deux ou trois planches, où les tons gris et sourds dominent, et s'emploie ordinairement pour reproduire les reliefs, hauts et bas, les études d'après la bosse, etc.

VI

Gravure imitant le crayon.

Cette gravure, nommée aussi dans certains cas *gravure à la roulette, manière sablée*, fut inventée par le graveur François, auquel Demarteau contesta la priorité parfaitement établie en faveur du premier par le passage d'un Mémoire adressé par l'inventeur à M. Savérien [1], passage qui, du reste, expose tout le procédé.

« En 1740, je formai le projet d'un livre à dessiner, et je compris que pour réussir il fallait trouver une façon qui imitât le crayon; j'en fis plusieurs essais qui ne me contentèrent pas. Ce ne fut qu'en 1756 que je réussis complétement. Pour imiter les accidents et irrégularités que le grain du papier occasionne dans un trait fait au crayon, je me sers d'une pointe divisée en plusieurs parties inégales, et je trace, en la tournant dans les doigts, sur un cuivre verni, le dessin des figures; j'imite les hachures du dessin soit avec cette pointe, soit avec la roulette. »

Si nous voulions remonter plus loin, nous verrions qu'en 1650, Lutma fils, dessinateur et orfèvre, dont Rembrandt immortalisa le père par un superbe portrait, au lieu de tourner entre ses doigts l'instrument décrit par François, enfonçait un instrument de ce genre, mais plus fort, dont les dents creusaient le cuivre (*gravure au maillet*).

Quant à la roulette, c'est une petite roue d'acier, proportionnée à la grosseur des traits du dessin et traversée par un axe sur lequel elle tourne facilement.

---

1. Auteur d'un ouvrage intitulé : *Portraits des philosophes*. C'est à la fin du tome Ier, que se trouve la lettre que nous citons.

Sa circonférence est dentelée, et c'est en la roulant sur le cuivre, dans une direction plus ou moins oblique, qu'on obtient des travaux plus ou moins serrés.

L. Calamatta a gravé par ce procédé les portraits à la mine de plomb de M. Ingres, dont il a conservé ainsi l'apparence légère et la finesse. M. Dieu a gravé aussi dans ce genre, mais par un procédé tout différent, c'est-à-dire avec des points imperceptibles. Le résultat est à peu près le même comme effet; mais comme travail il est beaucoup plus long. Le genre *pointillé* est du reste un genre à part, on l'a appelé longtemps *manière anglaise au pointillé*, quoiqu'il ait été pratiqué au dix-septième siècle pour la première fois par deux artistes français, Jean Boulanger, d'Amiens, et Jean Morin, de Paris. Ce genre, toujours mou, ne se prête pas à tous les travaux, quoique certaines estampes d'après Prudhon aient prouvé qu'à la rigueur on pourrait en tirer bon parti.

Ce genre de gravure s'exécute entièrement avec des points préparés à l'eau-forte et terminés au burin. Il est inutile d'insister sur la difficulté que présente un semblable travail.

Quoique peu nombreuses, les estampes de ce genre se rencontrent encore quelquefois. Outre Prudhon, Corrége a été gravé par ce procédé, et, s'il faut en croire certains historiens, cette gravure aurait été pratiquée en Italie avant que Morin ni Boulanger ne la connussent.

C'est encore un des genres de gravure auxquels la lithographie est venue rogner la part. La photographie s'en est mêlée par-dessus le marché, et aujourd'hui le procédé photo-lithographique de Poitevin, compliqué de son système d'impression au charbon sur papier lui a fait un mal irrémédiable dans la reproduction des *fac-simile*, qui était son plus important débouché. Du reste, peu de spécimens de ce genre à l'Exposition.

DEUXIÈME PARTIE.

Gravure sur bois.

Nous avons dit que la xylographie a précédé l'invention de l'imprimerie, à laquelle elle a servi d'étude préparatoire. Si nous laissons de côté les dates approximatives et incertaines, nous ne ferons remonter ses débuts en Europe qu'à la moitié du quatorzième siècle, c'est-à-dire à l'époque où les cartes, nouvellement inventées, après avoir fait les délices des riches et des nobles, se démocratisèrent sous la forme très-primitive que leur donnèrent les *tailleurs d'ymages* et sous le rude coloris des *peintres de cartes*. Rien ne ressemblait moins aux délicates miniatures de Jacquemin Gringonneur ; mais le peuple alors n'était pas difficile, et ses goûts artistiques étaient satisfaits à peu de frais. Aussi, depuis cette époque jusqu'en 1423, la xylographie mérite à peine le nom de métier. Le saint Christophe de 1423 est, jusqu'à présent du moins (puisque la date de la Vierge de Malines est controuvée), le point de départ d'une série d'œuvres où le niveau du métier commence à s'élever. Cette seconde époque ne produit pas encore d'œuvres d'art proprement dites.

Albrecht Dürer, qu'il faut, à cause de la multiplicité des faces de son génie, considérer comme le plus surprenant des phénomènes artistiques, imprima au métier des tailleurs de bois une telle impulsion artistique, que, malgré l'imperfection des moyens d'exécution, malgré l'état rudimentaire de l'imprimerie, il enfanta des œuvres, sinon parfaites, du moins dignes de figurer à côté des peintures et des sculptures de cette époque.

Albert Durer aurait eu, paraît-il[1], de nombreux ouvriers, formés sous sa direction, et leur aurait fait exécuter une partie des gravures qui sont connues sous son nom. N'eût-il eu que le mérite d'avoir dessiné la série de son *Histoire de la Vierge*, la *Mélancolie* et tant d'autres œuvres d'une simplicité un peu gothique, mais d'un sentiment profond, qu'il aurait encore droit au titre de créateur de la gravure sur bois.

Nous ne pouvons comparer les œuvres des premiers maîtres allemands avec les œuvres d'aujourd'hui, les procédés étant complétement dissemblables. Pour bien comprendre le mérite des œuvres de Durer et des graveurs des seizième, dix-septième et dix-huitième siècles, il faut nous rendre compte de leur manière de procéder.

Jean Honterus, Sébastien Munster, Michel Volgemuth, tout comme Durer, et plus tard Salomon Bernard et Papillon, gravaient sur des planches de poirier et de cormier; mais (et c'était là la plus grande difficulté) leurs planches étaient de véritables planches, c'est-à-dire en *bois de fil*. L'incision des tailles se faisait au moyen de pointes tranchantes, dont la forme avait une grande analogie avec celle de la lancette des médecins. Il est facile de juger de quelle difficulté dut être l'exécution de gravures de grandes dimensions, et à quelles épreuves dut être mise la patience du graveur. A la simple inspection des estampes de Durer, on reconnaît le consciencieux respect avec lequel a été rendu son dessin tracé avec la plume sur le bois. Aujourd'hui même, avec nos procédés, comparativement si rapides et si faciles, la même chose n'a pas toujours lieu.

Depuis Durer jusqu'au dix-septième siècle, la gravure sur bois n'attira l'attention ni par des défaillances bien caractérisées ni par des œuvres d'un éclat remarquable. En France, introduite sous Louis XII, elle ne débuta pas d'une façon bien brillante entre les mains de J. Duvet, le *maître à la Licorne*. Le nombre des graveurs sur bois fut toujours fort restreint, relativement à celui des graveurs en taille-douce; aussi ne trouvons-nous de noms connus que ceux de Boutemont, Salomon Bernard, Lesueur père, Pierre et Vincent Lesueur, ses deux fils, puis la famille des Papillon, qui terminent la nomenclature de l'ancienne xylographie.

La gravure sur bois était passée à l'état de mythe en France, où la gravure en relief sur cuivre la remplaçait, tandis que l'Angleterre, dès les dernières années du dix-huitième siècle, avait repris la mode d'illustrer les livres, comme au temps d'Albert Durer. Un artiste anglais, Thomas Bewick, avait, vers 1775, complétement renouvelé la partie technique du métier, et devant la xylographie s'ouvrait l'ère des publications illustrées. Une première tentative d'introduction en France, vers 1805, échoua, et ce ne fut guère que vers 1845 que l'Anglais Thompson parvint à nous faire comprendre le parti qu'on en pouvait tirer. Puis vint la révolution artistique de 1830, et le goût du pittoresque dont les masses s'étaient éprises fit la fortune de cette renaissance. L'exposition de 1827 prouva que les graveurs français avaient mis à profit les leçons anglaises, et l'un d'eux, M. Godard fils, d'Alençon, entre autres exposa des œuvres d'un réel mérite.

L'Allemagne avait depuis longtemps abandonné la routine; mais, entraînée par ses tendances archaïques, elle refit trop souvent, avec les nouveaux procédés, la copie, presque toujours malheureuse, de la manière de ses vieux maîtres.

---

1. Jansen. *Essai sur l'origine de la gravure sur bois et en taille-douce et sur la connaissance des estampes des quinzième et seizième siècles.* — Paris, 1808.

Quant à nous, nous avons soutenu la lutte avec l'Angleterre, et si les graveurs habiles sont abondants à Londres, s'ils ont Thomas, W. Measom, W. Linton, Evans, etc., nous avons Brevière, Gusman, Robert, Rouget, Maurand, Chapon, Sargent, Pannemaker, etc., dont les œuvres sont partout à l'Exposition de 1867.

Avant de parler de l'exécution de la gravure sur bois, il est important de bien définir la part du dessinateur et celle du graveur dans l'œuvre commune.

Le rôle du graveur auquel Albert Durer confiait un bois se bornait à enlever patiemment toutes les parties que n'avait pas touchées la plume du maître. Nous n'entendons pas dire que, même à cette époque, ce travail ait été purement mécanique. En tout temps, l'intelligence du dessin a été nécessaire pour accomplir la besogne artistique, même la mieux préparée. Mais aujourd'hui, certaines causes ont rendu la besogne du graveur plus difficile. Lorsque, il y a une vingtaine d'années, Gigoux illustra *Gil Blas* et Tony Johannot, *Molière* et *Don Quichotte*, la mode des dessins estompés et lavés n'était pas encore aussi répandue ; alors soutenu par un croquis accentué, par des effets décidés, le graveur a pu rendre toute la verve du dessinateur. Aujourd'hui la mode, ou plutôt les nécessités du métier, ont créé un autre genre, où la liberté de la gravure sur bois disparaît devant une assez pauvre imitation de la taille-douce (voir un grand nombre de gravures de Pannemaker, Ligny, etc., d'après Gustave Doré et autres).

Nous ne sommes plus à l'époque où Boldrini gravait les dessins à la plume du Titien, et nous n'exigeons pas une mise sur bois aussi énergique que celle des gravures de Jeghers, d'après Rubens ; mais l'estime que professent encore les connaisseurs pour les croquis de Gigoux, si admirablement gravés par Porret, nous semble une critique du dessin sur bois, tel qu'on le pratique aujourd'hui. Nous n'avons cependant pas l'intention de repousser systématiquement l'usage du pinceau et de l'estompe ; ces moyens ont leur emploi assez clairement indiqué dans les fonds des compositions importantes.

Dans certains cas, surtout lorsqu'il s'agit d'ouvrages techniques, tels que les dessins destinés à illustrer des ouvrages de science, les reproductions de machines, etc., dont la gravure doit être faite rapidement et à bon marché, l'emploi de l'estompe a le double avantage d'abréger la besogne du dessinateur, en laissant au graveur la liberté de choisir le travail qui lui semblera le plus rapide et le plus convenable. Or, en pareille matière, le graveur est plus compétent que qui que ce soit ; on peut s'en reposer sur lui.

Une dernière observation : nous croyons fermement, et pour cause, au talent des graveurs en général ; mais, hélas ! comme presque tout le monde, ils sacrifient au dieu du jour. Qui leur jettera la pierre... ! Leur profession est, d'ailleurs, pleine d'embûches : un dessin, parfois très-brillant au sortir des mains du dessinateur, a perdu beaucoup à la gravure. Déception ! reproches ! (L'original n'est plus là et n'en est que plus regretté.) Pourquoi ? Parce que, d'abord, la rémunération de la gravure était souvent trop faible pour permettre d'y passer le temps nécessaire ; — or, si l'intelligence du graveur est indispensable, la gravure est aussi une affaire de temps, « *Times is money*; » ensuite, parce que trop souvent aussi le dessin était conçu de façon à ne pas gagner à la dureté relative qui résulte des tailles, imprimées en noir, remplaçant la teinte grise de la mine de plomb finement estompée et rehaussée de gouache dans les lumières. Alors on est injuste, on crie à la trahison : *Traduttore ! tradittore !* » et l'on a tort. Donnez à un graveur sur bois, comme nous en connaissons tant, un bon dessin et le temps nécessaire, puis vous le condamnerez ensuite, s'il ne réussit pas.

Nous terminerons ces réflexions un peu longues par une remarque relative à certaines œuvres exposées dans la galerie du matériel des arts libéraux, remarque

que bien d'autres sans doute ont faite comme nous : certains dessinateurs industriels, qui occupent très-certainement un ou plusieurs ouvriers graveurs, ont exposé, en se qualifiant de *dessinateurs-graveurs*, des cadres où leur nom figure au bas de chaque épreuve. Le nom du graveur étant absent, on est libre d'attribuer à messieurs les dessinateurs le dessin et la gravure, vu l'étiquette générale du cadre. Cependant il était bien facile de ne pas enlever ce nom et de laisser à César ce qui lui appartenait; on aurait ainsi évité à ceux qui découvraient la supercherie la peine de restituer ce nom, et à ceux qui s'y laissaient prendre, la peine d'être détrompés et de perdre une illusion. — Raison de métier, c'est possible, mais mauvais procédé entre gens qui se touchent de si près. D'autant plus qu'il ne s'agit pas toujours d'ouvriers graveurs à la solde des dessinateurs, mais le plus souvent de gens établis, qui ont au contraire des dessinateurs attitrés et un nom gagné à la pointe du burin.

Nous avons dit qu'anciennement la xylographie se pratiquait sur bois de cormier ou de poirier, avec des pointes tranchantes dans les parties délicates, et des fermoirs dans les parties larges. Depuis la renaissance de cet art, on se sert de buis coupé *de bout*, et qui se taille avec des burins à peu près comme du métal. Souvent, soit que le dessin soit trop grand (un morceau de buis de 25 centimètres de côté est assez rare), soit que l'exécution rapide de la gravure exige que le travail soit fait simultanément par plusieurs ouvriers, l'ensemble d'un bois est composé d'un certain nombre de morceaux collés ensemble [1]. Une fois le dessin fait, on peut séparer chacune des parties, qu'on recolle après que l'œuvre collective est terminée : un travail de raccord dissimule les lignes de jonction, qu'un léger trait blanc signale seul aux yeux très-exercés.

Le bois mis à la hauteur des caractères d'imprimerie et poncé, on le recouvre d'une légère couche de blanc d'argent gouaché, c'est-à-dire délayé avec de l'eau et un peu de gomme. Cette opération, surtout pour les planches de petites dimensions, ne demande qu'un peu d'habitude. Le dessinateur y fait alors son dessin, qui est ensuite livré au graveur.

Tel dessin, telle gravure. Si le dessinateur a exécuté son travail au crayon ou à la plume, et que le graveur ait à reproduire l'enchevêtrement de ces traits dont l'œil a peine à se rendre compte, la gravure est dite en *fac-simile*. Les *fonds* de certaines gravures de Tony Johannot, dans le *Voyage où il vous plaira*, donnent une idée des difficultés de ce travail. Alors le graveur doit, avec le plus fin de ses burins, cerner tous les traits du dessin en dehors et en dedans, puis enlever les blancs qui se trouvent entre les hachures; après quoi il isole le contour général du dessin, avec une échoppe ronde, en traçant un sillon assez creux, et abat les grands blancs à la gouge.

Si le dessin a été lavé ou estompé, une plus grande responsabilité pèse sur le graveur ; c'est à lui de calculer le travail du burin de façon à rendre la valeur des teintes de l'original. Il doit, dans ce cas, avoir un certain nombre d'instruments nommés *langues de chat*, sortes de burins de grosseur insensiblement graduée, de manière à obtenir par leur emploi successif une teinte dégradée. En interprétant un dessin par ce genre de gravure, il faut avoir soin de varier le

---

1. L'administration du journal *l'Illustration* a exposé dans la classe 6 du IIe groupe plusieurs bois de grand format, composés de morceaux, dont le nombre peut être augmenté à volonté et dont l'assemblage et le maniement présentent une grande facilité et surtout une économie de temps précieuse pour un journal dont les nombreuses gravures doivent être exécutées à heure fixe. M. Scott, de Londres, expose des planches formées de bois joints par un système d'assemblage à vis qui nous semble supérieur comme facilité de maniement à tout ce que nous avons vu jusqu'à ce jour.

travail, afin d'éviter la monotonie de l'aspect et de rendre plus distinctement la nature des objets qui composent ce dessin. Ce genre de gravure, auquel on a donné le nom de *gravure classique*, tend à prédominer maintenant, au grand désespoir des amateurs de la gravure en *fac-simile*, dont la liberté, l'esprit, le brillant est en tout l'opposé de ce genre qu'on devrait plus justement qualifier de *métier*. Visant à imiter la taille-douce, sans pouvoir y arriver, il ennuie par sa régulière froideur, et même entre les mains de M. Pannemaker, le moderne Marc-Antoine de la gravure sur bois, son aspect terne et gris le met au niveau de l'exécution proprette et luisante, d'un luisant de zinc, de certaines peintures dont le brillant vernis ne recouvre que des pauvretés. Enfin, c'est la mode ! Espérons qu'elle passera; que messieurs les dessinateurs n'auront plus la prétention de faire un tableau d'histoire à chaque vignette, et que les gravures imitant le zinc feront place à ces croquis brillants où l'individualité de l'artiste accentue chaque détail. La gravure sur bois consacrée à l'illustration des ouvrages littéraires doit commenter intelligemment le texte; or, Doré a fait, dans les *Contes* de Balzac, de ravissants petits chefs-d'œuvre délicieusement gravés en fac-simile; s'il a cru devoir, en illustrant la Bible, élever sa manière jusqu'à une certaine façon historique, nous ne pouvons qu'y applaudir; mais qu'il reprenne, à l'occasion, son ancienne manière de dessiner sur bois et laisse de côté la gravure de haute école, nous sommes sûrs qu'il rachètera l'échec que lui ont valu les dessins des *Fables* de La Fontaine, dont la gravure était bien solennelle pour l'esprit du bonhomme.

Cette froide régularité que nous reprochons aux gravures d'art devient un mérite pour la reproduction des dessins de science et d'industrie, tels que les figures des cours d'architecture et celles qui sont destinées à commenter le texte des ouvrages techniques; là, en un mot, où l'élément pittoresque doit disparaître devant la netteté du dessin et la clarté des détails, où rien n'est abandonné à la fantaisie du dessinateur.

Enfin, quel que soit le genre de la gravure, aussitôt le travail fini, après avoir encré le bois avec un tampon ou un rouleau, le graveur doit tirer une épreuve dite *fumet* sur papier de Chine. Il applique, sans la mouiller, la feuille de papier, et prend l'épreuve en frottant avec un brunissoir. Cette épreuve permet de juger s'il y a des retouches à faire.

La bonne impression des gravures sur bois est encore une partie délicate, dont l'importance est immense pour la bonne exécution de l'estampe. C'est à la *mise en train* de compléter l'œuvre du dessinateur et du graveur, et cette mise en train est tellement importante, que la meilleure gravure mal imprimée donnera à l'impression un effet tout autre que celui qu'on attendait. Une impression uniforme, grise partout, donne aux fonds la même valeur qu'aux premiers plans, tandis qu'un imprimeur intelligent obtiendra des lointains légers, dont la profondeur sera augmentée par la vigueur des premiers plans. C'est en augmentant la pression, au moyen de papiers découpés de façon à correspondre aux vigueurs et aux parties qu'on veut alléger que les typographes obtiennent ce résultat. Une autre condition importante encore, c'est l'emploi d'encre irréprochable, pour éviter l'empâtement des parties délicates.

On avait cru trouver dans la photographie un auxiliaire de la xylographie, un moyen de supprimer le dessinateur; mais l'expérience a démontré que cette application, séduisante en somme, était d'un emploi à peu près impossible. Les agents chimiques qu'on était forcé d'employer changent la couleur du bois, non-seulement à la surface, mais jusqu'à une certaine profondeur, en vertu de la capillarité, et cette altération de la couleur empêche le graveur de se rendre bien nettement compte de son travail. De plus, il fallait, lorsqu'on ne pouvait opérer d'après nature, se procurer un dessin à la plume très-fini, sur papier, puis ensuite le transporter photographiquement sur bois, double opération complétement inutile par le procédé naturel, en vigueur de temps immémorial.

L'avantage immense de la gravure en relief est encore doublé par la facilité d'obtenir, au moyen du clichage galvanoplastique, autant d'exemplaires de la planche qu'on en désire, et de conserver intacte la matrice, qui jadis ne pouvait donner qu'un certain nombre d'épreuves.

Somme toute, la gravure sur bois a rendu d'immenses services à la science ; elle a sa raison d'être à notre époque, où les livres, et surtout les livres illustrés, sont devenus un besoin général. Si le prix encore élevé auquel elle revient, et la difficulté de la plier à la rapidité nécessaire pour certains travaux, sont contre elle ; si, en un mot, elle n'est pas le type du *desideratum* général, il faut reconnaître qu'elle a tout fait pour remplir, dans la mesure de ses forces, les conditions du programme, et, jusqu'à ce que l'électricité ou tout autre moyen physicochimique vienne la remplacer, elle continuera à progresser tout doucement, en raison du proverbe : « Qui va *piano* va *sano*. »

A part quelques œuvres exécutées *pour la circonstance*, la majorité des gravures sur bois exposées ont figuré soit dans des livres récemment édités, soit dans différentes revues périodiques, et sont assez connues pour nous dispenser de toute description. Il nous suffirait, au besoin, de feuilleter quelques-uns de ces beaux livres si luxueusement illustrés, tels que la Bible, *l'Enfer* du Dante, *l'Histoire des peintres*, de Ch. Blanc, *le Magasin pittoresque* ou les journaux hebdomadaires illustrés pour avoir une exposition cent fois plus complète que celle du Champ de Mars. Chacun des exposants n'a pu apporter qu'un simple spécimen de son savoir-faire, encore en est-il beaucoup qui se sont abstenus. — Parlons d'abord des présents, sauf à nous occuper ensuite des absents.

Un beau portrait de l'Empereur, exécuté dans des proportions qui rappellent peut-être les gigantesques affiches du cirque américain, mais dont l'exécution fait le plus grand honneur à M. Dumont, est peut-être l'œuvre la plus hors ligne de l'exposition xylographique. Certes, nous n'étions pas bien disposé pour M. Dumont. Tout en lui reconnaissant un véritable mérite individuel de dessinateur, nous avons trop souvent constaté dans ses gravures, une certaine dureté, ordinairement due à l'abus de tailles surcoupées, une grande incorrection de contours, jointe parfois à l'inexactitude de la perspective, pour ne pas voir en lui un traducteur dangereux. Son *portrait de Napoléon III* efface aujourd'hui bien des œuvres,.. médiocres. L'effet en est à la fois doux et riche, d'un beau ton gris bien soutenu et bravement gravé en grandes tailles habilement dirigées dans le sens du modelé. Il y a, selon nous, bien peu de graveurs, non-seulement en France, mais encore en Amérique, qui oseraient entreprendre une telle gravure dans les mêmes conditions. C'est là une œuvre de maître, et l'atelier de M. Dumont, sous l'impulsion d'une main aussi sûre d'elle-même, ne peut que gagner en s'astreignant davantage au respect du dessin, même pour l'exécution des œuvres de commerce.

M. Gusman, lui, n'a pas de gravure gigantesque à montrer. C'est un talent consciencieux et patient, auquel les petits cadres suffisent pour montrer toute sa force. Dans les deux gravures qu'il expose, *les Noces de Cana*, de Paul Véronèse, et *la Bataille d'Eylau*, de Gros, dessinées par M. Cabasson pour l'*Histoire des peintres*, on retrouve son genre habituel : travail sobre, fin, consciencieux, patient, qui reproduit les tableaux avec une pureté presque égale à celle du burin. S'il est personnellement moins dessinateur que M. Dumont, il y supplée par la conscience avec laquelle il rend l'œuvre de son collaborateur habituel, et personne n'accusera M. Cabasson de dessiner à la légère.

9

A propos de dessin, M. Rouget n'a pas non plus à se plaindre ; — M. Jacques, dont nous nous sommes occupé en parlant de l'eau-forte, et M. Français s'entendent à préparer la tâche du graveur ; aussi est-il résulté de cette association de ces bonnes gravures auxquelles M. Rouget nous a depuis longtemps habitués. Nous aimons moins les illustrations de *l'Oiseau* de Michelet, dessinées cependant très-gracieusement par M. Giacomelli, et délicatement gravées, mais moins intéressantes, selon nous.

Quel que soit le dessinateur, M. Sargent sait donner à ses œuvres un véritable cachet artistique dont il faut lui tenir compte, et c'est une bonne fortune que d'être gravé par lui. Sa *Source sous bois*, d'après K. Bodmer pour le *Magasin pittoresque*, n'est sans doute pas son chef-d'œuvre ; mais c'est, avec le *Vieux berger* d'après Decamps, ce qui nous convient le mieux dans les six gravures contenues dans son cadre.

Un grand nombre de gravures de l'*Histoire des peintres* portent la signature de M. Chapon, et, comme les autres spécimens qu'il a réunis à l'Exposition, sont d'une exécution très-soignée ; elles se soutiennent bien à côté de celles de M. Gusman et s'en distinguent souvent par des qualités d'un noir plus hardi.

Nous avons encore remarqué des portraits gravés sur bois (on sait quelle est la difficulté de ce travail) par M. Robert, — presque un spécialiste, — et parfaitement compris au point de vue de l'impression. Ces dessins de Mouilleron ont été publiés par l'*Illustration*.

M. Meyer-Heine a gravé, d'après M. de la Charlerie, pour le *Panthéon de l'histoire* de M. Armengaud, plusieurs bois d'une exécution très-soignée. M. Pierdon a reproduit un dessin de M. Penguilly, *les Chanteurs de Noël*, d'une façon assez bizarre, qui présente à certaine distance l'effet d'une lithographie. Enfin nous trouvons dans l'exposition de la librairie un grand cadre contenant des dessins sur bois de MM. Anastasi, Mouilleron, Bocourt, Lancelot, etc., exposés par M. Salmon, tandis que M. Hachette nous montre quelques dessins exécutés pour le *Tour du Monde*, par MM. Bayard, Theron, Riou, etc. Tous ces dessins, quoique mal éclairés ou placés trop haut, nous ont paru d'une très-belle exécution et intelligemment exécutés au point de vue de la gravure.

Les spécimens exposés par le *Monde illustré*, quoique gravés avec la célérité indispensable à ce genre de publication, dénotent une rare habileté de la part des graveurs ; quelques gravures de M. Maurand surtout sont traitées d'une façon grasse et facile, qui attestent un joli talent de dessinateur joint à une incroyable célérité d'exécution comme gravure.

Nous pourrions étendre indéfiniment cette partie de notre étude sur la xylographie française ; car les éditeurs ont exposé au grand complet les publications illustrées qui ont paru depuis 1855, et Dieu sait si le nombre en est effrayant ! Toutes ces œuvres étant suffisamment connues, nous passerons à l'exposition anglaise, pour étudier comparativement l'œuvre de nos anciens maîtres.

Ce n'est certainement pas l'œuvre du premier venu, le cadre qui contient les *Douze paraboles* d'après Millais ! Il y a là une imitation des vieux maîtres allemands, d'un archaïsme parfois assez réussi. C'est, du reste, une spécialité ; car nous trouvons non loin de là d'autres gravures archaïques pour la *Vie d'Holbein*, signées aussi de MM. Dalziel frères, d'après Reid. Somme toute, l'exécution en est parfois d'une naïveté assez gauche et doit présenter à l'impression des difficultés sur lesquelles nous serions sans doute moins accommodants en France. Nous leur préférons de beaucoup les gravures si brillantes de M. W. Thomas, tout en regrettant l'incorrection du dessin qu'elles affichent si gaillardement. Cependant la *Sépulture du Christ*, d'après le Pérugin, mieux dessinée, nous a semblé une exception dans l'exposition de ce graveur. A une suffisante correction de dessin il a su joindre une délicatesse d'exécution d'autant plus remarquable qu'elle avoisine d'autres épreuves si brillantes qu'elles en sont tapageuses. M. Thomas nous semble une personnification du talent des graveurs sur bois de l'Angleterre, qui ne peuvent manquer d'imiter leurs collègues de la taille douce, si habiles à faire miroiter l'acier. La *Grotte de la reine Mab*, d'après Turner, nous aurait peut-être surpris, si nous n'avions souvent rencontré de semblables tours de force dans l'œuvre de M. W. Thomas, entre autres un paysage, d'après Troyon, si brillant, que le tableau, lorsque nous le revîmes, faillit nous sembler terne. — Qui sait où peu conduire un excès de talent !

M. Measom est presque aussi connu en France qu'en Angleterre ; il est peu d'éditeurs parisiens qui n'aient eu affaire à lui, et sa gravure est toute française. Son *chevalier Jauffre*, d'après Doré, fait partie de l'illustration d'un roman de Mary Lafon, dans lequel il a déployé un joli talent de graveur, nous dirions presque de coloriste.

Un graveur bien anglais, c'est M. Swain, dont le genre se rapproche un peu de M. Thomas. La vue de la cathédrale de Tolède et les autres épreuves de M. W. Palmer sont d'un fini précieux. Enfin, les *Chants du cavalier écossais*, de feu Thompson, sont dignes de sa réputation.

Somme toute, l'exposition anglaise, quoique plus brillante que la nôtre, n'a rien à opposer à cette série de gravures sérieuses que nous avons signalées en commençant, et si nos anciens maîtres sont restés des maîtres, nous pouvons au moins marcher de pair avec eux.

En Italie nous ne trouvons guère que quelques gravures d'un bon travail, très-libre et d'une grande habileté, exposées par M. Salviani. Celles de M. Pisante nous ont paru bien dures, celles de M. Tramontano plus dures encore et d'un dessin par trop sans façon.

L'Espagne est pauvre : à part un mouton dont la laine est assez bien rendue par un travail très-patient signé Marchi, et quelques lourdes épreuves de M. Severini, la xylographie brille par son absence.

L'Imprimerie impériale d'Autriche expose quelques épreuves d'une force ordinaire. La Belgique a, par-ci par-là, quelques gravures sur bois dont certaines, assez jolies, sous le nom de Vermorcken. La Bavière expose, comme résultats des études xylographiques dans ses écoles, quelques épreuves assez médiocres. — Le reste de la terre s'est abstenu ou n'a rien exposé qui mérite attention.

Après nous être tant occupé d'art, parlons un peu de gravure industrielle. Il est bien entendu que la France seule est en cause.

En fait d'architecture, nous serions bien embarrassé pour trouver le meilleur xylographe spécialiste. La famille Guillaumot nous en fournit trois à elle seule, dont l'Exposition renferme des œuvres très-sérieuses gravées sur les dessins de M. Viollet-le-Duc pour son *Dictionnaire raisonné d'architecture*. M. Mouard, qui collabore à la même œuvre, expose des épreuves tout aussi soignées, et M. Pégard, dont les gravures se retrouvent à chaque page des *Études sur l'Exposition*, a exposé un cadre tout aussi riche de bonnes choses, non pas seulement à l'Exposition, mais encore au Salon annuel des Champs-Élysées. Nous nous servirons pour passer à un autre genre de gravure de la transition que nous offrent les reproductions de machines et autres sujets industriels qu'il a groupés sous la même glace dans la galerie du matériel des arts libéraux.

S'il est un genre qui demande de la précision, un travail sobre produisant de grands effets à peu de frais, c'est certainement la gravure de machines industrielles ou agricoles. Ces conditions, M. Pégard les a remplies en graveur consciencieux, habitué à vaincre des difficultés d'un ordre plus élevé dans la reproduction des sujets artistiques.

L'exposition de M. Bourdelin, dont la collaboration au *Monde illustré* a prouvé le talent de dessinateur, contient aussi nombre de bonnes choses, quoiqu'on y trouve de tout un peu : animaux, paysages, figures, machines gravées,..... tantôt bien quand elles sont gravées par M. Charlot, tantôt..... moins bien.

M. Guiguet, quoiqu'il nous montre quelques animaux dessinés sur bois, est plus spécialiste que son voisin ; il ne sort guère des machines industrielles que pour entrer dans la machinerie agricole. Nous connaissons de très-bonnes choses qui sont sorties de son atelier, c'est une vieille réputation de dessinateur à laquelle bien des graveurs ont collaboré.

M. V. Rose est aussi un dessinateur, dont la réputation bien établie dans l'industrie est au-dessus des défaillances de la gravure. Nous conseillons à messieurs les dessinateurs de ne pas reculer devant les expositions, il y a là une occasion de réunir leurs dessins les mieux réussis par le graveur, et de faire oublier bien des gravures tout au moins médiocres, qui ne leur font pas honneur aux yeux des gens étrangers à la question de métier. Ceci soit dit pour tous, et pour M. Lepage en particulier, dont les dessins sont généralement médiocrement rendus par la gravure. Il y aurait là aussi une occasion de faire partager au graveur, — qui était à la peine, — les honneurs du triomphe.

TROISIÈME PARTIE.

I

Procédé Gillot ou paniconographie.

Titre pompeux, mais procédés assez simples en somme, quoique exigeant une grande habileté pratique de mise en œuvre.

On lève, avec l'encre à reporter, une épreuve d'un dessin lithographié, autographié ou gravé, qu'on transporte sur une plaque de zinc planée et polie ; puis commence l'opération du mordançage, opération délicate où se trouve toute la difficulté du procédé.

Le mordant de M. Gillot est composé d'acide nitrique fortement étendu d'eau, et se trouve dans une cuve en gutta-percha, agitée d'un mouvement de bascule destiné à déplacer incessamment les sels formés par l'action de l'acide sur le zinc. Avant de soumettre la planche à l'action de l'acide, on a soin d'y répandre et étendre, avec un blaireau, une très-légère couche de résine en poudre, après quoi on la met dans la cuve. La première morsure, qui ne doit attaquer que dans les parties vigoureuses, doit être très-légère et dure à peine un quart d'heure ; alors on retire la planche qu'on débarrasse au pinceau des sels qui y seraient restés. On chauffe sur un feu doux, de façon à faire fondre lentement la résine qui, mélangée avec l'encre, vient garnir le léger talus des tailles formées par cette première morsure. On encre avec un rouleau de lithographe, puis on verse une nouvelle couche de résine et la morsure recommence, mais plus énergique et plus prolongée. L'opération continue, identiquement semblable, jusqu'à ce que les différentes couches de résine fondues successivement aient bouché toutes les tailles, et que la plaque ne présente plus qu'une surface d'un noir à peu près égal, où l'on ne distingue presque plus le dessin. La dernière morsure doit être plus énergique que les autres : l'acide doit être moins étendu d'eau, et la planche reste environ trois quarts d'heure dans le bain. Avant de fixer ce cliché sur bois, on découpe, s'il y a lieu, les grands blancs, et l'opération est terminée.

Au point de vue de l'économie, ce procédé est séduisant ; mais les résultats, quelle que soit l'habileté de l'opérateur, sont rarement satisfaisants. Quelques journaux l'emploient cependant, mais il ne convient pas aux œuvres d'un travail serré. L'emploi du crayon surtout produit de tristes dessins.

II

Procédé Comte (Néographie).

Ce procédé de gravure en relief par les acides, auquel le jury vient de décerner une mention honorable par une méprise au moins aussi honorable pour son inventeur que la mention, — mais inexplicable de la part d'un jury, — est beaucoup moins ancien que le procédé Gillot. Ses résultats, qui l'ont fait récompenser à titre de *gravure en creux*, tandis qu'il ne produit que la *gravure en relief*, sont assez connus pour que nous nous dispensions d'en faire la description. Quant au moyen d'opérer, nous n'en pourrons donner que ce que nous devons à l'obligeance de l'inventeur qui garde pour lui le secret du laboratoire.

Une plaque de zinc, préalablement préparée, c'est-à-dire planée et lustrée est recouverte d'un enduit blanc..... A l'aide d'une pointe dure, d'os, de laiton de bois ou de corne, on trace sur cet enduit le dessin qui se laisse voir sous l'apparence d'une mine de plomb, teinte favorable, mais dont il faut se méfier si on ne veut pas tomber dans le noir. Un léger miroitement dû au poli du zinc, dans lequel se reflète la pointe du dessinateur lorsqu'il travaille au milieu de parties déjà découvertes, désoriente un peu lorsqu'on n'en a pas encore l'habitude ; mais passons. — Une condition essentielle, c'est de ne pas érailler le zinc en dessinant.

Lorsque le travail du dessinateur est terminé, le graveur soumet la planche à un dépôt de vernis gras qui ne se dépose que dans les parties où la pointe a mis à nu le métal. Dans cette opération, l'enduit blanc a disparu, et sur le zinc net et gris le dessin apparaît alors comme s'il avait été tracé à la plume avec de l'encre lithographique. On peut encore faire au dessin les retouches qu'on juge convenables, soit en ajoutant, soit en enlevant ; puis la planche passe à la mise en relief par les acides.....

Comme tous les procédés spéciaux, ce genre de gravure demanderait des dessinateurs spécialistes, et son malheur est peut-être d'avoir été jugé, dans certains cas, sur des essais où le dessinateur n'était pas au courant de ce genre de travail, car les dessins publiés depuis 1861 dans *l'Art pour tous*, par M. Kreutzerberger, ceux de la *Gazette des Architectes*, différents spécimens publiés par le journal de *l'Illustration*, par *le Magasin pittoresque* et *le Monde illustré*, sans compter les œuvres qui figurent à l'Exposition, prouvent mieux que tout le bien que je n'ose dire de ce procédé combien son application économique présenterait d'avantages.

III

Gravure par les procédés physico-chimiques de M. Dulos.

La mise en relief d'un dessin sur planche métallique se présente à l'esprit comme une chose assez simple au premier abord, et si nous ne citons que MM. Gillot et Comte, c'est que dans la masse des chercheurs eux seuls sont arrivés à des résultats pratiques. Presque tous ceux qui se sont préoccupés de cette question en ont cherché la solution dans l'action des acides; mais l'érosion du métal par l'acide, qui donne dans la taille-douce des résultats suffisants, ne peut donner que de très-incomplets résultats lorsqu'on l'applique à la gravure en relief. La profondeur des tailles qui doivent séparer les traits en relief d'une gravure typographique ne peut s'obtenir que par l'action prolongée du mordant qui s'exerce alors aussi bien dans le sens horizontal que dans le sens vertical, et ne donne la profondeur voulue qu'au détriment de l'épaisseur des parties réservées, c'est-à-dire en détruisant les finesses du dessin et en atténuant les vigueurs. C'est en évitant jusqu'à un certain point cet écueil que MM. Comte et Gillot ont obtenu leurs succès.

M. Dulos s'est bien gardé de s'engager dans cette voie, et son invention, basée sur l'observation des phénomènes capillaires, n'a aucune analogie avec les procédés déjà cités.

Si, sur une feuille de verre dépoli, on trace avec une encre grasse un dessin, et qu'ensuite on jette de l'eau sur toute la surface du verre, il se forme, à droite et à gauche de chaque ligne tracée, deux ménisques convexes, quoique l'eau s'élève à une certaine hauteur. Le même phénomène se reproduit toutes les fois qu'on opère ainsi avec un liquide mouillant une surface sur laquelle on a tracé un dessin avec un corps qui ne se laisse pas mouiller. Les mêmes ménisques se reproduisent lorsque après avoir tracé un dessin gras sur une plaque argentée, on verse au lieu d'eau du mercure. Tel est le point de départ de M. Dulos, qui, dans un ordre d'idées dont on ne saurait trop le louer, a tenu à faire connaître lui-même en détail sa manière d'opérer.

En principe, voici le détail des procédés : On prend une plaque de cuivre argenté, sur laquelle on trace le dessin à l'encre lithographique, soit d'inspiration, soit après un décalque préalable. Le dessin terminé, on recouvre au moyen de la galvanoplastie la plaque d'une légère couche de fer, qui ne se dépose que sur les parties qui ne sont pas touchées par le dessin. On enlève ensuite le dessin avec la benzine. En cet état, les traits sont représentés par l'argent, et les blancs par la couche de fer; on verse alors le mercure qui ne se fixe que sur l'argent, et dont la partie superflue est enlevée à l'aide d'un blaireau. Les traits tracés d'abord à l'encre lithographique se trouvent ainsi mis en relief, et l'on pourrait à la rigueur en prendre une empreinte avec des matières plastiques très-molles, telles que de la cire fondue ou du plâtre; il vaut mieux, après avoir métallisé avec de la plombagine la surface, en obtenir une contre-preuve galvanique en cuivre, qui pourra servir de matrice et fournir un nombre infini de clichés en taille-douce.

Pour obtenir une gravure en relief, une simple modification suffit. On trace son dessin sur le cuivre même, qui reçoit alors une couche d'argent dans les parties que n'a pas touchées le dessin; on enlève l'encre lithographique, puis on oxyde les parties non couvertes en chauffant la plaque, et les opérations continuent comme ci-dessus. Les saillies formées par le dépôt galvanique donnent alors les traits du dessin en relief, et les creux sont produits par l'épaisseur du mercure.

Le métal de d'Arcet, fusible à une température assez basse, se comporte comme le mercure, surtout lorsqu'on a soin d'opérer sous une couche d'huile chauffée à 80 degrés pour éviter l'oxydation. Après le refroidissement, on n'a plus qu'à faire un dépôt métallique, au moyen de la pile, pour avoir une planche propre à l'impression et facile à remplacer si on a soin de conserver la première matrice.

Tout autre métal que le métal d'Arcet, amalgamé avec le mercure, se comporte comme le mercure; aussi, M. Dulos a-t-il renoncé à ces derniers métaux, avec lesquels il était difficile d'obtenir certaines finesses.

Voici la manière d'opérer : Sur la plaque dessinée et traitée comme il vient d'être dit, on applique l'amalgame au moyen d'un rouleau de cuivre argenté, qui ne le dépose que sur l'argent et en débarrasse les parties ferrées. Aussitôt que l'amalgame est cristallisé, on tire une contre-empreinte galvanique.

Il existe encore un moyen plus rapide, basé sur la propriété que possède l'argent d'attirer plus fortement le mercure que ne le fait le cuivre. Donc, après avoir dessiné sur la plaque, on l'argente, on enlève l'encre qui laisse le cuivre à nu, et on plonge dans un bain contenant un sel de mercure, de préférence un sulfate ammoniacal de mercure. Dans ce bain, l'acide sulfurique quitte le mercure pour se combiner avec le cuivre et forme un sulfate de cuivre, tandis que le mercure régénéré se porte sur l'argent. Cette opération continuée quelques minutes, ne présente pas les inconvénients inhérents à la morsure des acides, car le passage du mercure qui se fait du cuivre à l'argent, préserve les parois latérales des tailles.

Les nombreuses applications de ces principes produisent des clichés qui répondent à presque tous les besoins de l'impression, puisque l'emploi de l'amalgame de cuivre, aussi bien que celui d'un sel de mercure, peuvent fournir à volonté des planches propres à l'impression en taille-douce et à l'impression typographique. Un essai qui a fourni de belles épreuves permet même d'imiter la gravure à l'aqua-tinte et de l'imprimer typographiquement.

M. Dulos s'est aussi préoccupé d'une question d'exécution de dessin, qui, selon nous, est d'une grande importance dans le succès à venir des nouveaux procédés. Le dessin à la plume, outre la difficulté de son application à la reproduction de certains sujets, demande au dessinateur une grande habitude, une rare certitude de main, que bien peu d'artistes possèdent. Il le remplace au besoin par un travail fait à la pointe, comme dans l'eau-forte, sur un vernis blanc composé de caoutchouc et de blanc de zinc qui se coupe admirablement. Ces dessins peuvent se transformer en clichés de taille-douce ou de typographie, selon la manière de procéder et soit qu'on emploie l'amalgame de cuivre, soit qu'on emploie le procédé suivant :

Le dessin étant terminé, on plonge la plaque dans un bain de fer, dont le dépôt ne s'effectue que dans les parties mises à nu par la pointe; pour obtenir une gravure en creux, par un sel de mercure, on enlève le vernis et on argente à la pile; l'argent se dépose sur le cuivre à l'exclusion du fer; on attaque le fer au moyen de l'acide sulfurique étendu d'eau, et on traite par un sel de mercure comme il est dit plus haut.

Pour obtenir le même dessin en relief, il suffit de changer le bain et de déposer non du fer, mais de l'argent.

Les spécimens de gravure exposés par M. Dulos étaient nombreux et soignés : planches en creux et planches en relief luttaient de délicatesse et de brillant; mais nous avons regretté que chaque planche ne fût pas accompagnée d'une épreuve qui eût permis de juger, plus facilement que ces surfaces miroitantes, les détails du travail.

M. Comte, au contraire, n'a guère exposé de clichés que juste ce qu'il fallait pour piquer la curiosité à l'endroit de son procédé : un ou deux dessins transformés au vernis noir et quelques-uns en reliefs définitifs; mais il a renfermé dans son cadre plusieurs de ces grandes estampes, que *l'Illustration* a réunies en album, sous le titre d'*Eaux-fortes de Bodmer*. Le fait est que pour ceux qui n'ont pas encore eu affaire à la néographie, ce travail si terriblement fouillé, revenu croisé, surcroisé, si capricieusement enchevêtré dans certaines parties, a quelque chose qui surprend. Les retouches de blanc obtenues à la transformation au vernis noir, par des applications au pinceau, seules peuvent dérouter ceux qui seraient tentés de les prendre pour des eaux-fortes. Ces spécimens *typographiques*, auxquels, sans son inconcevable méprise, le jury eût certainement accordé mieux qu'une mention honorable, imposent éloquemment silence aux craintes qui pourraient s'élever contre les aptitudes pratiques de ce procédé. Imprimer un dessin aussi travaillé et dans de telles proportions, serait déjà, dans tout autre cas un tour de force.

M. Gillot a quelques reproductions de crayon dont nous ne pouvons le complimenter, il nous semble tenter là l'impossible ; son procédé nous paraît ne pas devoir dépasser le genre d'affiches petit modèle, et même dans des livres de M. Hetzel, nous regrettons de voir tant de jolies vignettes alourdies par cette *pantconographie* tant soit peu barbare.

IV

Procédé Salmon et Garnier, de Chartres.

Le procédé de MM. Salmon et Garnier, qui a figuré avec tant d'honneur à l'Exposition de 1855, n'a aucune analogie comme point de départ avec celui de M. Dulos. Tous deux ont cependant une tournure scientifique, qui fait qu'on les rapproche volontiers. Si l'un est basé sur la capillarité, l'autre prend sa source dans la propriété de l'iode, qui se porte plus volontiers sur les parties noires d'un dessin que sur les réserves blanches, et qui montre encore plus d'affinité pour le cuivre que pour le noir ; car il suffit d'un simple coup de presse pour que la vapeur d'iode, déposée sur les traits d'un dessin ou d'une gravure, vienne se décalquer sur une plaque de cuivre jaune polie. Ici nous retrouvons le principe de M. Dulos : le mercure qui *mouille* volontiers l'iode, ne *mouille* pas le cuivre : aussi, pour rendre le dessin apparent, emploie-t-on le mercure étendu au tampon. Une fois le dessin décalqué, on peut le traiter de trois façons différentes, de manière à obtenir une planche destinée :

A l'impression lithographique,
A l'impression en taille-douce,
Ou à l'impression typographique.

Pour obtenir un dessin analogue à la lithographie, on passe sur la plaque un rouleau de lithographe, dont l'encre se fixe sur les parties nues du cuivre et respecte le mercure ; puis on détermine au moyen de la pile un dépôt de fer réduit de son chlorhydrate, et on enlève l'encre au moyen d'un lavage à l'essence. La planche soumise de nouveau à la vapeur d'iode est ensuite recouverte de mercure, qui vient occuper la place de l'encre lithographique, tandis que le noir d'impression, lorsqu'on passe le rouleau, ne se fixera que sur les parties ferrées.

Dans le second cas, après avoir passé le tampon de mercure sur le décalque d'iode, on encre, puis on enlève le mercure avec une dissolution fortement acide de nitrate d'argent, et on continue la morsure comme pour toute autre planche.

Le relief indispensable à l'impression typographique s'obtient en déposant, au lieu de fer, de l'or qui préserve le dessin de la morsure des acides.

Somme toute, il n'est pas étonnant que ce procédé curieux, amusant, qui fit les délices des visiteurs du palais de Cristal, ne se soit pas répandu. Lorsqu'on regarde au fond des choses, on s'aperçoit : 1° que pour avoir un simple dessin autographique, il faut un outillage spécial et des manipulations plus longues que celles de l'autographie ; 2° que pour obtenir une épreuve en taille-douce, il faut au moins deux fois plus de travail et de temps que pour faire une gravure à l'eau-forte ; 3° que l'on peut préserver la surface du cuivre pendant la morsure, mais qu'il faut renoncer à la profondeur du relief ou à la pureté du dessin à cause de l'érosion latérale du mordant. Tout ceci sans préjudice, dans les deux premiers cas de la question, du prix toujours plus élevé que celui de l'autographie et de l'eau-forte. Outre cela, pour l'application de ce procédé à l'impression des vignettes ou de tout autre sujet, le dessinateur aurait à faire un dessin excessivement travaillé, s'il voulait lutter avec les autres procédés, et serait évidemment forcé de travailler à la plume, le crayon ne pouvant, selon nous, donner ici que de tristes résultats pour l'impression lithographique, et n'étant plus possible dans les deux autres cas.

Il n'en est pas moins vrai que ce procédé a séduit bon nombre de gens et fait concevoir de belles espérances : son plus grand mérite, selon nous, est d'avoir tenté par ses résultats brillants, au premier abord, bien des gens qui ne savaient où chercher la voie du perfectionnement de la gravure, et de les avoir attirés dans ce chemin où la science laisse tant à glaner derrière elle.

V

Gravure mécanique.

La gravure par procédés mécaniques est une découverte toute moderne. La machine à graver de l'anglais *Lowry*, tout comme celle de notre compatriote *Conté*, méritent à peine l'honneur d'une mention. En effet, pour combiner un engin composé d'une règle, le long de laquelle glissait un chariot, dont la pointe traçait une ligne parallèle à la règle, il ne fallut ni de grands efforts d'imagination, ni de longs tâtonnements. Mais ce fut sur cette base que M. Collas s'appuya en 1825, dans ses curieuses recherches, dont les résultats les plus sérieux furent la découverte de ce genre de gravure numismatique, dont le fameux trésor de *Numismatique et de Glyptique* de 1832 fit tout d'un coup la réputation.

M. Collas débuta par remplacer la règle mobile, qui, à chaque ligne tracée, s'avançait sur la planche, par une règle fixe ; tandis que la planche immobile, devenait mobile d'abord, puis bientôt, fixée sur un pivot, tournait dans toutes les directions et permettait de tracer les lignes les plus serpentines.

Quant à la reproduction des reliefs par ces procédés mécaniques, c'est, sinon un secret, du moins un travail peu connu. Faute de description authentique, nous empruntons l'à peu près suivant au *Dictionnaire des Arts et manufactures*.

« Qu'on suppose une plate-forme horizontale susceptible de marcher, de
« quantités quelconques mais égales, au moyen d'une vis à tête graduée ; et à
« l'extrémité de celle-ci une seconde plate-forme, douée des mêmes propriétés,
« mais perpendiculaire au plan de la première, les mouvements des deux
« plates-formes étant, d'ailleurs, liés de telle manière que le mouvement im-
« primé à l'une entraîne celui de l'autre. Plaçons maintenant entre les deux
« plates-formes un chariot pouvant se mouvoir parallèlement aux plans de ces
« deux plate-formes, et armé de deux branches, dont l'une, horizontale, sera
« perpendiculaire à la plate-forme verticale, et dont l'autre, verticale, sera
« perpendiculaire à la plate-forme horizontale, la première portant une tou-
« che et la seconde un burin ou une pointe de diamant. Supposons, enfin,

« qu'outre son mouvement de translation parallèle aux deux plates-formes, le
« chariot puisse facilement se mouvoir dans une direction perpendiculaire à
« la plate-forme verticale, et nous aurons la matérialisation du principe con-
« stitutif de l'ingénieuse machine de M. Collas.

« Fixons maintenant sur la plate-forme verticale le bas-relief à représenter;
« fixons aussi sur la plate-forme horizontale la planche de cuivre ou d'acier,
« qui doit recevoir l'action du burin ou de la pointe de diamant, et amenons
« les plates-formes dans une position relative, telle qu'en faisant marcher le
« chariot, la touche parcourt le bord extrême de l'un des côtés du bas-relief.
« Si ce côté est un plan, la touche et le burin se mouveront en ligne droite, et
« une ligne droite sera tracée sur la planche. Le déplacement des deux plates-
« formes, au moyen de la vis de rappel qui les commande, permettra de tracer
« sur la planche une seconde ligne droite, parallèle et à une petite distance
« de la première ; puis se succèderont autant de lignes droites que le compor-
« teront l'écartement régulier donné aux lignes à tracer, et la grandeur de la
« surface plane parcourue d'abord par la touche qui, enfin, parviendra aux
« parties sculptées du bas-relief. Alors la touche sera repoussée par les saillies
« et pénétrera dans les cavités de la sculpture, circonstance qui fera tracer au
« burin une ligne ondulée pour les portions correspondantes aux saillies et
« aux dépressions du bas-relief, et droite pour les portions entièrement planes.
« Les lignes suivantes, parcourues par la touche sur les parties voisines du
« bas-relief, déterminent d'autres ondulations dans les lignes correspondantes
« tracées par le burin ; et comme ces ondulations ne seront autre chose que le
« rabattement géométrique, sur un plan, des saillies et des dépressions du bas-
« relief, la juxtaposition d'une série de coupes successives, il en résultera une
« image de bas-relief. »

Outre l'excellence des résultats, cette découverte mit M. Collas sur la voie
d'une autre invention fort importante que nous citons, quoiqu'elle soit en
dehors de notre sujet, à cause de sa ressemblance avec le procédé que nous
venons de décrire, et de sa parenté avec les applications du pantographe à la
réduction des gravures, où la gravure s'obtient en même temps que la réduction. Le tour à portraits de M. Collas ne diffère du procédé de reproduction des
reliefs par la gravure que dans la proportion des résultats, c'est-à-dire que, au
lieu de tracer des lignes qui doivent reproduire l'*image* d'une sculpture, on
reproduit la sculpture elle-même.

En dehors du procédé Collas, l'ancienne machine à graver, diversement
modifiée et perfectionnée, est employée pour des travaux simples, tels que les
teintes grises qui servent à indiquer sur les cartes géographiques les parties
des mers qui touchent les continents. On l'emploie aussi, même dans certaines
gravures semi-artistiques, pour donner ces teintes dégradées du ciel, si difficiles à obtenir au burin ; on l'emploie quelquefois pour terminer quelques
endroits des eaux-fortes ; enfin, elle sert aussi à la gravure industrielle pour la
mise en carte des dessins de tissus. Peu d'exposants dans cette spécialité. Nous
n'avons guère rencontré au Champ de Mars que le cadre de Mme Fontaine et
fils, fort ordinaire. Quant à la part qu'a pu avoir la mécanique dans les différentes gravures de tout genre, il serait trop difficile et surtout trop long de la
rechercher. Comme tous les moyens, elle produit un excellent effet lorsqu'elle
est judicieusement employée, mais son abus est encore plus à craindre que son
abstention.

VI

Gravure par l'électricité.

Les recherches tendant à appliquer l'électricité à la reproduction des planches gravées, quoique datant à peine de quelques années, ont cependant produit des résultats assez importants pour qu'on ne puissse les passer sous silence.

Le but poursuivi étant celui-ci, reproduire promptement et mécaniquement, autant de fois qu'il peut être utile, une planche gravée, M. Gaëff exposa, en 1862, une machine donnant d'assez bons résultats.

La gravure type, dont les tailles sont remplies d'un vernis isolant ou d'huile grasse séchée, est fixée sur un cylindre en cuivre que traverse un courant électrique conduit par une petite pointe de même métal. Cette pointe mobile interrompt ou rétablit le courant, selon qu'elle passe sur le cuivre ou sur les parties isolantes, et permet à un ou plusieurs stylets de diamant ou d'acier de reproduire exactement le dessin type sur des plaques de métal enduites de vernis. La morsure à l'eau-forte transforme ces dessins en gravures en taille-douce.

La Société d'électro-gravure Gaiffe Zglinicki et Cie a, cette année, exposé une machine déjà connue, qui, basée sur le même principe, donne des réductions de toutes dimensions. Ici, le modèle et la planche à graver sont fixés sur deux poupées parallèles et tournent simultanément. Là encore, le courant libre ou interrompu, lorsque la pointe passe sur les parties conductrices ou non, reproduit le dessin sur le vernis de la plaque à graver, et dans les proportions déterminées par les distances qui existent entre elles et le point d'articulation.

Nous ne croyons pas que ce genre de gravure soit appelé à un avenir très-brillant, mais il peut rendre dans l'industrie quelques services en raison de ses produits économiques et de l'exactitude mécanique sur laquelle on peut compter. Néanmoins, il est intéressant et peut servir de point de départ à de nouvelles applications de l'électricité à la gravure, et nous croyons que la mine est à peine égratignée, tandis qu'elle contient de riches filons.

Henri GOBIN.

LES CARTES ET LES GLOBES

A L'EXPOSITION

Par M. Endymion PIERAGGI.

CHAPITRE VII

I

Pour l'homme méditatif, qui réfléchit sur toutes les difficultés qui hérissent les chemins de l'instruction et de la science, il est peu de parties de l'Exposition qui offrent un plus grand intérêt que la galerie dite du *Matériel des arts libéraux*. Tout ce qui a trait à la science, depuis le modeste matériel de la plus humble école de filles, jusqu'au puissant télescope de l'astronome, depuis le banc convertible de l'école primaire, jusqu'au météorographe, « cette intelligence *métallique* servie par des organes, » construit par le père Secchi, se trouve réuni dans cette importante section du palais; et nous le disons hardiment, les plus exigeants en matière de pédagogie, trouveront de quoi se satisfaire, et les philanthropes qui cherchent des idées pour la diffusion des lumières, y trouveront des suggestions pratiques de toute nature. Laissant à d'autres collaborateurs le soin de traiter les différentes parties de cette section, nous nous proposons de passer plus spécialement en revue tout ce qui a trait à la géographie, aux cartes astronomiques, aux plans géologiques, tout ce qui a rapport enfin à la description physique de notre univers, tant de notre globe que de ceux qui peuplent les espaces.

Parmi les diverses nations qui se trouvent représentées, du moins pour cette partie, trois tout d'abord semblent se disputer le premier rang : ce sont, par ordre alphabétique, l'Angleterre, la France et la Prusse. Aussi sera-ce sur ces trois-là que nous commencerons par attirer l'attention. L'Angleterre semble, comme à peu près en tout, avoir cherché à se distinguer par le gigantesque, — ce qui, pour la géographie, est loin d'être un mal. Ainsi, M. Black a exposé une carte murale de la seule Angleterre, dessinée par M. Bartholomew, d'une netteté vraiment remarquable, malgré la quantité de détails qu'elle contient, depuis la plus grande rivière jusqu'à l'embranchement de chemin de fer le plus insignifiant. Cette carte, d'une superficie approximative de trois mètres, est construite, dit l'auteur, sur une échelle d'un pouce anglais pour 4 milles (c'est-à-dire au $\frac{1}{253440}$ ou en d'autres termes à un centimètre pour 2 kil. 534 m.). Les parallèles de latitude et de longitude sont indiqués, non plus par séries de dix ou cinq degrés, mais, en raison des dimensions de la carte, par séries de 10 minutes, ce qui permet de saisir les positions avec plus de précision. En outre, le long des côtes, sont indiquées les lignes des diverses profondeurs, ainsi que les bas-fonds, les bancs de sable et les phares.

Immédiatement à côté de cette carte se trouvent celles de M. Nelson, d'Édimbourg, qui a exposé une carte d'Angleterre et une carte de la Palestine, sur une échelle plus réduite, mais offrant cette particularité que les distances à l'équateur et au méridien de Greenwich sont indiquées par distances de cent milles. C'est là, ce nous semble, une idée à propager, comme pouvant contribuer à faire comprendre les distances absolues entre diverses localités, ainsi que les dimensions générales du globe.

La Société nationale pour la propagation de la Bible a aussi, entre autres objets destinés à l'instruction primaire, exposé plusieurs cartes générales, telles que celles de l'Australie, de l'Afrique, de la Nouvelle-Zélande ; de ces cartes nous ne dirons pas autre chose, sinon qu'elles sont construites avec un soin suffisant pour donner de bonnes notions sommaires des contrées indiquées, mais ne sauraient dispenser de recourir aux cartes spéciales pour avoir plus de détails. Ce sont, par leurs dimensions et leurs colorations accentuées, d'excellentes cartes de salle et même d'amphithéâtre.

Ici se placent deux classes de plans qui ne touchent pas précisément à la géographie proprement dite, mais que, vu l'importance de leur sujet, nous ne pouvons passer sous silence. Ce sont d'abord les cartes géologiques de M. Bryce Wright, un minéralogiste bien connu au delà du détroit, et dont les habitués du *British Museum* connaissent bien les magasins et les collections géologiques. M. Bryce Wright a exposé dans sa vitrine remplie de curieux et précieux échantillons, des diagrammes indiquant l'ordre des couches constitutives de la croûte terrestre, ainsi que des cartes comparatives des races animales et végétales éteintes et encore existantes. Chez les personnes non initiées ou qui ne le sont que d'une manière superficielle aux révélations de la géologie, ces comparaisons causent d'abord quelque confusion, à cause des proportions en apparence anormales des individus et de leurs formes incohérentes, mais bientôt l'ordre se fait, et l'on retrouve petit à petit dans ces espèces de monstres des deux règnes les prototypes des races contemporaines.

Nous aurons du reste occasion de revenir sur les cartes géologiques, car elles occupent, dans les classes des diverses nations, une place importante.

L'autre classe de plans dont nous voulons parler est celle des plans en relief, dont l'Exposition possède, sauf erreur, cinq échantillons remarquables. Dans la section anglaise, ce sont le plan relief de l'Inde, et celui des puys d'Auvergne, compris entre le bassin de l'Allier et la rivière de Sioule, depuis Riom jusqu'au mont Dore.

Ce plan, construit et exposé par M. Tayler Wilde, modeleur du bureau des fortifications à Woolwich, est destiné, après la clôture de l'Exposition, à faire partie du musée de l'École impériale des Mines, d'après le désir exprès de M. Poulett Scrope, qui l'a spécialement commandé dans ce but. Un autre exemplaire de ce plan est déjà au musée minéralogique de Jermyn street, à Londres. La construction, exécutée sur la carte de M. Lecoq[1] et surveillée par M. Scrope, a exigé trois années de travail assidu et incessant. Ce relief, entièrement construit en plâtre, permet, par ses dimensions de 3 mètres carrés et par les teintes qui distinguent les diverses formations, de saisir avec la plus grande facilité tous les accidents de cette intéressante région de la France.

Le plan relief de l'empire indien, sans offrir précisément le même intérêt, se distingue aussi par ses vastes proportions, qui nous ont paru embrasser une superficie de 13 mètres. Il est tout en carton-pierre, et exécuté par M. Griggs, sous la direction de M. Forbes Watson. Il se distingue surtout par la netteté des détails que les auteurs ont dû prudemment restreindre à la quantité indispensable, et qu'il serait dangereux de dépasser dans une topographie générale,

---

1. M. Scrope a publié, il y a déjà 35 ans, sur la France centrale, un ouvrage technique dont tout récemment M. Vimont, de Clermont-Ferrand, a donné une excellente traduction

sous peine de créer une confusion qui nuirait à l'exécution et aussi à l'intelligence du travail.

Le bureau du nivellement militaire (*ordnance survey*), dirigé par des officiers d'une profonde science, a exposé des plans de la ville d'Édimbourg et de ses environs, et un plan intéressant de la ville de Jérusalem. En outre, le colonel sir Henri James, une des illustrations de l'état-major britannique, y a ajouté des cartes stellaires, et surtout une carte magnétique, dont nous recommandons l'étude aux amateurs, à cause de la rareté de ces mappemondes. Un détail important à noter, c'est que le prix de ces cartes est d'un bon marché rare, si l'on considère le travail qu'elles ont dû coûter, et les informations intarissables qu'on en peut tirer. Nous faisons des vœux sincères pour que les mappemondes magnétiques et isothermiques soient plus répandues dans les cours de géographie, au lieu d'être, comme actuellement, connues des seuls géographes.

La collection de ce bureau se complète par une série admirable d'atlas géographiques et géologiques, de la plus haute valeur pour l'étude de la topographie et de la minéralogie des îles Britanniques. De plus, à un autre point de vue, la reproduction du *Dooms-day-book* ou cadastre de la conquête par Guillaume le Normand, opérée au moyen de la zinco-photographie, mérite d'attirer l'attention des hommes compétents d'une manière toute spéciale. Toutefois, nous regrettons que M. le commissaire britannique n'ait pas appelé cette attention par une désignation ou une affiche particulière indiquant le contenu de ces petits albums reliés en chagrin, devant lesquels la foule passe indifférente, faute de se douter seulement de ce qui peut s'y trouver. Nous croyons que dans les centaines de mille personnes qui visitent l'Exposition chaque semaine, à peine *dix* personnes ouvrent ces miroirs d'une législation millénaire, reproduite avec la netteté d'un imprimé d'hier. La matière offre pourtant assez d'intérêt à l'érudit, historien ou archéologue, artiste ou vulgarisateur, pour que de tels trésors lui soient convenablement mis sous les yeux.

Enfin, pour terminer ce qui a trait aux cartes de la Grande-Bretagne, nous citerons les cartes murales de MM. Stanford, les géographes de Charing-Cross, et de M. Philips, cartes spécialement construites pour les écoles, sur un système ingénieux et économique, celui du store. Ces cartes sont installées les unes au-dessus des autres, comme des stores roulés, qu'on ne déroule qu'au moment de les employer. La démonstration terminée, on touche un ressort, et la carte se roule de nouveau. Ce système conserve indéfiniment la propreté de la carte, et surtout la garantit des plis et des froissements qui la détériorent en si peu de temps. De plus, on peut échelonner ces cartes-stores les unes au-dessus des autres, et tapisser les murs d'une école d'une manière illimitée, attendu le peu de place qu'elles occupent, lorsqu'on ne les emploie pas.

L'impulsion est donnée pour organiser les écoles primaires ; nous engageons vivement les promoteurs de cette organisation à visiter ces échantillons et à s'en faire expliquer le fonctionnement qui, du reste, ne présente aucune espèce de complication.

Somme toute, l'Angleterre, surtout en ce qui concerne l'enseignement pratique de la géographie générale, tient un rang honorable, quoique, nous l'avouons, nous nous attendions à trouver un nombre plus considérable et plus varié de ces cartes auxquelles les Wyld et les Keith Johnstone nous ont depuis longtemps habitué, et dont la salle du *British Museum* offre une si belle collection.

LES CARTES ET LES GLOBES
A L'EXPOSITION.
Par M. ENDYMION PIERAGGI.

CHAPITRE VIII

II

« Les Français, » a-t-on dit dans un anathème demeuré célèbre, « ne savent pas la géographie. » Il y a plusieurs manières de la savoir, et nous comprenons qu'à l'époque où ce jugement tant soit peu impertinent fut formulé, la manière française ne fût pas du goût de tout le monde. Mais aujourd'hui, dans tous les cas, nous sommes rentrés dans la manière classique de posséder cette science, et les artistes français ont prouvé surabondamment, *urbi et orbi*, qu'ils ne craignaient aucune espèce de rivalité dans cette partie. En voyant cette exubérance de cartes, de globes et de planisphères géographiques, astronomiques et géologiques qui, littéralement, encombrent la section française de la galerie affectée au matériel d'éducation, l'érudit se sent tout réjoui, et quels que soient les verdicts plus ou moins péremptoires portés par des esprits moroses, grande est la consolation de voir figurer, non-seulement les artistes officiels ou les grandes maisons de Paris, mais encore les professeurs de province, et même les plus modestes instituteurs locaux; ceux-ci même, comme nous le verrons plus loin, se sont distingués par un luxe de documents qu'il serait bon d'imiter, et si cet exemple était suivi dans les quatre-vingt-neuf départements de l'Empire, gouvernants et gouvernés sauraient bientôt à quoi s'en tenir sur la géographie générale de la France, et en tirer mille conclusions pratiques et utiles qui, en fin de compte, ne pourraient que grandement contribuer à la prospérité publique.

En présence des innombrables éléments qui figurent dans cette section, on comprendra que nous devons nous borner à citer les exemples les plus saillants pour servir de jalons aux personnes qui prennent intérêt à ces matières, et à leur donner des indications sommaires qui, excitant leur curiosité, les conduiront à découvrir et à examiner les documents que nous aurons été obligés d'omettre ou qui auront pu nous échapper.

L'imprimerie impériale, malheusement reléguée dans un des bas-côtés de la galerie, ne nous semble pas, pour ses produits, ceux du moins qui nous concernent, obtenir toute l'attention qu'elle mérite. Nous ne parlerons pas de la carte murale gigantesque de la géologie du Boulonnais, qui n'est qu'une feuille du grand atlas géologique de France; celle-là, par ses dimensions, est suffisamment visible; mais nous voulons parler des cartes plus réduites, dont l'*Histoire de César*, par S. M. l'Empereur, a nécessité la construction. Ainsi, nous voyons une carte orographique des Gaules, à l'époque de la domination romaine, et dont l'étude doit faciliter considérablement l'intelligence des événements stratégiques de cette période. M. Schieble a aussi exhibé une carte de la même région, mais se rapportant à une époque antérieure : l'étude simultanée de ces deux cartes, complétée par la comparaison de la France moderne et de la France contemporaine, peut devenir pour les historiens, et même pour les philosophes, une source puissante d'intérêt et de méditations sérieuses.

Dans la même section se trouvent aussi des cartes militaires de diverses localités illustrées par des faits guerriers, telles que Toulon en 1793, Alexandrie en Égypte, les environs de Mantoue, etc. Ces cartes, de dimensions très-convenables, peuvent être aisément classées dans un portefeuille, ou reliées en atlas facilement portatif, de façon à pouvoir être consultées à tout instant sans difficulté.

Nous en dirons autant des cartes télégraphiques, commencées du temps de M. le duc de Persigny, et dont les éditions annuelles permettent de suivre les développements successifs du réseau.

En voyant les échantillons exposés par le dépôt des cartes de la marine, nous nous sommes senti pris d'un regret, que des cartes si bien exécutées et contenant une source si utile d'informations ne fussent pas plus connues, à moins peut-être que ce ne soit des hommes spéciaux. A d'autres points de vue qu'au point de vue pratique, les sondages et les relevés des côtes offrent un grand intérêt pour le géologue, par exemple, ou l'hydrographe, qui étudient les diverses formations et leurs puissances, ou le régime des eaux, ainsi que les modifications qu'il peut subir d'après les configurations topographiques. Nous ignorons si le dépôt de ces cartes est ouvert au public, mais, en présence des spécimens exposés, nous regretterions fort que de tels trésors demeurassent enfouis dans des cartons, et que le public studieux n'en eût point l'accès.

M. le ministre de l'instruction publique, dans la section des écoles primaires, a fait exposer trois cartes dont la vue nous a plongé dans de profondes et attristantes réflexions. Que les hommes qui s'occupent de la diffusion de l'instruction primaire, soit pour la combattre, soit pour la propager, que ces hommes s'arrêtent devant ces trois cartes teintes, qui représentent le degré d'instruction des conscrits en 1833, en 1850 et en 1866. En voyant cette carte absolument noire de 1833, et cette carte encore si peu éclaircie de 1866, nous dirons aux uns : Voyez avec quelle lenteur s'accomplit le progrès, et ne cherchez pas à l'entraver par des restrictions nuisibles; aux autres : Courage! en trente ans vos idées ont dégagé le tiers de la France de l'ignorance et des préjugés. Dans cette course à l'instruction, ce sont toujours les départements de l'Est qui se trouvent en avant, et malheureusement ceux du Midi, la région des intelligences pourtant, qui se traînent péniblement en arrière. Qu'en conclure? Qu'en cela, comme en tout, le fonds ne vaut rien sans le travail, qui parvient à faire quelque chose des esprits les plus médiocres, tandis que les meilleurs s'atrophient sans la culture. Ces réflexions ressemblent à certains axiomes inévitables; mais, dès qu'il s'agit d'instruction primaire, obligatoire ou non, il semble malheureusement que les vérités les plus évidentes deviennent contestables. Enfin, pour tout corollaire, nous renvoyons adversaires et partisans devant les cartes de M. le ministre, et nous les engageons à bien les étudier.

Nous avons plus haut mentionné M. Schieble, à propos des cartes de la Gaule. Cet artiste a aussi exposé des plans urbains; celui de Paris et d'Orléans, entre autres, d'une grande netteté, et en même temps d'une belle exécution au point de vue artistique. Du reste, nous croyons que son plan de Paris commence à avoir une certaine vogue, car nous l'avons remarqué dans différents magasins de premier ordre.

MM. Avril frères exposent un énorme plan-esquisse de Paris, accompagné de petits plans plus intéressants, savoir : la carte géologique et hydrographique du bassin. Nous voyons avec une satisfaction que nous ne cherchons pas à dissimuler, que l'on commence à comprendre que la topographie superficielle n'est pas toute la géographie, et que la géologie et toutes les branches de la géographie physique se rattachent entre elles. Tant que l'on n'a pas été convaincu de ces principes, la géographie n'a pu être qu'incomplète; aussi applaudissons-nous aux efforts faits tant par les artistes que par les professeurs pour développer ces études. En conséquence, nous signalerons les cartes hydro-géologiques de M. Lez, des ponts et chaussées, à Lorrey (Seine-et-Marne), comme une excellente base pour les études des sources, d'autant plus que l'auteur ne s'est pas borné à de simples coupes, mais y a ajouté des résumés pratiques sur les modes d'opération, selon la nature et la configuration des sols mis à contribution. Ces résumés, entre autres indications, comprennent la conduite à tenir pour l'entretien et l'amélioration des sources, ainsi que les moyens de raviver celles qui menacent de s'épuiser.

L'abbé Richard, une des meilleures autorités dans cette matière spéciale, a exposé chez M. Bourdin une carte hydro-géologique et éléo-géologique, ou carte de sources d'huile minérale. Cette dernière indique un pas gigantesque de plus dans l'art de découvrir les sources, et l'étude raisonnée de cette méthode, convenablement appliquée, pourra avoir pour l'industrie d'incalculables conséquences. L'importance agricole d'une région dépend de ses moyens d'irrigation; son importance et sa supériorité industrielles dépendent de la facilité d'obtenir le combustible. Aujourd'hui que le pétrole est appelé à remplacer ou à compléter la houille, on sentira combien il devient important de savoir où on le devra chercher, de façon à ne pas s'exposer à entreprendre des travaux hypothétiques, ou à négliger des trésors invisibles, mais réels.

Dans le même ordre d'idées, mais plus complet, s'il est possible, nous signalons les cartes du frère Ogérien, directeur des Écoles chrétiennes à Lons-le-Saulnier, qui nous a donné toute une série d'au moins trente cartes du département du Jura, à tous les points de vue de géographie physique et administrative. Rien ne paraît avoir été omis dans ce chef-d'œuvre de patience et de classification. L'hydrographie, la géologie, l'agriculture, l'archéologie, la météorologie et la salubrité, ainsi que plusieurs autres caractères de ces localités, tous ont leur carte spéciale. Si un pareil exemple était suivi dans chaque département, toutes les classes de la société auraient immédiatement sous les yeux le tableau synoptique des éléments professionnels ou scientifiques nécessaires à chaque industrie, et par la connaissance exacte des régions à explorer ou à négliger, on éviterait bien des mécomptes et des déceptions.

En présence de ce travail, ainsi que de beaucoup d'autres, nous déplorons que la place assignée soit en telle disproportion avec le travail exposé. Ces cartes, en particulier, qui devraient s'étaler le long des murs, sont empilées dans un coin obscur où personne, sauf les chercheurs, ne songe à passer. Quelle que soit la valeur d'un travail, elle est singulièrement dépréciée par une telle situation.

Comme le ministère de la marine, le ministère de la guerre a exposé un choix de cartes et de plans au sujet desquels nous exprimerons le même regret, que ces trésors géographiques et topographiques ne soient pas plus connus. Ainsi, quoi de plus intéressant, non pas pour les hommes spéciaux, mais même pour l'homme du monde, qui suit par les journaux le mouvement politique et stratégique, que les cartes de bataille, celles de Magenta ou de la campagne de Syrie, par exemple, qui lui font embrasser d'un coup d'œil les positions des divers corps d'armée? Pour le géomètre, quoi de plus intéressant aussi que la triangulation du détroit anglo-français, opérée par une commission prise dans les deux pays, ou que le canevas trigonométrique des côtes d'Algérie et d'Espagne? Et naturellement, ce ne sont là que des échantillons de ce qu'a exécuté la maison Calmelot et Berson pour le bureau de la guerre, qui possède les relevés trigonométriques les plus précieux sous tous les rapports.

Dans cette même section, M. Lestoquoy expose une série d'épreuves galvanoplastiques qui nous ont paru d'une belle exécution et d'une abondance de détails qui cependant n'exclut pas la netteté, ce qui, sur une échelle aussi réduite que doivent nécessairement comporter ces sortes de cartes, est un résultat non moins rare que précieux. Nous en dirons autant de quelques cartes lithographiques, entre autres d'un plan de Boulogne-sur-Mer, exposées par MM. Regnier et Dourdet.

M. Challeton du Brughat nous a donné une carte du Danemark, avec une légère innovation dont nous, membre de la Société météorologique, nous nous garderons de nous plaindre : c'est qu'indépendamment des lignes qui figurent ordinairement sur les cartes, il a indiqué les lignes isothermiques, celle de 9 degrés centigrades et celle de 7 degrés 75. L'intérêt que présentent les cartes où sont indiquées ces courbes provient de la comparaison de leur divergence avec les parallèles de latitude, divergence sensible surtout dans l'hémisphère boréal, et qui augmente à mesure que la latitude s'élève.

Nous ne ferons qu'indiquer en passant, comme étant moins de notre compétence, les diagrammes de MM. Charles Delagrave pour l'intelligence du système métrique, et nous arrivons aux cartes et aux planisphères de MM. Andriveau-Goujon, dont les plans urbains sont bien connus du public. D'autres cartes moins connues, à cause de leur spécialité, sont celles des courants atmosphériques et des courants maritimes, d'après Maury, dont la délimitation précise a rendu de si précieux services à la navigation transatlantique et circumterrestre, en indiquant les routes anémométriques et océaniques avec autant de clarté que les routes d'un empire.

Une excellente carte d'ensemble, pour salle d'école, est celle de la France divisée par bassins, d'après M. Cortambert, et exécutée par le même artiste. Elle peut, sans désavantage, aller de pair avec les meilleures cartes scolaires de la section anglaise.

Nous avons aussi remarqué un plan-relief du département du Jura (on semble avoir le goût de la géographie dans ce département-là), par M. Cloz, et, à côté, un autre plan-relief de la France, par un savant déjà distingué, M. Sanis. Au premier, nous ferons une critique ; c'est d'être monochrome : l'œil et l'intelligence auraient beaucoup gagné à ce que les cours d'eau et les accidents de terrain eussent été indiqués en couleur, comme sur le plan du canal Saint-Louis, par exemple, dans la galerie des machines. Pour le second plan, celui de M. Sanis, nous n'aurons que des éloges, surtout pour sa reproduction photographique. Mais encore une fois, laissant de côté la question d'exécution artistique, nous donnerons des éloges sans restriction à ces patients et modestes travailleurs qui ont consacré leurs loisirs à relever la topographie et les phénomènes physiques des régions qu'ils habitent. L'exécution n'est qu'une question d'argent ; le principal est qu'il se soit trouvé des savants laborieux pour esquisser le travail ; et, certes, nos critiques de détail n'enlèvent rien ni au mérite intrinsèque de cette tâche, ni à la considération que nous portons et que nous espérons, par nos appréciations, faire porter aux auteurs.

Mais pour l'enseignement, un homme nous paraît avoir obtenu un résultat remarquable ; c'est M. Laurécisque, qui a réduit la géographie au jeu de patience.

A l'aide de cartes de France d'un modèle uniforme, quant à l'esquisse générale, on peut à volonté connaître l'orographie, l'hydrologie, la géologie, l'administration civile, militaire, ecclésiastique d'un département ou d'une région. En rapportant sur un squelette, en quelque sorte, les pièces détachées d'une des cartes respectives, on obtient instantanément la solution cherchée. Nous n'hésitons pas à proclamer cette invention comme une de celles qui rendront l'étude de la géographie la plus attrayante des occupations, surtout pour les enfants, car ce ne sera plus une étude plus ou moins rebutante, mais une véritable récréation.

M. Jager a exposé des planisphères mobiles terrestres et célestes destinés aussi à l'enseignement, mais nous croyons que M. Bertaux surtout s'est distingué dans cette partie. Son planisphère à manivelle et sa sphère en cristal renfermant le système planétaire, et les principales étoiles peintes sur la concavité, sont des appareils parfaitement calculés pour faire saisir, d'une manière sensible, tout l'ensemble du système du monde, et pour donner aux intelligences les plus rebelles de correctes notions sur la cosmographie.

Une autre série de cartes fort utiles est celle qui comprend les réseaux télégraphiques, la communication postale, les lignes de fer et les bateaux à vapeur. M. Sagansan, géographe de l'administration des postes, et qui s'est depuis longtemps fait une spécialité distinguée dans ces travaux, a, cette année, comme toujours, brillé par la belle exécution, et, ce qui est indispensable dans des ouvrages de cette nature, par la précision des renseignements, sans cependant rien omettre de ce qui est nécessaire. Et, certes, ce mérite n'est pas des moindres: car au milieu de ces lignes terrestres ou maritimes qui s'enchevêtrent et s'entrecroisent les unes dans les autres, il était difficile de tout indiquer sans tomber dans la confusion et dans le chaos; c'est un écueil que le savant géographe a su éviter avec un rare bonheur.

M. Lanée aussi expose une carte des lignes des bateaux à vapeur, qui est déjà connue, mais malheureusement peu répandue, à cause de son prix élevé. Nous ne nous faisons pas illusion sur le travail qu'exigent ces sortes de cartes; nous, plus que personne, sommes convaincu que le savoir mérite un salaire, trop souvent, hélas! disproportionné aux difficultés vaincues et aux résultats obtenus; mais n'y aurait-il pas moyen, une fois la planche exécutée, de tirer un chiffre d'exemplaires suffisamment nombreux pour permettre un débit à bon marché? Dans ces sortes d'affaires, les plus privés ne sont pas les gens du monde; ce sont les gens studieux, les travailleurs, pour lesquels de tels documents seraient si précieux, et qui sont obligés de s'en passer, faute de pouvoir arriver à se les procurer.

Une idée dont nous félicitons M. Lanée, c'est d'avoir, lui aussi, adopté la teinte rose pour les plans des villes: outre l'agrément artistique, le public trouve encore une facile orientation par le contact des lignes blanches qui indiquent les artères et les rues avec la nuance rose qui indique les monuments et les constructions.

Laissant à notre collaborateur spécial le soin de juger le mérite de l'exécution, nous ne voulons cependant pas passer sous silence les efforts méritoires, à nos yeux, de M. Bisson, déjà si connu pour ses épreuves alpestres, et de M. Chevallier, dans le but d'appeler la photographie au secours de la topographie. Comme résultat pratique, nous signalons surtout le plan de la tour du Montlhéry et le plan du château de Pierrefonds; ce dernier, à nous profane, ne nous a paru qu'un lavis incomplet; mais, néanmoins, nous ne pouvons que l'approuver, en tant qu'application d'un procédé aussi correct que l'est l'image photographique. A ce point de vue, les reproductions que nous venons de citer, auxquelles il faut ajouter celles déjà mentionnées de M. Sanis, méritent un examen tout particulier.

Voilà, croyons-nous, sauf erreur, tout ce qui mérite d'être signalé dans la galerie de l'éducation.

Maintenant, si le lecteur veut nous suivre dans la galerie des machines, il trouvera encore des cartes qui lui présenteront un grand intérêt pratique aussi bien que théorique. Ainsi, plusieurs ingénieurs ou propriétaires ont exposé des cartes indiquant la mise en culture de certaines régions considérées comme stériles ; M. Duvergier surtout, et M. le comte de Kergorlay, ont dressé la carte des opérations agricoles exécutées dans le domaine impérial des Landes et dans un marécage de la Manche. Ces travaux consistent en barrages, canaux d'assèchement et rigoles de dérivation, dont l'application rationnelle a su transformer complètement ces localités improductives.

Un peu plus loin, le service de la ville de Paris est représenté par deux cartes bien minutieusement exécutées, comprenant les conduits souterrains d'eau et le réseau des égouts. Outre l'intérêt technique, nous croyons que ces cartes peuvent être utilement consultées par la spéculation immobilière, en ce que les acquéreurs de terrains et les constructeurs pourront y trouver de meilleures indications pour le choix des emplacements relativement aux distances et à la situation de ces artères.

Un plan-relief, curieux et pittoresque en même temps, est celui du canal de Port-Saint-Louis, qui, par sa communication avec le canal des Deux-Mers, peut, suivant l'expression de l'exposant du plan, être considéré comme rattachant directement Bordeaux avec Suez.

Outre les cartes du réseau télégraphique exposées dans la section du ministère de la guerre, nous avons encore deux cartes exposées par le ministère de l'intérieur, l'une indiquant le réseau français, et l'autre le réseau européen. Nous n'avons pas besoin d'insister sur l'utilité de ces documents. En face de ces cartes, est un plan-relief qu'on dirait recouvert d'une toile d'araignée ; c'est la démonstration graphique matérielle des cartes précédentes.

M. Delesse, un de nos géologues les plus distingués, expose des cartes hydrologiques du département de la Seine, qui méritent l'attention des personnes qui s'intéressent à ces questions. Mais une carte qui nous paraît d'un intérêt capital, surtout au point de vue pratique, c'est la carte que nous appellerons la carte *frumentaire*. Cette carte, teintée à quatre nuances, indique les quantités nécessaires de froment pour ensemencer un hectare de terre, dans les diverses régions de l'Empire. Le savant géologue a pris pour minimum l'hectolitre par hectare, et 4 pour maximum. Les régions où il est nécessaire d'employer le maximum sont surtout la Savoie et le Béarn, ce qui se comprend, eu égard à la nature du terrain et aux conditions climatériques ; le voisinage de Paris se trouve aussi compris dans cette catégorie. La région du minimum est comprise dans le bassin du centre et de l'ouest ; le reste de la France n'exige que les quantités intermédiaires. On comprend combien une carte de ce genre peut être utile par ses indications, et combien, par ce moyen, l'agriculteur opérant sur une grande échelle peut éviter de mécomptes. Nous n'exprimerons qu'un regret ; c'est que cette carte, et malheureusement toutes celles si intéressantes exposées par M. Delesse, n'ait pas eu une meilleure place qui permit de les mieux étudier.

Nous en aurons fini avec les cartes françaises exposées dans cette galerie, quand nous aurons cité les cartes houillères de la Loire et du Pas-de-Calais, celles de la Creuse et de l'exploitation de la Grand-Combe, accompagnée du plan relief de la mine et du bassin minéralogique de l'Ariége. Tous ces documents sont du plus haut intérêt, et la science, tant pour la théorie que pour l'application, en retirera de grands avantages.

Enfin, dans la galerie agricole et forestière, il y a aussi plusieurs cartes spéciales intéressantes : la grande carte forestière et géologique, encore inachevée, exposée par le ministère des travaux publics, et qui ne pourra être complétée qu'après celle de l'état-major; la carte si précieuse des engrais minéraux, surtout des phosphates et des tangues, par M. de Molon, et enfin le plan-relief de l'exploitation forestière dans l'est de la France, construit par M. de Foltz, ingénieur à Colmar.

Toutes ces cartes et tous ces plans révèlent une face toute nouvelle et peu connue de la géographie, que nous appellerions la géographie industrielle, et dont la connaissance est indispensable pour quiconque, particulier ou administration, veut opérer de la manière la plus économique et la plus avantageuse, en évitant les tentatives inutiles ou simplement dispendieuses. A ce titre, nous le répétons, les cartes exposées dans la galerie des machines et dans la galerie forestière méritent une visite, et de la part des hommes spéciaux un examen approfondi.

En résumé, la France, ce nous semble, a victorieusement répondu au reproche qui lui a été fait. Mais il nous reste maintenant à faire des vœux pour que ces cartes si utiles ne demeurent pas enterrées dans les cartons des administrations, ou empilées sur les rayons des éditeurs, mais qu'elles soient vulgarisées davantage, de façon à faire connaître à chacun les ressources de toute nature que comporte la région qu'il habite.

LES CARTES ET LES GLOBES

A L'EXPOSITION

Par M. Endymion PIERAGGI.

CHAPITRE IX

III

Dans notre premier chapitre nous avions parlé de l'importance de l'exposition géographique de la section prussienne. Mais de nouvelles investigations, faites depuis ce moment, nous ont fait connaître que toutes les sections allemandes sont dignement représentées sous ce rapport, et même pour ce qui est de la quantité et de la variété des échantillons exposés, qu'elles offrent plus d'intérêt que la section anglaise. La Hollande et la Belgique, quoiqu'à un moindre degré, ont aussi apporté un intéressant contingent dont nous allons dire quelques mots.

La Hollande n'a guère envoyé que des cartes de ses colonies indo-malaisiennes; mais, telles qu'elles sont, ces cartes paraissent minutieusement exécutées, et, par leur clarté, fort propres à donner une idée précise de la topographie de ces différentes régions insulaires. Bornéo, Sumatra, Java et les mers environnantes sont scrupuleusement relevées dans ces cartes. Nous en disons autant de la carte de la Zélande et des embouchures de l'Escaut, représentant avec une grande exactitude une région hydrographique fort accidentée et dont les sinuosités rendent la navigation fort difficile. En voyant le soin qui a été apporté à la construction de ces différentes cartes, nous regrettons que les artistes hollandais se soient montrés si réservés; une carte du Zuyderzée et du lac de Harlem, donnant les configurations primitives comparées avec les nouvelles délimitations dues aux desséchements, eût possédé un grand intérêt.

En Belgique, on s'est surtout attaché à l'enseignement économique, et M. le professeur Joly a exposé des atlas pour écoles primaires, d'un petit format très portatif, comprenant de 6 à 20 cartes, tant géographiques que botaniques et zoologiques, avec plusieurs pages de texte explicatif, se vendant aux prix les plus modestes, variant de 75 centimes à 5 francs. Nous ne croyons pas qu'il soit possible d'aller plus loin dans la voie économique, et nous engageons fortement les personnes qui s'occupent des installations de bibliothèques communales et primaires d'examiner ces petits atlas dont nous espérons bien voir des échantillons analogues figurer dans nos écoles et nos salles populaires.

Dans la même salle nous voyons figurer un beau plan des environs d'Anvers, obtenu par la photographie directe sur pierre, puis colorié. C'est encore une triomphante application de la photographie à la topographie, et plusieurs villes ont été relevées par ce procédé où l'exactitude des détails n'a point nui à la clarté de l'ensemble. Nous avons surtout remarqué, et avec plaisir, le plan de la ville de Malines et celui de Bruxelles. Nous croyons, à moins que l'exécution n'en soit trop dispendieuse, ce que nous ignorons, que ce procédé est appelé à rendre de très grands services à la science topographique, tant par la fidélité de ses reproductions que par la rapidité comparative de l'exécution.

Entrant maintenant dans l'exposition prussienne, nous trouvons un plan-relief du Mont-Etna, d'après Sartorius de Wallerhausen, qui a fait de cette région une étude spéciale. Ce plan, exécuté par M. Dickert, ressemble beaucoup à celui de l'Auvergne, par MM. Scrope et Wilde, sauf ses proportions qui sont moins considérables, n'étant que d'environ un mètre carré. Ce spécimen, fort curieux à étudier et, par ses dimensions très-maniables, fort utile dans les cours de géologie ou de géographie physique, paraît établi dans des conditions de prix tout à fait abordables, et nous faisons des vœux pour sa vulgarisation.

A côté, MM. Giesmann et Kellner ont exposé des cartes photolithographiées de la Palestine et des Alpes; M. Korn nous a donné aussi par le même procédé, celles de l'Espagne, de la Suisse et de la Scandinavie. Les procédés matériels ne sont point du domaine de notre appréciation; mais ce qu'il nous appartient de juger, c'est le service éminent, à cause de l'exactitude implacable de la reproduction, que la photographie est appelée à rendre aux études topographiques. Les artistes dont nous venons de citer les noms, ainsi que M. Bisson en France, ont victorieusement démontré cette proposition, et pour convaincre les plus incrédules, nous n'avons qu'à les renvoyer devant la carte scandinave, par exemple, où les dentelures désespérantes des fiords norvégiens sont réfléchies avec la plus minutieuse précision. De plus, et ceci est un problème que l'un de nos collaborateurs pourra mieux résoudre que nous, les photographies allemandes nous ont paru avoir la netteté de la planche d'acier. Est-ce aux procédés de manipulation, à la qualité des lentilles ou à celle des agents chimiques, qu'est due cette perfection? Notre collaborateur, pour l'examen des produits photographiques, répondra.

MM. Flemming et Carl, de Glogaw, nous donnent des cartes d'Allemagne et de Turquie, qui n'ont rien de bien particulier. Toutefois, ils ont exposé une gigantesque carte de l'Europe centrale, mais qui est malheureusement encore incomplète. Néanmoins, les fractions publiées offrent le plus grand intérêt pour le géographe et surtout pour le géologue, en ce qu'elles permettent d'embrasser d'un coup d'œil tous les grands mouvements qui ont créé les charpentes osseuses de ces régions. Cette carte a été construite par le savant Reymann.

M. Justus Perthes, le géographe de Gotha, dont le nom est européen, pour ne pas dire universel, expose des cartes scolaires, à grandes divisions, dans le genre des cartes anglaises, auxquelles nous devons le dire, les siennes sont un peu inférieures comme exécution artistique, quoique égales au point de vue pédagogique, ce qui, après tout, est le point essentiel.

Le même artiste expose aussi une carte qui est déjà depuis longtemps mise en vente à la librairie belge de la rue Vivienne, la carte des services maritimes et télégraphiques du monde entier. Nous la considérons à peu près comme l'égale de la même carte de M. Sagansan, néanmoins elle est beaucoup plus coûteuse, sans que nous puissions bien nous rendre compte de ce qui motive cette surélévation de prix, même en admettant la délicatesse du travail nécessitée par les diagrammes magnétiques et isothermiques qui s'y trouvent annexés. Mais nous le répétons encore, les artistes géographes ne sauraient être trop encouragés à publier des cartes de cette dernière catégorie, car la connaissance des isothermes, du régime hydrologique et atmosphérique prend tous les jours, soit pour la navigation, soit pour l'agriculture, soit pour la colonisation, une importance de plus en plus considérable

Sur une table voisine, nous avons aussi remarqué une quantité d'excellents atlas de toute nature : l'atlas du monde ancien, en 16 cartes, par M. Kiepert; l'atlas historique de M. Rhode, comprenant 84 cartes et 20 pages de texte, récapitulant toute la géographie historique depuis les temps les plus reculés, en un mot, un véritable tableau synoptique des révolutions historiques; les atlas scolaires de M. Justus Perthes, de vrais trésors d'informations; et enfin un atlas d'une valeur tout à fait inappréciable, l'atlas isothermique de M. Dove, le savant physicien de Berlin, dont les 20 cartes devraient meubler le cabinet de tout météorologiste.

M. Kiepert, dont nous avons cité les atlas, expose en outre d'excellents globes terrestres sur lesquels il a eu le bon esprit d'indiquer les courants océaniques. En effet, ce sont là des accidents qu'on n'est pas plus permis d'ignorer que l'existence des Cordillères ou des Pyrénées sur les continents, car les grands courants maritimes sont, dans la masse des eaux qui recouvrent le globe, des traits pour le moins aussi caractéristiques que les chaînes de montagnes, et ils exercent leur part d'influence sur les climatures, témoin l'action du Gulf-Stream dans l'hémisphère boréale, et celle des courants polaires dans l'hémisphère australe. Le même artiste a exposé de grandes cartes scolaires, fort utiles au point de vue de l'enseignement, mais qui nous ont paru un peu inférieures, pour la belle exécution, aux cartes analogues des artistes anglais.

M. Reiner n'a exposé qu'un globe terrestre, mais il est en relief, de sorte que l'on a sous les yeux littéralement une image de la planète avec ses aspérités et ses dépressions. Cet excellent petit meuble, qui est exécuté avec beaucoup de soin et de délicatesse, ne dépasse point les prix les plus accessibles, et jusqu'ici, nous paraît, sous tous les rapports, de beaucoup supérieur aux globes tout unis, généralement adoptés.

Signalons, pour en finir avec cette section, un très-beau plan de Constantinople, par M. Straube, de Berlin, et dans un endroit peu apparent, heureusement pour eux, deux petits reliefs de Jérusalem et du Sinaï, qui n'auraient rien perdu à rester à l'atelier.

Dans les États secondaires de l'Allemagne, ce sont surtout les cartes géologiques qui attirent l'attention, et une attention méritée. Dans les duchés de Bade, de Hesse, dans les royaumes de Bavière et de Wurtemberg, se trouvent des plans géologiques par douzaines, accompagnés souvent de vitrines minéralogiques contenant les échantillons des formations indiquées. Dans la galerie des matières premières s'étalent quatre cartes des plus intéressantes, développant le système carbonifère de la Westphalie, et un peu plus loin, des cartes statistiques, teintées, donnant le tableau synoptique de la production, de la consommation et de la circulation des minéraux et des charbons des bassins rhénans.

De plus, dans la Bavière, nous devons signaler, aux météorologistes surtout, quoiqu'ils doivent sans doute déjà les connaître, les cartes de l'Inde et de la Haute Asie, par les frères Schlagintweit : ces cartes, entre autres renseignements intéressants, donnent les lignes isogones magnétiques dans ces régions, et, en marge, les courbes des variations séculaires. Sur la table, se trouvent quatre gros volumes en anglais, dédiés à la Société royale de Londres, et contenant la relation scientifique complète de ces explorations entreprises de 1856 à 1858. Combien ces pénibles voyages et ces persévérantes études ont contribué à faire connaître la physique générale du globe, ainsi que bien des causes encore occultes de la météorologie du vieux continent, on ne le saurait comprendre sans approfondir ces intéressants documents qui resteront comme un monument de dévouement scientifique.

Les administrations autrichiennes, impériales et privées, se sont aussi fort distinguées par leurs documents industriels et scientifiques. L'administration des mines de Thallern expose huit cartes de son exploitation de lignite; le bureau impérial de la statistique, ainsi que l'Institut géologique, expose quarante cartes et plans du plus haut intérêt tant pour le savant théoricien que pour l'industriel et l'économiste. Il y a là un faisceau de documents synoptiques comme nous en désirerions pour l'empire français, et nul doute que le gouvernement autrichien ne possède dans ses archives des détails plus complets que ceux qui sont mis sous nos yeux, et ne sont destinés qu'à donner une idée générale du travail qu'on peut faire en ce genre. Il y a là un exemple à suivre et peut-être à surpasser.

M. le chevalier de Streffleur, intendant général au ministère de la guerre en Autriche, a exposé un plan-relief de la ville de Vienne, d'une grande délicatesse d'exécution, relevé sous sa direction par les employés du cadastre autrichien. Ce plan, commencé en 1858, n'a été terminé qu'en 1862 et a exigé au moins 300 feuilles partielles, comprenant, nous dit l'auteur, chacune de 5 à 10 points de triangulation, et, afin d'éviter tout rétrécissement du papier, rétrécissement qui eût pu compromettre les proportions, les feuilles ont été tendues sur des plaques de cristal. La grandeur de l'échelle a permis de lever les plus petits détails des rues, jusqu'aux rebords des trottoirs et les bouches d'égouts; en un mot, tout objet mesurant plus de 15 centimètres n'a pu échapper à cette scrupuleuse reproduction. Ce plan établi, une fois construit, a été reproduit par la lithographie sur un papier spécial préparé à la glycérine, et livré ainsi au commerce pour un prix vraiment économique si l'on considère l'immense valeur du travail et du résultat obtenu.

Mais combien nous regrettons qu'un tel chef-d'œuvre ait été si défavorablement placé! La première fois nous ne l'avons trouvé que sur l'indication minutieuse qui nous a été donnée par un jeune Allemand; nous avons voulu y revenir une autre fois, et ne trouvant plus de guide officieux, nous n'avons pu retrouver l'endroit. Si donc un tel travail échappe à ceux qui sont spécialement chargés de le rechercher et de l'étudier, que sera-ce donc pour le public ordinaire?

Le savant chevalier a encore exposé, dans toute espèce d'endroits aussi bien choisis, plusieurs autres reliefs, l'un de Bohême, un autre du Mexique, spécialement construits pour les écoles, d'après un système qui permet aux instituteurs de les faire eux-mêmes. Il y a adjoint un plan monochrome de la ville de Lyon et un plan du fond de la Manche, avec l'indication des profondeurs, qui sont deux travaux aussi curieux qu'utiles. Un rapide résumé du système et des opérations accomplies se trouve dans une petite brochure explicative par l'auteur, et renferme de très-intéressants détails.

Les planisphères et les globes, tant célestes que terrestres, n'offrent rien de bien nouveau, que l'on ne connaisse déjà à peu près partout. Mais ce que nous louerons sans réserve, ce sont les quatre superbes cartes spéciales de Kirchoff et de Bunsen, indiquant les lignes métalliques qui barrent les spectres lumineux. Ces cartes, qui, comme la science à laquelle elles ont rapport, ne sont encore qu'à l'état rudimentaire, deviendront, à mesure que ces connaissances se développeront, pour le physicien et l'analyste, des instruments aussi indispensables que le spectroscope lui-même, et nous ne pouvons que faire des vœux ardents pour leur rapide vulgarisation.

Non loin de là, nous avons remarqué, mais à une hauteur inaccessible, une assez grande carte, à plusieurs teintes rosées, sur laquelle nous n'avons pu obtenir d'explications satisfaisantes, même en questionnant l'agent, auquel son ignorance de la langue française et notre ignorance de l'allemand, ne permettaient pas de nous renseigner. Quant à voir par nous-même, la chose n'était rien moins qu'aisée, à cause de la position occupée par cette carte et à cause de divers globes terrestres qui l'éclipsaient à nos yeux.

Tout ce que nous avons pu voir, c'est que c'était une carte scolaire, dans le genre de celles que nous avons signalées dans l'exposition du ministère français de l'instruction publique. Mais il nous a été impossible d'en saisir les éléments statistiques. Nous la signalons néanmoins, à cause de son caractère tout particulier. Elle est due à M. Ficher.

Dans la galerie des machines, près de ces formidables torpilles électriques, le ministère de la guerre d'Autriche a exposé une douzaine de grandes et belles cartes de l'empire et aussi de certaines provinces ; celle de la Bohême et celle de la Dalmatie sont extrêmement intéressantes à étudier, et le seraient bien davantage si on pouvait s'en approcher, mais il y a là une cordelière rouge qui y met bon ordre. Nous n'avons pu comprendre le motif d'une prohibition que nous avons vraiment sujet de regretter.

Nous terminerons la section germanique par les cartes exposées par les artistes suisses. En première ligne doit figurer la grande carte de la Confédération Helvétique, par M. le général Dufour, laquelle tapisse la galerie des arts libéraux, près de la section espagnole. Cette belle carte, composée de dix feuilles, mesure 3^m,60 de côté, et, en considération de la configuration tourmentée de la région représentée, offre au plus haut degré le mérite de la difficulté vaincue. Aussi est-elle devenue la carte classique du pays, par excellence.

M. Ziégler expose aussi des atlas fort bien conditionnés, avec texte ; malheureusement, ces derniers sont exclusivement en allemand. La Suisse participant aussi de l'élément français, comme le prouve surabondamment la plus grande partie de sa littérature périodique, est-ce qu'il eût été bien difficile de faire un tirage français de ces excellents atlas ? Par là, ils deviendraient d'un usage à peu près universel, comme ils le méritent, du reste.

MM. Wutster, à Winterthur, ont exposé des cartes géographiques remarquables, et M. Alphonse Favre, professeur à Genève, a construit une carte de la Savoie qui est un vrai chef-d'œuvre d'exactitude et en même temps de patience, car toutes ces ramifications alpestres, ces variations de niveaux, ont dû exiger une série interminable d'opérations trigonométriques et de vérifications délicates des proportions obtenues. Nous n'hésitons pas à dire que la vulgarisation de cartes semblables ferait faire un pas immense à la connaissance de la géographie physique de l'Europe centrale, où l'on découvre toujours du nouveau, malgré les incessants travaux qui ont déjà précédé. Nous en dirons autant du plan-relief de la Suisse, publié par M. Schoell, qui a certainement produit un chef-d'œuvre qui ne laisse absolument rien à désirer.

Enfin, pour clore cette énumération, nous citerons le beau plan ombré du Mont-Pilate, publié par M. Mulhaupt de Berne, et les excellentes cartes de M. Dalps, de la même ville ; celle de la Suisse entière, par ce dernier artiste, est d'une exécution vraiment remarquable.

En résumé, la section germanique, dans laquelle nous avons compris la Suisse, offre un intérêt tout particulier aux géologues, à cause des configurations territoriales toutes particulières des régions qu'habitent la plupart des exposants, et en parcourant cette section, nous y avons trouvé des documents tout à fait nouveaux, et dont bien des érudits, nous en sommes convaincu, ne soupçonnent même pas l'existence. A ce titre là, et même à bien d'autres, c'est une promenade scientifique des plus agréables, et que bien certainement on ne regrettera pas d'avoir entreprise.

IV

Ce qui frappe surtout dans les expositions géographiques des races germanique et scandinave, c'est leur caractère, non plus descriptif et topographique, mais bien statistique et industriel. Ce caractère est surtout marqué dans la section russe, où chaque industrie, particulièrement dans la galerie des machines et dans celle des matières premières, est accompagnée de cartes explicatives sur l'importance des exploitations, leur étendue, leur situation et leurs relations intérieures et extérieures. Dans les deux galeries que nous venons de citer, on rencontre à chaque pas une carte d'un format très-commode, d'un type unique, quant aux traits généraux, et ne variant que selon l'industrie qu'elle accompagne, de sorte qu'à l'aide d'un atlas ou d'une collection de ces cartes, l'œil peut immédiatement saisir les proportions et les importances relatives de ces industries, telles que les exploitations minières, forestières, les cultures des céréales ou de vignobles. Nous signalons aussi les cartes des formations géologiques et celles du commerce des laines, ainsi que la carte forestière de la Finlande. Une autre carte intéressante et supérieurement exécutée, est celle exposée par le ministère de l'intérieur indiquant l'état agricole, industriel et commercial de ce vaste empire. Il nous est assez difficile de nous arrêter à chacune, parce qu'elles sont fort disséminées, mais comme nous l'avons dit plus haut, presque chaque industrie es accompagnée de sa carte propre, et le visiteur pourra l'étudier chemin faisant.

Dans la section polonaise, il y a peu de cartes, mais il y en a trois fort curieuses : l'une est une carte climatologique de la Pologne, de 1779 à 1828, donnant les variations météorologiques par an, par saison et par mois ; les deux autres sont les cartes du pôle nord et du pôle sud, qui paraissent faites avec beaucoup de soins et de précision. Ces régions si peu connues, si hypothétiques, offrent le plus grand intérêt au géographe, au météorologiste et au géologue, à cause des différences de configurations qui, dans ces latitudes extrêmes, occasionnent les plus grandes oppositions dans la température et le magnétisme, comme l'ont démontré les cartes isothermiques de Keith Johnstone et les cartes magnétiques de M. Barral.

Dans la section scandinave proprement dite, nous rencontrons d'abord une belle carte géologique de cette péninsule si curieusement dentelée; plusieurs cartes donnant les tracés des voies ferrées suédoises; une autre développant le système géologique de la Norvége, exposée par le ministère de l'Intérieur, cinq belles cartes du Finmark, exposées par M. Früs, et enfin les cartes du professeur Schubeller, dont le nom n'est ignoré d'aucun amateur de géographie.

La statistique est aussi amplement représentée ; nous citerons surtout la carte économique, agricole et administrative de la province d'Upsal, et les cartes démographiques ou diagrammes des naissances. Cette branche de la statistique, sous cette forme du moins, paraît encore très-peu avancée, et nous croyons que les statisticiens qui étudient les questions si importantes de l'accroissement de la population trouveront là d'excellentes idées pour la formation de tableaux synoptiques facilement compréhensibles.

Nous n'avons trouvé dans la section danoise que deux cartes d'un intérêt réel, celle du Spitzberg, par MM. Dusser et Nordiensolk, dont nous avons eu occasion de parler dans la *Revue britannique* [1]. Comme le goût des expéditions polaires

---

[1]. Janvier 1866, pages 240-241.

commence à se réveiller, ces cartes, œuvres de deux savants et hardis explorateurs, offriront des documents tout à fait nouveaux et d'une exactitude absolument scientifique, et comme elles sont, par extraordinaire, dans une situation très-favorable, nous engageons le visiteur curieux à les bien considérer.

L'autre carte est un plan de la mine de cryolithe d'Ivigbut, à l'extrémité sud du Groenland, mine découverte au dix-huitième siècle par Giesecke, et maintenant exploitée par le professeur Thomson. Elle se compose aujourd'hui de quatre carrières avec tous les aménagements nécessaires. Six photographies et une légende historique complètent l'intelligence de ce plan curieux sous plus d'un rapport, et surtout en ce qu'il nous montre un pays réputé si inhospitalier, sous une face tout à fait nouvelle et inattendue.

Le lecteur aura peut-être remarqué que dans ces dernières sections nous n'avons pas donné, en général, les noms des artistes ou des constructeurs. Ce silence tient surtout à notre ignorance des langues du nord, et malheureusement, même dans la section russe, il y a peu d'exposants, dans notre spécialité du moins, qui aient eu l'idée d'ajouter des indications françaises. Nous n'en dissimulerons pas notre regret, car souvent, trop souvent, nous nous sommes trouvé en face d'un beau travail, que nous n'avons pu, faute d'indications, comprendre que d'une manière très-générale, sans parvenir à en embrasser les détails, dont nous soupçonnions bien l'intérêt et le mérite, mais que nous étions hors d'état d'approfondir. C'est là un état de choses aussi préjudiciable au visiteur qu'à l'exposant, et pour nous, nous sommes le premier à le regretter, et bien sincèrement.

V

Comme nous l'avons dit en commençant ce travail, la supériorité géographique est demeurée aux pays du nord ; une inspection des cartes exposées dans les sections qui nous occupent actuellement ne fera que confirmer cette assertion. Cependant, si faible que soit l'exécution, il faut rendre justice aux travaux intéressants par les renseignements qu'ils fournissent, renseignements d'autant plus utiles qu'ils sont presque totalement ignorés. Du reste, comme nous l'avons déjà fait remarquer, l'important pour l'homme studieux est surtout que le travail ait été entrepris ; que son exécution soit plus ou moins belle, c'est là une question qui se développera avec le goût de ces sortes d'études. Rompre la glace, émettre de nouvelles suggestions, voilà l'essentiel.

En Espagne, dans la galerie des machines, nous avons remarqué des plans-reliefs de divers phares que nous indiquerons surtout aux ingénieurs, comme étant plus de leur ressort. Il y a aussi une esquisse du port de Tarragone qui, sauf ses dimensions, ne nous a pas paru bien intéressante ; mais nous, le répétons, la section dans laquelle sont exposés ces objets semble indiquer que les exposants ont voulu s'adresser surtout aux ingénieurs.

Dans la galerie des arts libéraux, les objets exposés semblent avoir plus de valeur ; ainsi M. le colonel du génie Coello a exposé un excellent et magnifique atlas d'Espagne, qui est un vrai livre de fonds. M. l'inspecteur des mines Amalio Maestre, qui semble avoir l'amour de son métier, a exposé une carte géologique d'Espagne, qui fera une bonne carte d'école, et en outre sept ou huit cartes spéciales de diverses régions caractéristiques, telles que la Navarre, la Biscaye, la région du Guipuscoa, etc.

Dans la section portugaise, sept ou huit cartes du royaume exposées par l'Institut géographique et six cartes géologiques avec coupes, forment un contingent qui n'est ni meilleur ni plus faible que la moyenne générale.

Le royaume d'Italie et les États pontificaux offrent plus d'éléments d'intérêt et de curiosité. Dans la galerie des matières premières, M. le professeur Tirone a exposé un plan considérable du Mont-Blanc qui paraît d'une exécution tout à fait supérieure; divers ingénieurs et industriels ont aussi exposé des cartes intéressantes au point de vue de la minéralogie, et le ministère d'agriculture et d'industrie donne une carte géologique de l'Italie septentrionale et de l'île de Sardaigne qui mérite l'attention et même l'étude approfondie de tous les géologues.

Dans la section pontificale, qui s'est déjà si fort distinguée par le météorographe, il y a peu de cartes, mais combien elles sont curieuses! Ce sont celles des systèmes volcaniques de Rome et l'hydrographie du même district aux époques géologiques de la pliocène ou des volcans sous marins. Ces intéressants travaux sont dus au talent exercé de M. J. Ponzi, dont la réputation n'est pas nouvelle au delà des Alpes.

M. de Rossi, dont, à notre honte, nous avouons ne pas connaître les travaux, a exposé deux cartes des catacombes de Rome, qui sont tout simplement... effrayantes, par l'enchevêtrement de leurs voies souterraines.

En présence de ces cartes, on se demande comment les premiers chrétiens pouvaient, tout en se soustrayant aux poursuites de leurs persécuteurs, trouver moyen de se rejoindre, à moins qu'ils n'eussent chargé les murs de signes particuliers dont eux seuls avaient le secret.

Enfin, le ministère français de la marine expose une carte des phares élevés sur la côte romaine, carte exécutée par ordre de S. M. l'empereur et de M. le comte de Chasseloup-Laubat.

En face de ces cartes romaines, une gigantesque carte des régions moldo-valaques tapisse le mur de la section danubienne ; malheureusement cette carte qui promet d'être fort intéressante, est loin d'être achevée.

Dans la section hellénique, il n'y a que très peu de cartes, très-ordinaires, et qui sont tout simplement des cartes d'école ; elles sont dues, pour la plupart, à M. Kolmann. Il y avait pourtant là de beaux éléments de géographie historique à faire connaître, ne fût-ce que la baie de Salamine, les Thermopyles, et ce curieux isthme de Corinthe.

VI

La géographie des États-Unis n'offre rien de bien extraordinaire, à l'exception des cartes exposées dans la galerie des matières premières, division de la Californie, où les minerais et les pépites sont accompagnés de cartes minéralogiques et de photographies explicatives des diverses exploitations qui donnent à cette branche des sciences industrielles un intérêt des plus considérables. L'inspection de ces cartes donne à l'industriel des notions précieuses sur les situations et les richesses métalliques des différents gisements, et au géologue qui étudie les grandes perturbations de la croûte terrestre, elle indique la succession de ces révolutions qui ont travaillé notre planète depuis la période nébuleuse, ainsi que leur intensité et, approximativement, la durée de leur action.

M. Schefder a exposé trois exemplaires d'un globe ordinaire, mais sur lequel il a tracé les courbes magnétiques. M. Wilson publie une carte très-bien faite des États-Unis, et l'école des aveugles de Boston a exposé des globes et des cartes en relief à l'usage de ses infortunés élèves. Naturellement ces cartes et ces globes ne sauraient présenter le fini et la précision d'objets destinés aux voyants, mais ici le but paraît suffisamment rempli. Nous avons aussi remarqué deux énormes planétaires de Barlow, exécutés par M. Froment Dumoulin, mais qui nous ont paru d'une complication pénible.

Dans la galerie des machines, un peu perdus dans les divers appareils industriels, se trouvent les plans et les coupes du tunnel servant à amener les eaux du Michigan dans la ville de Chicago, et dont nous avons parlé dans la *Revue britannique* de janvier dernier, d'après les données publiées par *Engineering*. Si l'on peut se reporter aux articles de cette dernière publication, on y trouvera un excellent commentaire de ces gigantesques travaux, auprès desquels ceux de l'antiquité, si vantés, paraissent d'une complète insignifiance.

Dans la section de l'Amérique méridionale nous n'avons que peu d'objets à remarquer, sauf un assez beau plan de Buenos-Ayres et un tracé intéressant du chemin de fer de Coquimbo dans le Chili, à travers une région extrêmement tourmentée. A côté d'une carte assez complète du Venezuela et de ses différentes divisions, s'étend une carte murale de la grande Péninsule, mais, malheureusement, elle ne présente aucun des détails qu'aurait pu comporter son échelle, et ressemble trop à une gigantesque carte muette.

L'Amérique centrale n'est guère représentée que par le relevé du Nicaragua, dans les mêmes vitrines comprenant le Venezuela et le Chili, et surtout par l'admirable plan du futur canal, par M. Thomé de Gamond, qui y adjoint en même temps le fameux plan du tunnel anglo-français. Le dessin si complet de l'illustre ingénieur, outre ses détails topographiques si intéressants sur la jonction du Pacifique et du golfe du Mexique, présente en légende un document des plus importants, c'est la liste de tous ceux qui se sont occupés de ce mode de transit; cette liste est ouverte par Christophe Colomb, dès 1502, et Fernand Cortez, et se termine par le prince Louis-Napoléon et M. Félix Belly, qui sans doute voilait une plus auguste personnalité. Dans cette liste, il y a certaines choses à remarquer, c'est d'abord le premier élan avec lequel ce projet a été étudié, de 1502 à 1534, par trois ou quatre savants et navigateurs, qui en avaient senti toute l'importance. Puis se fait un long temps d'arrêt, les Européens trop occupés de conquêtes, de colonisation, laissent dormir ce projet comme trop chimérique; mais en 1781, Galisteo étudie le projet à nouveau, et avec tant de minutie que la plupart de ses successeurs n'ont fait que reproduire ses idées. Enfin, en 1823, la colonisation de l'Australie donne une nouvelle actualité à cette spéculation, et tous les deux ou trois ans nous voyons surgir un nouveau projet. Maintenant que M. de Lesseps, avec non moins de persévérance, d'entêtement même, que de génie, a démontré, comme le philosophe démontrait le mouvement, la praticabilité du canal de Suez, celui de Panama, soit par le Nicaragua, soit par un autre point, ne tardera plus à se faire, et alors qui pourra prévoir les conséquences commerciales et même humanitaires de ces deux colossales entreprises? Nous engageons fortement les esprits méditatifs à visiter ce beau plan, dans la galerie des machines.

Dans le voisinage, nous tombons au milieu des colonies anglaises, la Nouvelle-Zélande, cette Angleterre antipodique, représentée par plusieurs cartes scolaires locales fort intéressantes pour nous autres septentrionaux.

M. Julius Haast, le célèbre géologue de Canterbury, de concert avec M. l'ingénieur Stephenson, a envoyé une coupe géologique du tunnel de la ligne ferrée de Christchurch, carte dessinée avec beaucoup de soin, et curieuse par l'étude des diverses formations.

La province de Natal, sur la côte méridionale d'Afrique, a envoyé plusieurs belles cartes scolaires, mais trop inaccessibles ; cependant elles nous ont paru sortir des ateliers soit de M. Wyld, soit de M. Stanford de Londres ; nous en avons remarqué deux, l'une purement topographique, et l'autre, géologique. De plus, quatre diagrammes météorologiques fort curieux, faisant ressortir par rapport à nous le renversement des saisons. Enfin, M. Mann et sir Henry James, l'officier britannique dont nous avons déjà signalé la compétence et les travaux, ont exposé une carte industrielle et une carte physique de la colonie présentant des éléments d'un intérêt tout à fait exceptionnel.

La Nouvelle Écosse n'est représentée que par une carte scolaire générale ; quant au Canada, où nous nous attendions à un certain luxe de documents géographiques, nous le disons à regret, nous n'avons rien trouvé, ni bon ni mauvais. Nous n'en dissimulons point notre désappointement, et même nous souhaitons qu'on nous signale l'erreur dans laquelle nous avons pu tomber.

Pour l'Inde, nous en dirons autant ; nous n'avons, outre le plan relief, qu'il faudrait être aveugle pour ne pas voir, nous n'avons trouvé qu'un petit plan très-ordinaire de Bombay, que sa situation insulaire pourtant aurait pu rendre fort curieux à étudier. Cependant le système pluvial et orographique de la Péninsule, l'île de Ceylan, le réseau des voies de communication, tout cela était une source inépuisable de beaux travaux, et nous avouons ne pas comprendre comment une telle branche d'études ait été laissée de côté. Il en a été de même dans les colonies des Antilles ; pas un plan, pas une carte de ces curieux produits volcaniques et séismiques qui pointillent l'Atlantique.

Enfin dans les pays orientaux, la Turquie et l'Égypte se sont distinguées ; la première par des planisphères et un globe célestes, en langue turque, par Tahsine-Effendi, la seconde, par son exposition spéciale dans le parc. Pour la partie qui nous concerne plus spécialement, signalons un beau relief de la ville d'Alexandrie, dressé par les soins d'un illustre indigène, l'astronome Mahmoud-Bey ; le relief gigantesque, d'au moins vingt mètres superficiels, de l'Égypte entière, par les frères Schroeder ; enfin, trois cartes superbes d'exécution, comme on devait s'y attendre, puisqu'elles sortent des ateliers de la maison Avril, et construites par Figari-Bey. Celle de la Péninsule Sinaïtique surtout mérite d'attirer l'attention.

Toutes ces cartes ont été commandées ou patronnées par le nouveau roi. En voyant ces belles productions géographiques, nous nous sommes rappelé que dès avant Moïse et même avant Joseph, la terre de Misraïm avait été le berceau de la géométrie, et nous avons vu, avec une vraie satisfaction d'archéologue et d'érudit, que la science et « la sagesse des Égyptiens » transmises par Osymandias, Néchao, Hipparque et Ptolémée, ne se sont point éteintes chez leurs descendants actuels.

Nous ne devons pas quitter l'Orient, sans parler des beaux plans et du magnifique panorama exposés dans le palais égyptien de la Compagnie de Suez, qui, en même temps qu'il démontre la supériorité du génie moderne, est un musée historique et géologique des plus intéressants. Il serait fort à regretter qu'après la clôture ce musée fût dispersé, et nous osons suggérer aux intelligents directeurs de le transporter dans quelque salle du square Clary, où le public curieux, érudit ou non, ne manquerait pas d'affluer, si l'on en juge par la foule qui s'y presse au Champ de Mars.

ENDYMION PIERAGGI.

Imprimerie et Librairie de E. Lacroix, 54, rue des Saints-Pères, Paris.

Publication trimestrielle. 2 fr. par an. — Le n° : 75 c.

BIBLIOGRAPHIE

DES

INGÉNIEURS, DES ARCHITECTES

DES

CHEFS D'USINES INDUSTRIELLES

DES

ÉLÈVES DES ÉCOLES POLYTECHNIQUE ET PROFESSIONNELLES

ET DES AGRICULTEURS

REVUE CRITIQUE DES LIVRES NOUVEAUX

PAR

E. LACROIX

Membre de la Société industrielle de Mulhouse, de l'Institut royal des Ingénieurs hollandais
et de la Société des Ingénieurs de Hongrie
Directeur et Fondateur des *Annales du Génie civil*

IV° SÉRIE, N° XII
PUBLICATIONS DU 4ᵐᵉ TRIMESTRE 1868

Prix : 75 c.

Avis. — Tous les ouvrages sans indication de prix n'ont pas été destinés à être livrés dans le commerce; nous prions donc nos abonnés de ne pas nous en adresser la demande, nous ne pourrions que très-rarement les satisfaire. A cette occasion, nous prions ceux de nos lecteurs qui seraient en possession de quelques-uns de ces ouvrages, qui pour eux deviendraient sans utilité, de vouloir bien nous en proposer l'acquisition, pour nous aider à compléter notre collection et celle de quelques-uns de nos abonnés.
Nous ferons l'analyse de tous les livres (concernant les sciences, l'industrie et l'agriculture) dont il aura été adressé un exemplaire au bureau de la rédaction, 15, quai Malaquais.

PARIS
LIBRAIRIE SCIENTIFIQUE, INDUSTRIELLE ET AGRICOLE
Eugène **LACROIX**, Éditeur
Libraire de la Société des Ingénieurs civils
54, RUE DES SAINTS-PÈRES

Noms des Libraires qui, dans l'intérêt de leurs clients, ont trouvé utile de souscrire à la Bibliographie de l'Ingénieur, etc.

FRANCE.		Ex.	ÉTRANGER.		Ex.
Barrassé,	Angers.	25	Beuf,	Gênes.	25
Beghin,	Lille.	25	Bocca,	Turin.	25
Coni,	St-Malo.	25	Camoin frères,	Odessa.	25
Dufey-Robert,	Troyes.	25	Decq,	Bruxelles.	100
Feret fils,	Bordeaux.	25	Decq,	Liége.	100
Giraud,	Nîmes.	25	Desrogis,	Genève.	25
Letellier,	Charleville.	25	Dumolard,	Milan.	25
Loger-Boulay et Cie,	Mans.	25	Durand,	Madrid.	25
Perrin (Emile),	Mulhouse.	25	Gautier,	Moscou.	25
Petrot-Garnier,	Chartres.	25	Issakoff (Jacques),	St-Pétersbourg.	200
Praquin,	Beauvais.	25	Kramers,	Rotterdam.	25
Rumèbe,	Toulon.	25	Lebègue et Cie,	Bruxelles.	100
Salomon,	Strasbourg.	25	Lebrun Devigne,	Gand.	25
Velloppé (Mme),	Nantes.	25	Rosez,	Bruxelles.	25
Warion,	Metz.	25	Silva Junior,	Lisbonne.	25
			Sazonoff,	Liége.	100
			Verdaguer,	Barcelonne.	25
Pour 15 libraires, total d'abonnements		375	Pour 17 libraires, total d'abonnements		900

Par les listes qui précèdent, nous obtenons un renseignement statistique qui ne laisse pas que d'avoir sa valeur : si beaucoup d'auteurs de livres traitant des sciences industrielles se plaignent de les voir rester dans les cases de leur éditeur, ils sauront qu'ils doivent s'en prendre en partie à l'indifférence du public en général et à la nonchalance des libraires brevetés.

Ainsi, voilà en France 15 libraires qui ont pensé qu'en souscrivant à 25 exemplaires de ma Bibliographie, que du reste je leur livre au prix de fabrication, qui ont pensé, dis-je, que cette petite dépense serait bien couverte s'ils distribuaient ces 25 numéros dans la partie de leur clientèle s'occupant plus spécialement d'études pratiques.

Il y a en France 4000 libraires; sur ce nombre, 15 se sont occupés de communiquer la Bibliographie à leurs clients pour les mettre à même de prendre connaissance de toutes les publications récentes.

D'un autre côté, nous comptons à l'étranger 17 libraires qui ont souscrit pour un ensemble de 900 exemplaires.

C'est donc à l'étranger que nos ouvrages industriels sont le plus prisés; ainsi, vous voyez pour la seule ville de Liége, 2 libraires souscrire, chacun à 100 exemplaires, de telle façon que dans une seule ville de Belgique, 200 personnes seront mises au courant de nos publications nationales; à juste titre, elles les trouveront intéressantes et elles en feront acquisition. — Mais pendant que pour cette population de la seule ville de Liége (Belgique) vous trouverez 200 souscripteurs, pour toute la France vous en avez 375. — Qu'est-ce donc que la librairie en province ?

La conclusion est honorable pour notre nationalité : si nous laissons de côté les *marchands de livres inintelligents quoique brevetés*, au moins voyons-nous par cette statistique que les œuvres de nos savants, de nos professeurs, de nos ingénieurs sont grandement estimés à l'étranger, et l'on pourrait soutenir que si ce débouché intellectuel venait à nous manquer, à moins qu'une administration ne prît toute l'édition d'un livre, aucune impression d'un ouvrage traitant la science industrielle, ne serait possible.

E. L.

OCTOBRE 1868 A JANVIER 1869

A

1104. ALPHAND. — **Les promenades de Paris.** Bois de Boulogne. Bois de Vincennes. Parcs. Squares. Boulevards. Livraisons 11 à 14. Série II. Livraisons 1 à 4. In-f°, 45-64 p. avec grav. et 5 pl. Paris, imp. Claye.

Prix de la livraison : 5 fr. Edition sur papier de Hollande, 10 fr. Chaque série, 50 fr.; sur papier de Hollande 100 fr.

1105.* ANDRÉ (de Sétif). — Un chapitre sur la **culture du tabac.** *Annales du Génie civil*, livraison de novembre. 4 francs.

1106.* **Annales du Génie civil.** — Mois d'octobre, de novembre et de décembre.

Extrait du sommaire des matières : Savonimétrie par M. Cyrille Caillettet, pharmacien de 1re classe. — Distillation agricole pour grains, pommes de terre et betteraves (pl. XL), appareil d'Hector Mouquet. — Drainage et aération du sol (pl. XXXIX), par Naudé, géomètre-draineur. — Cuisines distillatoires, condensateurs d'eau douce et filtres (pl. XXXVII). — Machines à fabriquer le papier et perfectionnement des piles défileuses ou effilocheuses de MM. Miller et Herbert, à Edimbourg (pl. XXXVIII). — Sur les méthodes à employer pour l'essai et l'analyse des sucres, par M. Emile Monnier, chimiste. — Bois jaune, teinture et impression des tissus, par M. De Kaeppelin, chimiste-manufacturier. — Les boîtes à garnitures (pl. XLIII et XLIV). — Trajectoire d'un projectile dans l'air, par M. Emile Leclert, recherches de M. Merrifield. — Un chapitre sur la culture du tabac, par M. André, de Sétif. — L'ozone : l'ozone artificiel et l'ozone naturel, par M. Ernest Saint-Edme. — Sonnette à vapeur et à action directe, de M. J. Chrétien, avec fig. dans le texte. — Entretien et conduite des machines à vapeur. — Exploitation des carrières de grès, par M. Tronquoy. — Exploitation des chemins de fer : question de sécurité et d'économie, par M. Vidard. — Les ventilateurs employés dans les exploitations houillières et les travaux de siège (pl. XLV), par Gouvyeux.

Travaux des Sociétés savantes : Revue minière et métallurgique. — Travaux exécutés à l'étranger. — Inventions nouvelles. — Renseignements, Concours, Variétés.

Les **Annales du Génie civil** paraissent mensuellement depuis le 1er janvier 1862. Chaque livraison se composait de 4 feuilles grand in-8, avec figures intercalées dans le texte, et de 3 ou 4 planches grand in-4, de manière à former chaque année un volume de 850 pages et un atlas d'environ 40 planches. A partir de l'année 1869 et en raison du développement de la publication, chaque livraison se composera de 5 feuilles et de 4 pl., de manière à former au bout de l'année un volume de 900 à 1,000 pages et un atlas de 50 planches.

PRIX DE L'ABONNEMENT ANNUEL :

Pour toute la France (*franco*).   20 fr.
Pour l'Etranger.   25 fr.
Pour les pays d'outre-mer.   30 fr.
Prix des numéros séparés (*franco*).   4 fr.
Pour l'Etranger et pays d'outre-mer. 4 fr. 50
Les numéros des années écoulées sont très-rares.

Prix de chaque année écoulée prise séparément.
Franco pour toute la France.   25 fr.
Pour l'Etranger et pays d'outre-mer.   30 fr.

Aujourd'hui la collection complète des *Annales du Génie civil* est formée de 15 volumes accompagnés de neuf atlas, savoir :
1re année, 1er volume, 1862. 848 pages, avec 61 fig. et atlas de 35 pl.   25 fr.
2e année, 2e volume, 1863. 744 p., avec 25 fig. et atlas de 40 pl.   25 fr.
3e année, 3e volume, 1864. 792 p., avec 36 fig. et atlas de 41 pl.   25 fr.
4e année, 4e volume, 1865. 868 p., avec 55 fig. et atlas de 39 pl.   25 fr.
5e année, 5e volume, 1866. 864 p., avec 87 fig. et atlas de 43 pl.   25 fr.
6e année, 6e volume, 1867. 816 p., avec 71 fig. et atlas de 44 pl.   25 fr.
7e année, 7e volume, 1868. 907 p., avec 140 fig.   20 fr.

Supplément aux années 1867 et 1868, ou Etudes sur l'Exposition universelle de 1867.
Tome 1er, 8e du *Génie civil*. 1 vol., 492 pages, 80 figures et 14 pl.   15 fr.

Tome II, 9ᵉ du *Génie civil*. 1 vol., 460 pages, 109 figures et 44 pl. 15 fr.
Tome III, 10ᵉ du *Génie civil*. 1 vol., 456 pages, 80 figures et 37 pl. 15 fr.
Tome IV, 11ᵉ du *Génie civil*. 1 vol., 480 pages, 78 figures et 35 pl. 15 fr.
Tome V, 12ᵉ du *Génie civil*. 1 vol., 440 pages, 108 figures et 47 pl. 15 fr.
Tome VI, 13ᵉ du *Génie civil*. 1 vol., 448 pages, 56 figures et 18 pl. 15 fr.
Tome VII, 14ᵉ du *Génie civil*. 460 p., fig. dans le texte et 27 planches. 15 fr.
Tome VIII, 15ᵉ du *Génie civil*. 2 livraisons publiées sur 5. 15 fr.
Total. 290 fr.

Ces 15 vol. seront terminés par une table des matières qui, sous la forme d'un fort vol., donnera l'idée d'un véritable dictionnaire technologique. Ce volume est gratuit pour tous les nouveaux et les anciens abonnés. Le prix de souscription aux *Annales du Génie civil* étant de 20 fr. et le prix de souscription aux *Etudes sur l'Exposition*, supplément aux *Annales* pour les années 1867 et 1868, ayant été de 110 fr. à l'origine, tous les nouveaux abonnés pour 1869 pourront jouir de ce prix de faveur lorsqu'ils prendront la collection complète des *Annales du Génie civil*, soit les années 1862 à 1869. 8 vol. et 8 atlas à 20 fr. 160 fr.
Supplément à 1867 et 1868, t. VIII à XV, et 2 atlas de 150 pl. à 15 fr. 110 fr.
Total. 270 fr.

1107. **Art (l') du tourneur**. Les cinq ordres. — Ordres toscan, dorique, ionique. — Style gothique. — Ordres corinthien et composite. — Style roman. — Style renaissance. — Style Louis XV. — Style grec moderne. — Style Louis XVI. Lith. par E. Zamor, E. Maincent, Paris, imp. Becquet.

B

1108. BALTET (Ch.), horticulteur à Troyes. — **L'art de greffer** les arbres, arbrisseaux et arbustes fruitiers ou d'ornement, pour les multiplier, les former ou les mettre à fruit. In-18 Jésus, 324 p. avec fig. Corbeil, imprim. Crété. 3 fr.

1109. BARRAU ET HEUZÉ. — Simples **notions sur l'agriculture**, les animaux domestiques, l'économie agricole et l'agriculture des jardins. *Nouvelle édition* refondue conformément au programme officiel de 1868 pour l'enseignement agricole dans les écoles rurales et les écoles normales, et contenant 78 vignettes et une carte de la France agricole. In-12, IV-284 p. Paris, imp. Dufour et Cᵉ; 1 fr. 50 c.

1110. BAUTIER (Docteur). — **Flores partielles de la France** comparées ; T. 1. Série des familles, genres et espèces. T. 2. Catalogue des localités. In-8°, 437 p. Dieppe, imp. Delevoye.

1111.* BEAU DE ROCHAS. — Commentaire de la loi portant création **d'une caisse d'assurance en cas d'accidents** résultant de travaux agricoles et industriels en ce qui touche la responsabilité des entrepreneurs ; suivi de l'analyse des statuts de la Caisse sanitaire, association mutuelle des entrepreneurs pour la compensation des risques de leur responsabilité civile en matière d'accidents ; in-8°, 127 p. Paris, imp. Kugelmann. 4 fr. 50 c.

1112. BEAUDOUIN (Jules). — Etudes physiologiques et économiques sur **la toison du mouton**, 2ᵉ *édition*. In-8, 40 p. Dijon, imp. Rabutot ; Châtillon-sur-Seine.

1113. BECQUEREL (Edmond), de l'Institut de France. — **La Lumière**, ses causes et ses effets. T. 2. Effets de la lumière, In-8°, 384 p. et 2 pl. Mesnil, imp. Firmin Didot, les deux volumes, 6 fr.

1114. BELGRAND ET LEMOINE, ingénieurs des ponts et chaussées. — Etude sur le régime des **eaux du bassin de la Seine** pendant les crues du mois de septembre 1866. In-8°, 80 p. Paris, imp. Cusset et Cᵉ.

1115. BERGER, jardinier, et autres membres de la Société d'horticulture pratique de l'Ain. — **Le paysan jardinier**, ou principes du jardinage, de la taille et de la conduite des arbres fruitiers, et des premiers éléments de floriculture. In-16, 128 p. et planches. Bourg, imp. Milliet-Bottier.

1116. BEUDANT. — **Minéralogie. Géologie**. 12ᵉ *édition*. In-12, XXII-45 p. Paris, imp. Raçon et Cᵉ. 6 fr.

1117. BOLLEY (P.-A.), professeur de chimie à l'école polytechnique de Zurich. — **Manuel pratique d'essais** et de recherches **chimiques** appliquées aux arts et à l'industrie. Guide pour l'essai et la détermination de la valeur des substances naturelles ou artificielles employées dans les arts, l'industrie, etc. Traduit de l'allemand. Avec 98 figures dans le texte. In-8 jésus, VIII-747 p. Corbeil, imp. Crété. 7ᶠ,50

1118. BONNEFOY, HUDAC, JOUBLIN, MOREL, MOUCHE ET POSTEC, mécaniciens de la marine. — **Les machines à vapeur marines** et les propulseurs à l'Exposition universelle de 1867, 36 pl. in-8°, IV-178 p. Paris, imp. P. Dupont ; 11 fr. 50 c. *Extrait des Annales maritimes*.

1119.* BROISE et THIEFFRY. — **Album encyclopédique des chemins de fer**, publication autorisée par les Compagnies, paraissant par livraisons grand in-plano de 12 planches autographiées.
Prix de la livraison, 4 fr. Il paraît 10 à 12 livraisons par an.

SOMMAIRE DES 35ᵉ ET 36ᵉ LIVRAISONS.

35ᵉ *Livraison*.

409-410 Machine à 4 roues couplées. — Ensemble ; au 1/20°. (Ouest.)

411-412 Plaque tournante de 12^m,00 de diamètre. — Ensemble. Lyon.
413 Treuil roulant à tambour pour grue de 10^t — Détails. Lyon.
414 Voiture à 2 étages (grand modèle) de Bournique et Vidard. — Vue par bout et coupe. Ceinture.
415-416 Wagon-Écurie. Lyon (ch. algériens).
417-418 Wagon à bagages. id.
419-420 Grue de 6^t à pivot tournant et cuvelage en fonte avec tambour. — Modèle de 1865. — Élévation. Lyon.

36e *Livraison*.

421-422 Voiture de 1re classe, avec couloir intérieur. Lyon (ch. algériens).
423-424 Voitures mixtes. D°. id.
425-426 Voiture à impériale fermée. — Châssis à doubles brancards. (Maze et Voisine.)
427-428 Grue de 6^t à pivot tournant. — Treuil. — Modèle de 1865. Lyon.
429-430 Voiture de 3^n classe. Lyon (ch. Alg.).
431 Wagon plate-forme à bouts tombants. Id.
432 Machines express Crampton. — Diagrammes et légendes. Lyon.
1120. BROSSARD, employé du génie militaire. —Tables pour le **cubage des bois** en mètres. 4° *édition*. Petit in-12, 153 p. Grenoble, imp. Baratier frères et Dardelet.
1121. BRUTUS.—Nouveau traité sur l'expérimentation des plantes et des **cultures de tous les climats** ; In-12, 176 p. Limoges, imp. Sourilas, Ardillier fils et Cie. 1 fr. 50.
1122. **Bulletin** de la Société de l'industrie minérale. T. 12. 1866-1867. In-8°, 200 p. Abbeville, imp. Briez.

C

1123. CAILLARD. — **Industrie agricole et manufacturière.** Désagrégation de toutes matières textiles filamenteuses, par procédé chimique. China grass (Urtica Utilis). Chanvre et lin. Pâte à papier. In-8°, 48 p. Provins, imp. Le Hériché, 1 fr.
1124. CAILLET, examinateur de la marine. — **Traité de navigation**, à l'usage des officiers de la marine militaire et de la marine du commerce. 4° *édition*. In-8°, vi-342 p. 9 fr.
1125.* CAILLETET (Cyrille), pharmacien de 1re classe. — **Savonimétrie**, *Annales du Génie civil*, mois d'octobre. 4 francs.
1126. **Calepin de marine et de cubage.** (École impériale forestière.) Supplément au Cours d'exploitation de M. Nanquette. In-8°, 24 p. Nancy, imp. Ve Raybois.
1127. CHABAUD, ingénieur des mines. — Du rôle de la **chaux et de sa fabrication** au point de vue agricole. 2° partie. In-16, 43-90 p. et pl. Montpellier, imp. Gras.
1128.* CHRÉTIEN (J.).—**Sonnette à vapeur** à action directe. *Annales du Génie civil*, livraison de novembre. 4 francs.
1129. COMMINES DE MARSILLY (de), ancien élève de l'École polytechnique. — Recherches mathématiques sur les **lois de la matière**. In-4°, viii-162 p. Paris, imp. Gauthier-Villars. 9 fr.
1130.* COURTOIS-GÉRARD, horticulteur. — **Manuel pratique de jardinage**, contenant la manière de cultiver soi-même un jardin ou d'en diriger la culture ; 7° *édition*. In-18 jésus, VIII-410 pages. Paris, imp. Rouge frères, Dunon et Fresné; 3 fr. 50 c. (Bibliothèque des professions industrielles et agricoles.)
1131. **Culture** (la), le rouissage et le teillage **du lin**, 5° *édition*. In-8°, 39 p. et planches. Lille, imprimerie Danel.

D

1132. DECAISNE et NAUDIN. — Manuel de l'amateur des jardins. **Traité général d'horticulture**. T. 3. Petit in-8°, 869 p. imp. Firmin Didot; 7 fr. 50 c.
L'ouvrage complet forme 4 vol.
1133. DELESSE, ingénieur des mines. — Études sur le **métamorphisme des roches**. In-8°, 99 pages. Paris, imp. Raçon et Co. 2 fr. 50 cent.
1134. DELFORGE (H.), agronome. — **Traité des constructions rurales** contenant vues, plans, coupes, élévations, détails et devis des bâtiments de ferme. Gr. in-fol. Liège, A. Faust. 35 fr.
1135. DEMMIN. — **Histoire de la céramique** en planches phototypiques inaltérables, avec texte explicatif. L'Asie, l'Amérique, l'Afrique et l'Europe, par ordre chronologique. Poteries opaques (faïences, etc., et kaoliniques), porcelaines, peintures sur lave, émaux sur métaux, vitraux et verreries, mosaïques. 1re, 2e, 3e et 4e livraisons. In-folio, 5 p. et 8 pl. Paris, imp. Bourdier. Chaque liv. 6 fr.
1136. Description des **machines et procédés** pour lesquels des brevets d'invention ont été pris sous le régime de la loi du 5 juillet 1844, publiée par les ordres de M. le ministre des travaux publics. T. 64. In-4° à 2 col., 439 p. et 52 pl. Paris, imp. impériale. 15 fr.
1137. DES VAULX. — **L'Atelier du laboureur**, terrains, défrichements, engrais. In-12, 477 p. Lille, imp. Lefort. 1 fr. 50.
— **Les animaux de la ferme**. In-12, 180 p. Lille, imp. Lefort. 1 fr. 50 c.
1138. DIDRON.—**Les Vitraux** à l'Exposition universelle de 1867. In-4°, 62 p. Paris, imp. Claye. 3 fr. 50 c.
1139. DRION et FERNET. — **Traité de physique** élémentaire ; 3° *édition* 1er fascicule. In-8°,472 p. et 400 fig. Paris, imp. Raçon et C^{io}, 7 fr.

1140.* Duffau, agent du service de la voie aux chemins de fer du Midi. Guide du constructeur, ou **analyse de prix** des travaux de bâtiments et ouvrages d'art comprenant la terrasse, la maçonnerie, la plâtrerie, le carrelage et le pavage, l'asphalte, la fumisterie, la marbrerie, la peinture, etc. ; avec un tableau du poids des fers carrés, méplats et ronds, des fils de fers, de la tôle, etc. 3e *édition*. In-8°, 566 p. Bordeaux, imp. Gounouilhou. 8 fr.

1141. Dunkelberg (W.-F), ingénieur agricole. — De la **création des prairies irriguées**, principes économiques et techniques. Traduit de l'Allemand par A. Cochard. Avec 2 pl. et 95 fig. dans le texte. In-8°, vii-215 p. Corbeil, imp. Crété. 4 fr.

1142. Dupuis (A). **Arbrisseaux et arbustes** d'ornement de pleine terre. In-18 Jésus, 125 p. Paris, imp. Cusset et Cie, 1 fr. 25 c.

1143.* Dupuy (le docteur). — **Conseils pratiques de santé** et premiers secours à donner en cas d'accident avant l'arrivée du médecin. In-18, 72 p. Saint-Cloud, imp. Ve Belin. 20 c.

E

1144. Eck, architecte, ingénieur civil. — **Traité de construction en poteries, fers, tôles et briques**. Avec 84 pl. 1er volume. 2e *édition*. 1re et 2e parties. In-4°, 281 p. Abbeville, imp. Briez.

1145. **Emploi (De l')** des chemins de fer en temps de guerre. In-8°, 245 p. et pl. Paris, imp. Cosse et Dumaine. 4 fr.

1145 bis. **Encyclopédie de la famille**. T. 7. Espagnolette-Germanicus. In-18 jésus à 2 col. 472 p. Mesnil, imp. Didot. 4 fr.

1146.* **Études sur l'Exposition de 1867**. — Annales et archives de l'industrie au xixe siècle, nouvelle technologie des arts et métiers, des manufactures, de l'agriculture, des mines, etc. Description générale encyclopédique, méthodique et raisonnée de l'état actuel des arts, des sciences, de l'industrie et de l'agriculture, chez toutes les nations, etc. E. Lacroix, directeur de la publication. T. V. Gr. in-8, viii-440 p. et 47 pl. Paris imp. Bourdier, Capiomont fils et Cie. 2e édition. 20 fr.
Tome VI. grand in-8, 448 p., fig. dans le texte et 48 pl. 2e édition. 20 fr.
Tome VII, grand in-8, 460 p., fig. dans le texte et 27 pl. 2e édition. 20 fr.
Publication complémentaire des *Annales du Génie civil* pour les années 1867-1868.
Voir les nos précédents pour la table des matières des volumes publiés et le prix de vente des articles séparés.
Cet ouvrage se composera de 8 volumes chacun d'environ 500 pages grand in-8, accompagné de 1,000 à 1,200 fig. dans le texte, et de 2 atlas de 140 à 150 planches. Une table générale, méthodique et raisonnée des matières, et une table par noms d'auteurs, seront publiées et formeront un 9e volume supplémentaire et gratuit pour les souscripteurs
Prix de la souscription. 120 fr.
Chaque volume, avec les planches qui lui appartiennent, se vend séparément. 20 fr.
L'ouvrage se subdivise aussi en 40 livraisons qui se vendent également séparément au prix de 5 fr.

F

1147.* Ferry (Hippolyte), membre de la Société de Géographie de Paris. **L'obélisque de Louxor**. Traduction littérale des inscriptions hiéroglyphiques couvrant les quatre faces de ce monument, précédée d'une notice biographique sur Champollion; — d'un exposé du système hiéroglyphique des anciens Égyptiens; — de l'alphabet hiéroglyphique; — d'exemples de signes grammaticaux et de numération; — de l'analyse de divers noms antiques; — d'une visite aux ruines de Babylone; — avec mélange d'études et de considérations se rattachant aux événements les plus reculés de l'histoire. 1 vol. p. in-18, 96 pages avec la photographie des quatre faces de l'obélisque et bois gravés intercalés dans le texte, prix 1 fr.

1148. Figuier. — **Les merveilles de la science**. T. 3. Gr. in-8° à 2 col., 521-512 p. Corbeil, imp. Crété, 10 francs.

1149.* Forquenot. — Notes sur les expériences de traction de la compagnie d'Orléans (1857 à 1866); In-8°, 37 p. et 1 pl. Paris, imp. Capiomont. Société des ingénieurs civils, 2e trimestre 1868, 7 fr.

G

1150. Gasparin (de). — Deuxième mémoire sur l'**analyse des terres arables**. In-8°, 32 pages. Paris, imp. Lahure.

1150 bis. Gaucheron et Cotelle. — Nouveau **Cours d'agriculture** pratique. T. 1. In-8°, 226 p. Orléans, imp. Puget et Cie. 1 fr. 25 cent.

1151. Geymet et Alker. — **Émaux photographiques**. Traité pratique, secrets, tours de mains, formules, palette complète, etc., du photographe-émailleur. In-12, 131 p. Bar-le-Duc, imp. Contant-Laguerre. 4 fr.

1152.* Gourcy (le comte de).—**Excursions agricoles** faites en 1866, en Lorraine, Berry, Limousin, Périgord, Dordogne, Bourbonnais, Tourraine et dans les environs de Paris. In-8°, 343 p. Angers, imp. Lachèse. 5 fr.

1153. Guyot (le docteur Jules). — Etude des vignobles de France, pour servir à l'enseignement mutuel de la viticulture et de la vinification françaises. T. 3. Région du centre nord, du nord-est et du nord-ouest. In-8°, 714 p. Paris, imp. impériale.

J

1154.* Jetot, géomètre. — Topographie générale ou signes et teintes conventionnelles des plans et cartes, 1 feuille, 2,50.
1155. Joly. — Traité pratique du chauffage, de la ventilation et de la distribution des eaux dans les habitations. In-8°, xii-212 p. Paris, imp. Labure. 5 fr.
1156. Jonveaux. — Histoire de quatre ouvriers anglais : Maudslay, Stephenson, Fairbairn, Nasmyth. Précédé d'une introduction sur l'industrie du fer. In-18 jésus, vii-229 p. Coulommiers, imp. Moussin. 1 fr.
1157. Josselin, architecte. — De l'entreprise générale des travaux à forfait. Nouveau mode de traiter et d'exécuter toutes les constructions, établi dans l'intérêt particulier des constructeurs, communes ou propriétaires. In-8°, 41 p. Troyes, imp. Caffé.

L

1158. Lacoste. — Botanique, La Flore française vulgarisée. Herborisation. Cours complet. In-18 Jésus, 211 p. Clichy, imp. Loignon et C°.
1159. Lober. — Les Etablissements insalubres, dangereux ou incommodes, reconnus dans le décret du 31 décembre 1866. In-8°, 435 p. Lille, imp. Horemans.

M

1160.* Machines à vapeur. Entretien et conduite, avec fig. dans le texte. *Annales du Génie civil*, livraisons de novembre et de décembre, 8 fr.
1161. Mauzan, propriétaire-éducateur. — Guide des éducateurs de vers à soie. In-8°, 68 pages. Sisteron, imp. Bourlès.
1162.* Miller et Herbert. Machine à fabriquer le papier et perfectionner des piles défileuses ou effilocheuses (Pl. xxxviii). *Annales du Génie civil*, mois d'octobre. 4 fr.
1163. Millet-Robinet (Mme). Maison rustique des dames. 7e *édition*, 2 vol. In-18 jésus, 1340 p. Paris, imp. Raçon et C°. 7 fr. 75 c.
— Maison rustique des enfants. 20 pl. hors texte et 120 dessins sur bois. In-4°, 520 p. Paris, imp. Raçon et Cie. 15 fr.
1164. Mols (F.). — La Question du barrage de l'Escaut. Projet d'un canal maritime de la mer du Nord à Anvers. In-8° de 24 pages. Bruxelles.
1165. Monbro, ingénieur. — Notice sur la chaudière Field, son principe, sa construction ; application des tubes Field aux chaudières existantes. In-8°, 19 p. et pl. Extrait du Bulletin mensuel de la Société des anciens élèves des Ecoles Impériales d'arts et métiers. Imp. Polytechnique de St-Nicolas-de-Port (Meurthe). 1 fr.
1166.* Monier (Émile). Sur les méthodes à employer pour l'essai et l'analyse des sucres. *Annales du Génie civil*, livraison d'octobre. 4 fr.

N

1167.* Naudé, géomètre-draineur. — Drainage et aération du sol. (Pl. xxxix). *Annales du Génie civil*, mois d'octobre. 4 fr.

P

1168. Petit-Lafitte. — Principes généraux de la multiplication et de l'amélioration des animaux domestiques (particulièrement de ceux de l'espèce bovine). In-8°, 16 p. Bordeaux, imp. Percy.
1169. Picq, ouvrier tonnelier. — Manuel du tonnelier, donnant les mesures exactes des principaux tonneaux employés dans les vignobles. In-16. 16 p. Versailles, imp. Beau.
1170. Piron (F.-P.-J.), capitaine en premier au régiment du génie. — Manuel théorique du Mineur. Nouvelle théorie des mines précédée d'un exposé critique de la méthode en usage pour calculer la charge et les effets des fourneaux et d'une Etude sur la poudre de guerre. In-8° de 480 pages et 1 planche. Bruxelles. 15 fr.
1171. Poiré, professeur de physique et de chimie au lycée impérial d'Amiens. — Leçons de chimie appliquée à l'industrie. In-18 jésus, iii-487 p. Paris, imp. Raçon et C°. 4 fr. 50 c.
1172. Pozzo-di-Borgo, ancien élève de Grignon. — Le provignage et la nouvelle culture de la vigne en Corse. In-8°, 15 p. Ajaccio, imp. Marchi.
1173. Privat-Deschanel, professeur au lycée Louis-le-Grand. — Traité élémentaire de physique. 6 pl. en couleur, 1re partie. In-8°, iii-532 p. Paris, imp. Claye. L'ouvrage complet 10 fr.

R

1174. Rahon. — Inventions, améliorations

4ᵉ TRIMESTRE 1868.

et perfectionnements apportés dans le traité des boissons depuis l'origine de cette industrie. In-4°, 40 p. Sedan, imp. Lavocbe; 1 fr.

1174. RESAL, ingénieur des mines. — Des applications de la mécanique à l'horlogerie. In-8°, 167 p. et 5 pl. Paris, imp. Gausel et Cᵉ.

1175. RICHARD, ingénieur civil. — La vérité sur les salines. In-8°, 16 p. Nancy, imp. Binzelin et Cᵉ. 75 cent.

1176.* RICHON. — Le pétrole. Histoire, origine, extraction, traitement industriel et emplois du pétrole; ses dérivés, leurs usages, accidents produits par le pétrole, moyens de les éviter. In-8°, 35 p. Metz, imp. Maline. 1 fr.

1177. ROCHET. — Étude sur le sol, les engrais et les plantes. In-8°, 155 p. Bordeaux, imp. Bord.

1178. ROGUET. — Traité de géométrie plane. In-8, 268 p. Corbeil, imp. Crété.

S

1179. SAGERET. — Du progrès maritime. In-8°, 404 p. Versailles, imp. Cerf; 8 fr.

1180.* SAINT-EDME (Ernest). — L'ozone: l'ozone artificiel et l'ozone naturelle. Annales du Génie civil, livraison de novembre. 4 fr.

1181.* SCHILLING (N.-A.), docteur en philosophie, ingénieur directeur de la Compagnie du gaz de Munich, rédacteur du journal « Für Gasbeleuchtung. » — Traité d'éclairage par le gaz, traduit de l'allemand par Ed. Servier, ingénieur des arts et manufactures, ingénieur sous-chef du service des usines de la Compagnie parisienne du gaz. 1 vol in-4° accompagné de 70 pl. cotées et de 310 figures dans le texte. — 361 pages, prix 45 fr.

1182. SIRA-KAWA. — Traité de l'éducation des vers à soie au Japon, par Sira-Kawa, de Sendaï (Osyou), traduit pour la première fois du Japonais. In-8° LXIV-234 pages et 24 pl. Paris, imp. impériale.

1183. Statuts de la Caisse sanitaire, association mutuelle des entrepreneurs pour la compensation des risques de leur responsabilité civile en matière d'accidents sur les travaux, déclaration d'existence du 26 septembre 1868. 1 br, in-8°, 16 pages, 50 c.

T

1184. TACKELS (C.-J.), capitaine d'infanterie. — Armes de guerre. Étude pratique sur les armes se chargeant par la culasse. — Les mitrailleuses, et leurs munitions. In-8° de 220 pages et 7 pl. Bruxelles.

1185.* TRONQUOY (Camille). — Exploitation des carrières de grès. Annales du Génie civil, livraison de novembre. 4 fr.

1186. TROOST, professeur. — Traité élémentaire de chimie. 2ᵉ édition, 421 fig. In-8°, 756 p. Paris, imp. Raçon et Cᵉ; 7 fr.

V

1187. VIDAL. — Pêche et Pisciculture marine. In-8°, 15 p. Marseille, imp. Arnaud.

1188.* VIDARD (J.-B.), inspecteur de chemins de fer. — L'État et les compagnies de chemins de fer. De quelques questions de sécurité et d'économie. Lettre au ministre des travaux publics. In-8°, 44 p. imp. Bardier, Gapiomont Cⁱᵉ; 2 fr.

1189.* VIGREUX et RAUX. — Théorie et pratique de l'art de l'ingénieur, du constructeur de machines et de l'entrepreneur de travaux publics. Ouvrage comprenant, sous le titre d'Introductions, les connaissances théoriques qui constituent la science de l'ingénieur, et sous le titre de Projets, dépendant de ces Introductions, leurs applications directes à toutes les branches de l'industrie et des travaux publics; par L. Vigreux, ingénieur civil, répétiteur du cours de construction des machines à l'École impériale et centrale des arts et manufactures, ancien élève de cette école et de l'École impériale des arts et métiers de Châlons-sur-Marne, et A. Raux, ingénieur civil. Précédé d'une lettre aux auteurs par M. Ch. Callon, ingénieur civil, professeur à l'École impériale et centrale des arts et manufactures. Partie didactique. Série A. Résistance des matériaux, Mémoire du projet n° 3. Calculs des dimensions des murs de soutènement. 8ᵉ livraison: Murs de soutènement. In-8°, 103-162 p. et pl. 10 et 11. Paris, imp. Hennuyer et fils. 3 fr.

1190. VILMORIN-ANDRIEUX. — Instructions pour les semis de fleurs de pleine terre, 5ᵉ édition. In-8°, 138 p. Paris, imp. Malteste et Cᵉ. 1 fr. 50 c.

1191. VIOLLET-LE-DUC, architecte. — Dictionnaire raisonné de l'architecture française du XIᵉ au XVIᵉ siècle. T. 10. In-8°, 421 p. Paris, imp. Martinet. 10 fr.

(P. Trenel.) — IMPRIMERIE POLYTECHNIQUE de Saint-Nicolas-de-Port (Meurthe).

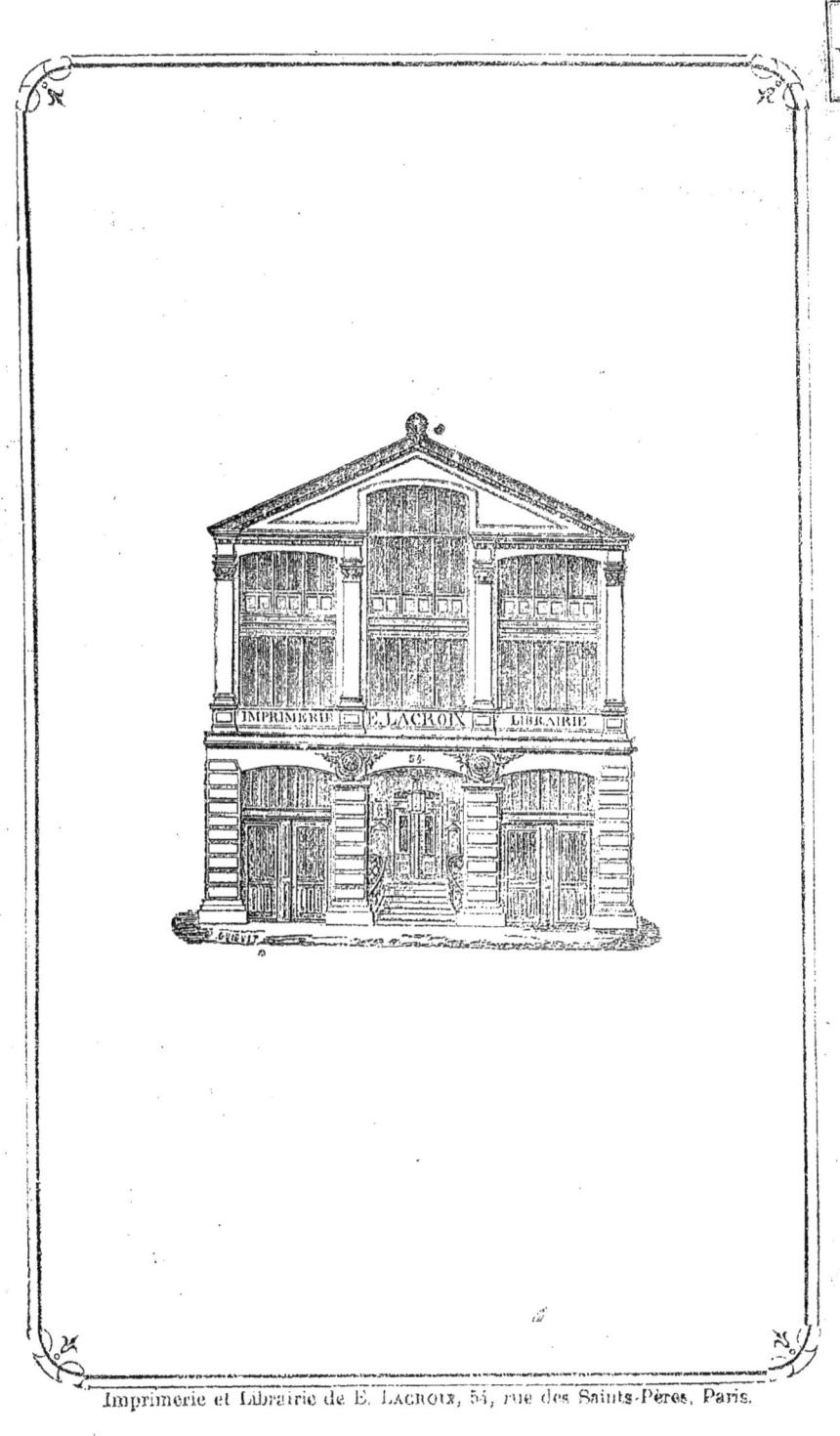

Imprimerie et Librairie de E. Lacroix, 54, rue des Saints-Pères, Paris.

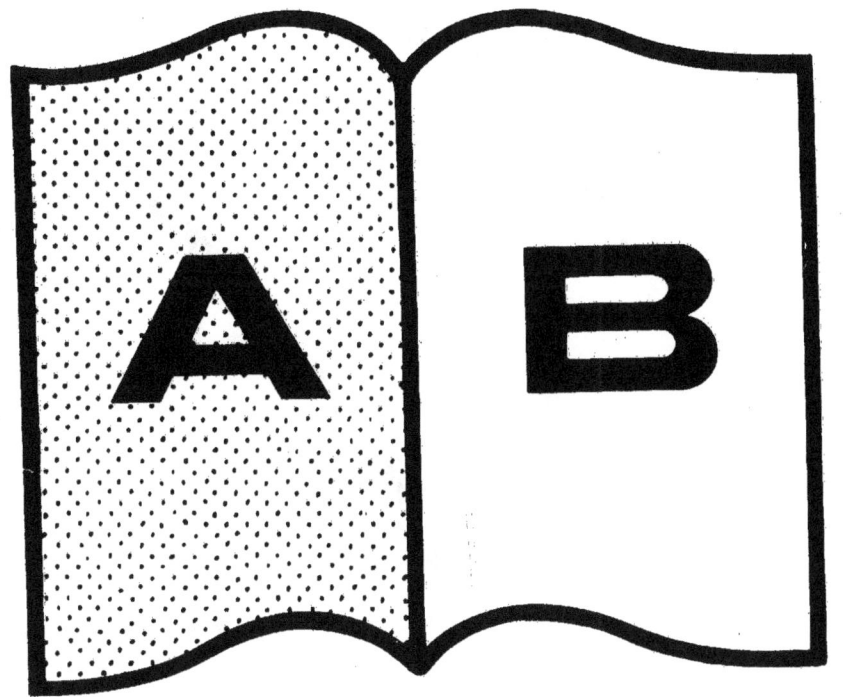

Contraste insuffisant
NF Z 43-120-14

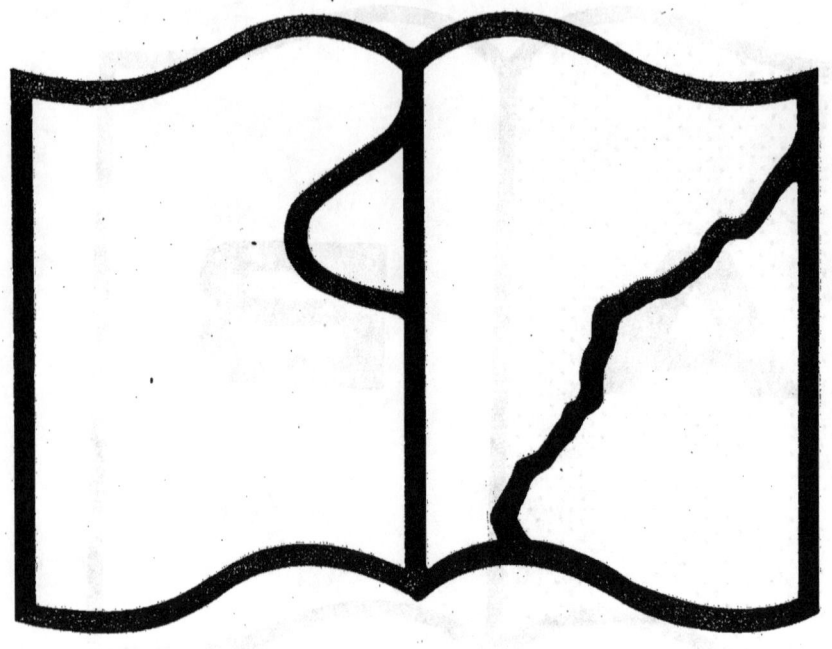

Texte détérioré — reliure défectueuse

NF Z 43-120-11

www.ingramcontent.com/pod-product-compliance
Lightning Source LLC
Chambersburg PA
CBHW060524090426
42735CB00011B/2362